한국외국어대학교 러시아연구소
HK 연구사업단 학술연구총서 **31**

민족의 모자이크, 러시아

이 책은 한국연구재단 지원으로 출판되었음(NRF-362-2009-1-B00005)

이 도서의 국립중앙도서관 출판예정도서목록(CIP)은 서지정보유통지원시스템 홈페이지(http://seoji.nl.go.kr)와
국가자료공동목록시스템(http://www.nl.go.kr/kolisnet)에서 이용하실 수 있습니다.
CIP제어번호: CIP2019008426(양장), CIP2019008427(반양장)

한국외국어대학교 러시아연구소
HK 연구사업단 학술연구총서 **31**

민족의 모자이크,
러시아

김혜진 외 지음

한울
아카데미

머리말

　이 책은 러시아를 구성하는 다양한 민족에 대한 안내서이다. 러시아가 낳은 수많은 대문호를 다룬 문학 서적을 비롯하여 최근 러시아의 여러 측면을 들여다보는 책들이 많아졌다. 푸틴 대통령을 중심으로 한 러시아의 독특한 정치 체계나, 에너지 강국으로서의 러시아를 살펴보는 저서들, 발레와 미술 등 수준 높은 러시아 예술에 대한 서적 등이 매년 발간되고 있다. 러시아의 이모저모를 알 수 있는 책들이 나온다는 것은 그만큼 러시아의 다양한 영역에 대한 지적 수요가 늘어난 것 같아 러시아를 연구하는 사람에게는 무척 반가운 일이다. 그렇지만 여전히 아쉬움이 남는다. 러시아라는 거대한 나라를 모자이크처럼 채우는 다양한 요소들, 이를테면, 저마다 흥미로운 역사와 문화를 갖고 있는 민족이나 도시와 지방에 대한 정보는 아직도 부족하다.

　러시아는 180여 개 민족으로 구성된 나라다. 러시아의 지속적인 영토 확장이 오늘날의 다민족 러시아를 낳았다. 약 1억 4000만 명의 러시아 인구에서 러시아인이 아닌 민족은 겨우 20%에 불과하다. 나머지 80%가 러시아인이라는 말이지만, 사실 러시아인 자신도 잘 모를 만큼 다양한 민족을 조상으로 둔 경우가 많다. 이들이 오랜 세월 다른 여러 민족들과 교류하며 함께 살아왔기 때문이다. 그러나 이렇게 다양한 민족을 국가 구성원으로 두고 있는 러시아에서조차 오랫동안 비러시아 민족 하나하나에 대한 연구가 이뤄지지 않았다. 북서 지역의 민족들을 추디인으로 통칭하거나, 튀르크계 민족들을 모두 타타르인으로 치부해버렸던 관행이 긴 시간 지속되었다. 19세기 중반이 되어서야 러시아지리학회를 중심으로 러시아의 개별적인 민족에 대한 연구가 본격적으로 시작됐다. 그렇지만 오늘날에도 흔히 러시아의 다양한 민족을 러시아인과 비러시아인으로 양분해버린다. 국내에서는 소수의 학술 논문과 여행기만 있을 뿐, 러시아의 특정 민족이나 이들이 사는 곳에 대한 기본적인 정보조차 부족한 상황이다. 모스크바와 같은 대도시를 넘어 러시아의 보다 다채로운 모습을 보고 싶어 하는 사람들도 관련 자료가 부족하다는 점에 아쉬움을 토로한다.

한국외국어대학교 러시아연구소는 이러한 지적 갈증을 해소하고 모자란 부분을 채우고자 러시아를 포함한 옛 소련을 구성했던 민족들을 소개해왔다. 이 책은 2015년 3월부터 2017년 12월까지 본 연구소가 네이버캐스트와 네이버 지식백과를 통해 발간한 글 중 일부를 묶어낸 것이다. 여기서 다루는 민족들은 러시아에서 '민족 공화국'을 이루고 있다. 러시아연방에서 '공화국'의 지위를 가진 지역은 크림반도를 포함하여 총 22개이다. 민족의 고유 영토를 기반으로 형성된 행정 단위에 해당 토착 민족의 이름을 붙인 공화국은 21개이다. 그렇지만 이 책에서 살펴보는 민족은 모두 23개이다. 카바르디노-발카리야 공화국을 이루고 있는 민족은 한 민족이 아닌, 카바르딘인과 발카르인 두 민족으로, 이들을 개별적으로 소개했으며, 여러 토착 민족들의 영토인 다게스탄의 경우, 이곳에서 인구수가 가장 많은 아바르인과 다르긴인을 선별해 설명했기 때문이다.

이 책은 23개 민족의 기원과 역사, 전통 의식주와 의례 및 토속신앙, 그리고 오늘날의 변화된 모습을 담고 있다. 책은 민족의 지리적인 위치에 따라 3부로 나누었다. 우랄산맥을 기준으로 크게 서부와 동부의 민족으로 구분했다. 북캅카스 지역은 우랄 서부에 해당하지만 이 지역에 사는 민족들의 수가 많고 민족 기원 및 문화가 다른 지역과 크게 차이가 나므로 별도의 부로 구성했다. 1부 '우랄산맥 서쪽의 민족들'에서는 두 개의 러시아 북서부 민족과 여섯 개의 볼가 연안 민족들을 소개한다. 북유럽이나 툰드라와 가까운 북서부 지역과 비교적 따뜻한 기후대의 볼가 연안 지역은 자연환경이나 역사문화적인 배경이 조금씩 다르지만, 핀-우그르 민족이라는 연결고리가 있다. 볼가 연안 민족은 튀르크계와 핀-우그르계로 구분되지만, 이들은 오랫동안 가까이 살면서 상호 영향을 받았다는 점에서 문화적인 유사성을 찾아볼 수 있을 것이다. 2부 '우랄산맥 동쪽의 민족들'에서는 광활한 시베리아에 사는 다섯 개 민족을 소개한다. 사실 시베리아에는 훨씬 더 많은 민족들이 살고 있다. 그러나 이들 대부분은 소수민족으로, 이들에 대해서는 러시아 소수민족을 집중적으로 조명하는 다음 책에서 다루도록 한다. 3부는 북캅카스 민족들에 대한 것이다. 흑해와 카스피해 사이의 캅카스(코카서스) 지역은 캅카스 산맥을 기준으로 북과 남으로 구분된다. 북캅카스는 러시아연방의 영토이며, 남캅카스에는 과거 소련의 일원이었지만 지금은 독립한 세 개 국가(조지아, 아르메니아, 아제르바이잔)가 있다. 여기서는 러시아에 소속된 북캅카스에서 공화국을 이루고 있는 열 개 민족을 소개한다. 이 지역에도 많은 소수민족들이 살고 있지만, 이들에 대한 이야기 역시 다음으로 미루도록 한다.

이 책의 집필에는 모두 여덟 명의 저자가 참여했다. 원고 집필부터 수정 및 교정까지 긴 작업에 응해주신 저자분들께 깊은 감사를 드린다. 여기 소개된 민족의 문화를 더 쉽게 이해하기 위해서는 사진이 반드시 필요했다. 현지에서 직접 촬영한 귀한 사진을 흔쾌히 제공해주신 여러 분들께도 감사의 말씀을 전한다. 아울러 이 책이 나올 수 있도록 도움을 주신 한국외국어대학교 러시아연구소 강덕수 소장님과 연구진, 꼼꼼하게 교정과 편집에 신경써주신 한울출판사의 편집진에게 감사드린다. 이 책이 일부 민족만 다루고 있지만, 러시아의 다양한 민족과 문화, 더 나아가 러시아를 더 넓고 깊게 이해하는 데 도움이 되길 바란다.

2019년 2월
김혜진

차례

머리말 4

1부. 우랄산맥 서쪽의 민족들

2부. 우랄산맥 동쪽의 민족들

3부. 캅카스 북부의 민족들

일러두기

❑ 외국어의 한글표기는 국립국어원의 외래어표기법을 따랐다. 단, 일반적으로 널리 알려져 쓰이는 용어는 통례에 따라 표기했다.

❑ 외국어 병기는 되도록 피했으나, 한국어로 표기했을 때 원 발음의 구분이 안 되는 경우(F, V 등)와 불가피하게 이해를 도와야 하는 경우에 한해서 외국어를 나란히 적었다.

❑ 각 민족의 인구수는 러시아에서 가장 최근 시행된 2010년 러시아연방 인구조사 결과를 기준으로 한 것이다. 다른 자료를 인용한 경우에만 출처를 별도로 표시하였다.

❑ 각종 편집 기호와 참고문헌의 작성 방식은 한국외국어대학교 러시아연구소의 학술지 『슬라브 硏究』 편집규정을 따랐다.

1부 우랄산맥 서쪽의 민족들

카렐인
핀란드의 이웃사촌

김혜진

명칭 Karels, Karelians(영어), Карелы(러시아어)
인구 러시아 내 60,815명, 카렐리야 공화국 내 45,570명
위치 카렐리야 공화국(러시아 북서부, 핀란드 동부)
언어 러시아어, 카렐어, 핀어
문화적 특징 러시아 문화와 더불어 핀란드와 역사, 문화, 언어를 공유하고 있다.

러시아 북서부의 카렐리야 공화국은 핀란드와 국경을 접하고 있다. 이곳의 토착 민족인 카렐인은 핀란드를 문화적 공동체로 여기고 있다. 두 지역은 무엇보다 언어적인 측면에서 유사하다. 카렐리야어는 핀-우그르어족語族의 발트-핀어군語群에 속한다. 일부 학자들이 카렐어를 핀어의 동부 방언이라고 말할 만큼 카렐어는 핀어에 가깝다. 카렐리야가 핀란드의 한 영토였던 시기도 있었다. 핀란드에서는 카렐리야를 자국의 '잃어버린 땅'으로 인식하는 시각이 있다.

카렐리야 공화국은 카렐 민족 고유의 영토를 기반으로 형성되었지만, 공화국 인구에서 카렐인이 차지하는 비중은 7.5%에 불과하다. 2010년 기준 러시아연방에 사는 카렐인은 약 6만 명으로, 그중 4만 5570명이 카렐리야 공화국에 살고 있다. 이외에도 인근의 레닌그라드주, 무르만스크주, 볼로그다주, 핀란드, 그리고 러시아 중서부의 트베리주에 거주하고 있다.

카렐인의 역사: 핀란드와 러시아 사이에서

고대 카렐인은 오늘날 카렐리야 남부와 핀란드 남동부에 살았던 토착 종족들을 기반으로 형성됐다. 8~9세기 스칸디나비아반도의 여러 사료에서 이 지역에 사는 카렐인에 대한 흔적을 찾아볼 수 있다. 모피가 많이 나는 부유한 지역으로 언급됐던 카렐리야 지역은 비야르미야, 혹은 비아르미야라는 나라로, 이곳의 주민들은 비야르미, 비아르미로 불렸다.

10~11세기 카렐인의 조상은 라도가호수의 북부와 북서 지역으로 이동해 정착했다. 11세기에는 더 북쪽으로 이동하기 시작하여 이들의 거주지가 라도가호수와 오네가호수 사이의 영역까지 확장됐다. 이 시기 이 지역에 살던 사

미인과 벱스인과의 상호 교류와 동화가 일어났다.

　카렐인은 주요 거주지에 따라 북부, 서남, 동남 카렐인으로 나눌 수 있다. 북부에 사는 카렐인은 자신을 양치기, 가축 노동자라는 의미의 카리얄라이세트라고 불렀다. 라도가호수 부근의 서남 카렐인은 리비키 또는 리비케, 오네가호수 부근의 동남 카렐인은 류디키 또는 류디케이라고 불렀다. 그룹별로 자신을 부르는 명칭이 다른 만큼, 문화나 언어에서도 차이가 있다. 특히 류디키의 언어는 전혀 다른 언어라고 생각될 정도로 방언 간의 차이는 비교적 큰 편이다.

　9세기부터 12세기까지 카렐리야 남부는 동슬라브 민족(러시아인, 우크라이나인, 벨라루스인)의 고대 국가였던 키예프 공국의 지배하에 있다가, 12세기부터는 노브고로드 공국에 편입되었다. 고대 러시아인이 북서 지역의 핀계 민족들을 통틀어 추디인чудь이라고 불렀던 것처럼, 카렐인 역시 추디인으로 불리다가, 12세기 중반 이후에야 카렐리야, 혹은 코렐라라는 이름으로 알려지게 되었다.

　13세기부터 당시 강대국이었던 스웨덴이 카렐인의 땅에 관심을 보이며 노브고로드 공국과 경쟁을 벌였다. 카렐리야 서부가 스웨덴의 지배를 받게 된 이후에도 카렐 땅을 사이에 둔 러시아와 스웨덴의 분쟁이 끊임없이 일어났다. 18세기 스웨덴의 힘이 약해지면서 카렐리야는 러시아 제국의 땅이 됐다.

　1917년 사회주의 혁명 후 카렐리야 영토는 소비에트 연방을 구성하는 카렐리야 자치공화국이 됐다. 핀란드와 소련의 겨울 전쟁(1939~1940년) 후, 소련과 맞닿아 있는 핀란드의 국경 지대 일부는 소련 영토가 되었고, 카렐-핀 소비에트 사회주의 공화국으로 바뀌었다.

제2차 세계대전 시기 카렐리야 영토 대부분은 핀란드와 독일 군대에 의해 점령됐다. 1944년 다시 소련 군대가 이 지역을 탈환하면서 그해 7월 오늘날의 핀란드와 러시아 국경이 확정됐다. 카렐리야 영토는 1956년 7월부터 카렐리야 자치공화국으로, 1991년 11월부터는 카렐리야 공화국으로 바뀌어 오늘날까지 이어지고 있다.

지역별 특색이 뚜렷한 전통 의상

카렐인의 전통 의상은 러시아 북부의 전통 의상과 유사하다. 그렇지만 그 가운데 카렐인만의 독특한 요소를 찾아볼 수 있으며 지역별 차이도 존재한다.

카렐 남성의 전통 의상은 그 구성이나 종류가 단순한 편이며 러시아 전통 남성 의상과 비슷하다. 그렇지만 카렐 남성은 비요라는 끈을 머리에 두르거나 작은 수건을 목에 두르고 다닌다는 점에서 독특하다.

카렐 여성의 전통 의상은 길고 품이 넉넉한 상의인 루바하와 일반적인 치마, 또는 루바하와 사라판(소매 없이 어깨에 끈을 걸쳐 길게 내려오는 치마)의 조합으로 나눌 수 있다. 사라판의 경우 허리춤에 가늘고 긴 구멍이 있으며, 여기에 모나 면으로 만든 넓은 끈을 꿰어 허리띠처럼 맨다. 리비키 여성들은 사라판 대신 일반 치마를 입고 짧은 재킷을 걸친다. 카렐 여성은 사라판이나 치마 위에 앞치마를 덧입는데, 나선 모양으로 꼰 실로 옷자락을 따라 앞치마를 장식한다. 이들은 목걸이나 다양한 금속 등을 이용해 늘어뜨리는 장식을 좋아한다. 카렐 여성은 단도를 의복을 꾸미는 용도로 사용한다. 이들은 동으로 장식된 칼자루가 달린 단도를 칼집에 넣어 옷 앞자락에 단다.

장신구 역시 지방마다 조금씩 다르다. 오네가호수 부근의 여성들은 백마

| 카렐 남녀 전통 의상(자료: Комин Информ http://www.finnougoria.ru/)

의 갈기나 털을 그물 모양으로 짜서, 거기에 작은 진주를 꿰어 만든 머리 장식을 즐겨 한다. 작은 진주로 만든 나비 모양의 귀걸이는 이들이 가장 좋아하는 장신구이다. 백해 연안의 여성들도 반지, 팔찌 등의 장신구를 좋아하는데, 이들도 특히 진주를 이용한 장신구를 즐겨 한다. 이는 카렐인의 오랜 생업 중 하나가 진주 채취였던 것과 관련 있다.

"생선이 없는 것보다 빵이 없는 게 낫다."

고대 시기부터 카렐인의 식탁에 오르는 주요 음식은 생선이었다. 카렐 속담에 '생선이 없는 것보다 빵이 없는 것이 낫다'라는 말이 있을 정도로 카렐인

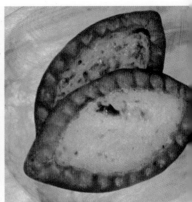

│ 카렐식 생선 수프와 두 가지 형태의 파이(자료: Комин Информ http://www.finnougoria.ru/)

은 생선 요리를 사랑했으며, 다양한 방식으로 즐겼다.

　카렐인은 특히 싱싱한 생선으로 만든 수프를 좋아한다. 하지만 건조한 생선, 혹은 소금에 절인 생선을 사용하기도 한다. 카렐리야 북부 지방에서는 생선 수프에 주로 밀가루 반죽과 달걀을 넣으며, 남쪽에서는 감자나 곡물을 넣어 끓인다. 칼라로카라는 생선 수프는 비늘을 제거하지 않은 생선으로 만드는 것이 특징이다. 우유를 넣고 끓인 생선이나 스메타나(신 크림의 일종)에 넣고 구운 생선도 인기가 많다.

　카렐인은 생선 가시를 빻아 가루로 만들어 겨울에 가축 여물로 사용했다. 이것을 먹은 소들이 더 많은 젖을 낸다고 믿었기 때문이다. 춘궁기에는 생선 가시를 빻은 가루를 생선 수프에 넣어 먹기도 했다. 생선(특히 농어)의 내장이나 기름은 요리에 이용했으며, 약으로도 유용하게 썼다.

　이처럼 카렐인은 다양한 방식으로 생선을 조리했지만, 생선을 기름에 튀겨 먹지는 않았다. 카렐어에는 튀기다라는 단어가 없는데, 기름에 튀기는 파이도 튀기다라는 표현 대신 기름에 끓이다, 데치다라는 표현을 썼다. 20세기에 들어서야 카렐인은 생선을 튀기거나 훈제해 먹기 시작했다. 생선이 카렐 식단에서 큰 비중을 차지했던 반면, 육류는 겨울이나 풀베기가 시작되는 시기에만 먹는 정도였다.

카렐인은 다양한 잡곡을 발효하여 신맛이 나는 빵을 만든다. 북서 지역에서는 둥글고 넓적한 모양의 간이 안 된 마른 빵을 먹는데, 빵을 오랫동안 저장할 수 있도록 도넛처럼 빵 가운데 동그란 구멍을 뚫어 굽는다. 파이는 크게 두 가지 모양으로 나눌 수 있다. 하나는 반죽 안에 양배추, 생선이나 고기, 달걀, 건포도, 잡곡이나 쌀 등을 넣은 것이다. 다른 형태의 파이는 반죽 위에 콩, 버섯, 순무, 열매 등을 얹은 것이다.

카렐인은 생선만큼이나 유제품을 즐겨 먹는다. 가공하지 않은 우유는 아이들이, 뭉근하게 끓인 우유는 어른들이 마신다. 우유는 발효하거나 얼려서도 먹는다. 그 외의 음료로는 보리나 열매, 순무를 발효한 음료를 들수 있다.

화려한 외관이 돋보이는 전통 가옥

카렐인은 주로 강이나 호수 근처에 터를 잡고 살았다. 카렐 마을은 크게세 가지 형태로 나눌 수 있다. 먼저 교회, 묘지, 시장 등이 있는 포고스트는 행정 및 교역 중심지 역할을 했다. 그리고 특별한 도시 계획 없이 강변을 중심으로 자연스럽게 형성된 마을과 큰 마을에서 멀리 떨어져 한 가구 또는 몇 가구만 모여 있는 형태의 후토르가 있다. 지역별로도 마을의 모습이 조금 다르다. 남부는 농가들이 모여 하나의 둥지처럼 마을을 이루지만, 북부는 각각의 농가가 서로 멀리 흩어져 있다.

카렐 전통 가옥의 내부 모습(자료: Комин Информ
http://www.finnougoria.ru/)

전통 가옥을 지을 때 카렐인은 둥근 돌이나 작고 평평한 돌을 깐 후 그 위에 구조물을 세운다. 카렐 전통 가옥은 높은 복층이 설치된 이층 구조의 통나무 건물이다. 가족이 먹고 자는 공간 옆에는 경제활동을 하는 공간이 연결되어 있다. 이 건물의 아래층은 가축우리, 위층은 건초를 보관하는 용도로 쓰인다. 화덕처럼 생긴 벽난로 페치카가 가옥의 난방을 담당한다. 더 추운 북부 지방에서는 페치카 입구 옆에 움푹 들어간 곳을 만들어 작은 난로처럼 사용한다. 이것은 집 내부를 밝히는 조명 역할을 하기도 하고 요리를 만드는 공간으로 활용되기도 한다.

카렐리야 지역별로 가옥 외관을 꾸미는 방식이 다르다. 북서 지역에서는 핀란드의 영향을 받아 가옥 외벽의 나무 표면을 평평하게 깎는다. 반면, 리비키와 류디키는 가옥 외관을 꾸미는 데 신경을 많이 쓴다. 이들은 지붕의 끝이나, 가옥 정면과 지붕을 잇는 곳에 정교하게 조각된 판을 덧대어 꾸미며, 창턱과 난간, 창문의 덧문까지도 섬세하게 조각하여 장식한다.

카렐인은 목욕을 아주 좋아하는 민족으로, 이들에게 목욕탕은 없어서는 안 되는 공간이다. 목욕탕은 증기를 쬐어 몸을 씻고 휴식을 취하는 곳일 뿐만 아니라, 가정의례를 치르거나 주술적인 의식을 행하는 장소이다. 그러므로 목욕탕 안에서는 작은 소리로 이야기해야 하며 항상 청결을 유지해야 한다. 목욕탕 안에서 옷을 빠는 것도 금지할 만큼 목욕탕은 이들에게 신성한 곳이

| 전통 가옥 외관(자료: Комин Информ http://www.finnougoria.ru)

다. 목욕탕은 가옥과 조금 떨어져 있다. 카렐인은 보통 강가나 호수 가까이에 목욕탕을 지었다. 카렐 목욕탕에는 굴뚝이 따로 없으며 입구 구석에 뜨거운 돌을 두어 내부를 따뜻하게 한다.

가축과 관련된 고대 신앙

카렐 관습에는 정교를 받아들이기 전의 고대 신앙 요소들이 보존되어 있다. 고대 카렐인은 가축을 아주 소중히 여겼는데, 가축과 관련된 미신이나 의식은 이들의 생활 속에 깊숙이 자리 잡고 있다.

처음 가축을 방목하는 날에는 스스로 무사히 집으로 돌아오라는 주문을 외우며 가축을 나뭇가지로 쳐서 들로 내보낸다. 이때 나가는 문 앞에 거름을 갖다 둔 후 도끼를 거름 안에 파묻고, 가축이 그 위를 넘어가도록 유도한다. 여기에는 가축이 쇠처럼 단단하고 건강하라는 기원이 담겨 있다. 나쁜 기운으로부터 가축을 보호하기 위해서, 집주인의 부인은 목에 방울을 달고 햇볕이 비추는 방향에 따라 집을 세 번 돈 후, 자기가 걸었던 방울을 암소의 목에 걸어준다. 그 후 주인은 털장갑을 끼고 빵 조각으로 가축을 유인하여 부지깽이 위를 넘어가게 한다.

통곡이 빠지지 않는 가정의례

카렐인의 가정의례는 크게 출생, 결혼, 장례로 나눌 수 있다.

산모는 항상 조심스럽게 행동해야 한다. 산모는 싸움이나 논쟁에 휘말려서도 안 되고, 묘지를 지나는 것도 금지되어 있다. 나쁜 기운으로부터 아이를 보호하기 위해 평소에도 산모는 어망 조각이나 남편의 허리띠를 부적처럼 지닌다. 산모는 아이를 출산할 때까지 머리를 잘라서는 안 된다. 짧아진 머리처럼 태어날 아이의 생명도 짧아진다고 믿었기 때문이다. 출산일이 가까워질 때까지 임신 사실을 가까운 친척에게도 알리지 않았는데 이 역시 악한 기운으로부터 아이를 보호하기 위해서이다.

출산은 비밀리에 목욕탕이나 헛간에서 한다. 시어머니나 산파가 출산을 돕거나 산모 혼자 아이를 낳는다. 출산을 돕는 산파는 경험 많은 여성으로서, 나무의 진이나 썩은 나무에서 찾은 애벌레 등을 부적처럼 가지고 있어야 한다.

결혼식은 크게 신부의 집에서 치르는 의식과 신랑의 집에서 치르는 의식으로 나눌 수 있다. 신부는 결혼식 전 목욕탕에 들어가 눈물을 흘리고, 그 후 신랑과 신부는 선물을 교환한다. 신부가 신랑의 집으로 떠나기 전 송별 만찬을 갖고, 미혼의 상징이었던 땋은 머리를 푸는 행위를 한다. 이후 신랑과 신부는 신랑의 집으로 간다. 신랑부모는 신혼부부를 축복하기 위해 이들에게 햇곡식을 뿌린 후 새 식구를 환영하는 만찬을 연다.

| 19세기 카렐 신부의 모습(ⓒ 김혜진)

카렐인의 결혼식에 빠질 수 없는 인물은 마법사-파티바시카 колдун-патьвашка 이다. 항상 오리나무 지팡이를 들고 다니는 파티바시카는 결혼하는 젊은이들을 나쁜 기운으로부터 보호하는 온갖 의례를 행하며 결혼식을 진행한다.

노인들, 특히 노년 여성들은 자신이 죽기 전 미리 수의를 준비한다. 수의는 흰 천으로 만든다. 이때 바느질을 하되, 실 끝의 매듭은 매지 않는다. 이는 저승으로 가서 헌 옷을 벗고 새 옷으로 빨리 갈아입기 위함이다. 긴 양말과 엄지장갑, 부드러운 가죽으로 만든 굽 없는 구두도 준비한다.

사람이 세상을 떠나게 되면 나이 많은 사람들이 고인의 몸을 씻는다. 고인이 남자일 경우 남자들이, 여자일 경우 여자들이 이 일을 담당한다. 이때 친인척들은 참여하지 않는다. 고인을 땅에 묻기 전 사흘 동안 집 안에 모신

| 왼쪽부터 장례식에서 곡하는 여자, 서사 민요를 부르는 사람, 마법사-파티바시카(ⓒ 김혜진)

다. 이때 나쁜 혼이 고인의 몸에 들어가지 못하도록 가족과 지인들이 항시 고인의 곁에 있으면서 밤에는 대화를 하고, 아침, 점심, 저녁 식사에도 고인을 초대한다. 보통 오전에 관을 묻는데, 이때 만약 파놓은 땅속에 예전에 관(시신)이 묻혀 있던 흔적이 남았을 경우 그 자리를 산다는 의미에서 돈을 뿌린다.

이렇게 카렐인의 전통 의례는 다양한 의식과 절차로 구성되어 있다. 무엇보다 전통 의례의 가장 큰 특징은 통곡이다. 장례식 외에도 아이의 출생, 결혼식과 같은 경사에도 흐느껴 우는 절차는 반드시 포함되어 있으며, 이를 위해 전문적으로 곡을 하는 사람들을 초청한다.

카렐리야 공화국은 카렐인의 토착 영토지만, 오늘날 이곳에서 카렐인은 소수이다. 러시아인이 공화국 인구에서 80% 이상을 차지하고 있다. 그렇지만 이곳의 카렐인은 카렐 박물관과 민속촌 등을 세우며 전통 문화를 보존하려는 노력을 기울이고 있다. 이러한 노력은 전통 문화의 상업화로 이어지고 있다. 카렐인은 청정 호수와 원시림 등 훌륭한 자연경관과 더불어 목조 예술로 대표되는 문화유산을 앞세워 레저 및 관광산업을 발전시키고 있다.

러시아 목조예술의 정수를 보여주는 카렐리야 공화국 키지섬의 예수변모사원(자료: 위키미디어 ⓒ Matthias Kabel)

코미인
드넓은 숲과 함께 하는 민족

김혜진

명칭 Komi(영어), Коми(러시아어)
인구 코미-지랸인(Коми-Зыряне): 러시아 내 228,235명, 코미 공화국 내 202,348명
　　　 코미-페르먀크인(Коми-Пермяки): 러시아 내 94,456명, 페름주 내 81,084명
위치 코미 공화국(러시아 북서부), 페름주
언어 러시아어, 코미어
문화적 특징 드넓은 숲을 배경으로 한 특유의 신화와 민담이 전해 내려오고, 툰드라와
　　　 가까운 북부에서는 순록 유목이 보전되고 있다.

네네츠 자치구

코미 공화국

아르한겔스크주

한티-만시
자치구

•식팁카르

페름주

코미-
페르마크
자치구

키로프주

러시아 북서부에 사는 코미인은 독일보다 더 큰 영토를 가지고 있다. 타이가와 툰드라 지역에 걸쳐 있는 광활한 코미 영토의 약 74%가 숲이다. 코미 공화국의 원시림은 1995년 러시아에서 처음으로 유네스코 세계자연유산으로 선정됐으며, 현재 유럽에 남아 있는 가장 넓은 원시 북부 한대수림이기도 하다. 코미인은 예전부터 타이가 지역에서는 사냥을 해왔으며, 툰드라 지역에서는 순록을 키웠다. 이들은 자신이 사냥하거나 직접 기른 동물(주로 순록)에서 질 좋은 모피를 얻었으며, 러시아 곳곳을 오가며 모피를 판매해 높은 수익을 얻었다.

코미인은 어디서 왔는가?

많은 연구에 따르면 코미 민족은 11세기 이전에 형성되기 시작했다. 코미라는 독특한 민족 이름의 어원에 대해서는 여러 가지 이야기가 있으나, 카마강(코미 영토보다 남쪽에 위치)에서 나왔을 것이라는 설과 인간, 인류를 의미하는 고대 페름어 코먀에서 유래했을 것이라는 주장이 있다.

민족 기원에 대해서도 의견이 분분하다. 어떤 학자들은 현재 코미 땅의 남부에 흐르는 비체그다강 중류를 중심으로 코미 민족이 형성되었을 것으로 추정한다. 이 주장에 따르면, 8세기 무렵 핀어를 사용하고 사냥과 어로를 했던 이 부근 사람들이 주변 종족들과 교류하는 과정을 통해 코미 민족으로 발전했다. 또 다른 학자들은 카마강 중상류 지역을 코미 민족의 기원지로 보고 있다. 이 학자들은 9~10세기 카마강 상류에 살던 사람들이 북쪽의 비체그다강으로 진출했으며, 그 지역에 살던 토착민들과 어우러지면서 코미인이 형성됐다고 주장한다. 이들은 농업과 목축업에 종사했던 사람들로, 8세기부터 시

| 비체그다강 지류이자 수도 식팁카르의 주요 강인 시솔라의 겨울 풍경(ⓒ 김혜진)

작된 기후 온난화로 카마강 북부로 이주할 수 있었다. 이들이 이주하면서 코미 땅에도 농업과 목축업이 자리 잡게 되었다. 한편, 카마강 유역에 남은 이들은 코미-페르먀크인의 선조가 되었다.

두 주장이 조금씩 엇갈리지만, 코미 민족이 형성되었던 곳은 현재의 비체그다강 유역이었다는 것에는 이견이 없는 듯하다. 코미 땅에 거주하던 종족들은 10~11세기에 본격적으로 민족으로서의 모습을 띠게 되었다.

일찍이 러시아 속민이 된 코미인

12세기 무렵 코미인은 국가의 형태를 갖출 정도로 발전하게 됐다. 그러나 국가 형성과 함께 코미인은 동슬라브인의 침략과 지배를 받게 된다. 고대 노브고로드(러시아 북서부 고대 도시) 사람들이 12세기 무렵 코미 땅으로 진출했고, 코미인을 페르미라고 불렀다. 노브고로드 공국은 코미인에게 조공을 요구했다. 코미인이 세웠던 가장 강력했던 국가였던 페름 벨리카야(대(大)페름 공국)조

차 노브고로드인에게 모피를 조공으로
바쳤다. 그러나 노브고로드 공국은 이
들에게 모피 조공을 요구했을 뿐, 실질
적으로 코미 땅을 지배하지는 않았다.

이후 러시아의 중심이 된 모스크바
공국은 코미인에 대한 통제를 강화했
다. 러시아의 속민이 된 코미인은 조공
과 세금을 바쳐야 했다. 모스크바 공국
을 거쳐 로마노프 왕조 시기 코미 영토
는 여러 차례 행정적인 영토 재편을 겪
었다. 18세기 코미 땅은 남북으로 분리

2010년 당시 식팁카르 건설 230주년 기념 배너
(ⓒ 김혜진)

됐다. 남쪽 지역은 볼로그다현으로, 북쪽 지역은 아르한겔스크현으로 편입됐
다. 1780년에는 예카테리나 2세가 코미 남부의 우스티-시솔라Усть-Сысола 마
을을 우스티-시솔스크시Усть-Сысольск로 격상시켰다. 이로써 우스티-시솔스
크시는 코미인의 첫 번째 도시가 되었다. 이것이 바로 현재 코미 공화국 수도
인 식팁카르Сыктывкар의 전신이다.

사회주의 혁명 후 1921년 8월 22일 코미 땅은 코미 자치주의 지위를 얻게
된다. 1936년 코미 소비에트 자치공화국이 됐으며, 소련 붕괴 이후 코미 공화
국이 되었다.

코미-지랸인과 코미-페르먀크인

코미 민족은 지랸인과 페르먀크인으로 나뉜다. 동일 민족이더라도 출신

| 공화국 북부의 이즈마 마을 풍경(ⓒ 김혜진)

지나 전통적인 거주지에 따라 언어적인 차이가 있으며, 정체성도 조금씩 다르다. 한국만 하더라도 도마다 방언이 독특하고 문화와 정체성, 가치관이 다른 것을 떠올려본다면 쉽게 이해할 수 있을 것이다.

첫 번째 그룹인 코미-지랸인은 현재 코미 공화국의 주요 민족이라고 할 수 있다. 과거 코미인은 지랸인으로 더 많이 알려져 있었다. 이들은 오늘날 코미 공화국 외에도 근처의 아르한겔스크 지역을 비롯하여 더 서쪽의 무르만스크와 시베리아의 옴스크, 튜멘 등 널리 퍼져 거주하고 있다.

두 번째 그룹인 코미-페르먀크인은 코미 공화국 동남쪽에 있는 페름주에 거주하고 있다. 1925년에는 이들의 거주지가 코미-페르먀크 자치구라는 별도의 행정단위로 분리됐다. 1977년부터 이 자치구는 페름주에 편입됐다가, 1993년 독립됐다. 그러나 2005년 12월 자치구는 다시 페름주로 통합됐다.

이 두 그룹 외에 최근 주목을 받는 그룹은 코미-이제메츠인Коми-ижемцы이다. 이들은 공화국 북부의 이즈마 지역Ижемскйи район에 대거 거주하고 있다.

이들은 17세기 이웃 민족인 네네츠인으로부터 순록 유목을 받아들인 이후 현재까지 순록 유목을 하고 있다.

순록 모피를 활용한 전통 의상

코미 전통 의상은 북부 러시아 의상과 소재(아마포, 나사 등)나 형태 면에서 유사하다. 다만 코미 전통 의상에서는 모피나 가죽이 더 다양하게 사용된다.

코미 남성 의상은 헐렁하고 길며 앞가슴 부분이 비스듬히 트인 루바하와 바지로 구성된다. 여기에 긴 장화나 무늬가 있는 긴 양말을 신는다. 코미 여성 의상은 루바하와 어깨에 끈을 걸쳐 입는 긴 치마인 사라판으로 구성된다. 루바하의 어깨 부분과 소매 부분은 다른 색깔의 천을 덧대거나, 기하학적인 전통 문양으로 장식되어 있다. 사라판 위에는 긴 앞치마를 착용한다. 미혼 여성들은 리본이나 고리 등으로 머리를 장식하며 스카프나 숄 등을 머리에 쓴다. 기혼 여성들은 주름이 잡힌 모자, 차양 모양의 모자, 혹은 두건을 쓴다.

코미인은 사냥이나 농사일을 할 때 아마포로 만든 헐렁한 긴 겉옷을 입는다. 봄과 가을에는 거친 나사羅紗 천으로 만든 겉옷을, 겨울에는 양털 외투나 털가죽으로 만든 반외투를 입는다. 사냥꾼들은 어깨를

| 코미 북부 여성의 전통 의상(ⓒ 김혜진)

| 말리차(ⓒ 김혜진)

| 토보키(ⓒKirill B. Istomin)

덮는 망토를 입는다. 순록 치는 사람은 순록 모피로 만든 말리차, 소비크, 파르카 등을 입는다. 이옷들은 러시아 북부의 추운 바람이 들어올 수 있는 곳을 최소화한 형태로, 단추나 고리 없이 몸통, 소매, 모자가 하나로 이어져 있다.

전통 신발의 경우 여름과 가을에는 가죽으로 만든 신발을 신었다. 이때 털로 만든 긴 양말이나 아마포로 만든 각반을 착용한다. 겨울에는 펠트 장화를 신거나, 목 부분은 나사 천으로 되어 있고 몸통 부분은 펠트로 만든 신발을 신는다. 북부에서는 이웃 민족인 네네츠인으로부터 받아들인 핌미나 토보키와 같은 털신을 신는다. 핌미와 토보키는 순록의 뒷다리에서 떼어 낸 가죽인 카무스와 순록의 힘줄로 만든다는 점에서 비슷하다. 이 신발은 모두 목이 긴 부츠인데, 길이는 다양하다. 무릎 위까지 올라오거나 허벅지까지 다 덮을 정도로 긴 신발도 있다. 핌미는 펠트로 만든 신발에 기름을 먹인 카무스로 겉을 감싸 만든다. 토보키는 핌미와 비슷하나, 내구성을 위해 순록의 이마 부분에서 떼어 낸 단단한 가죽으로 구두창을 만든다.

현재 전통 의상은 특별한 축제나 행사에서나 볼 수 있다. 그러나 순록 사육을 하는 북부에서는 순록 가죽으로 만든 전통 의상을 오늘날에도 입는

| 축제 의상(ⓒ 김혜진)

다. 북부 전통 의상이 한때 다른 지역에서도 유행한 적이 있었는데, 1980년대 도시에 사는 코미 주민들 사이에서 핌미가 인기를 끌었다.

생선을 활용한 다양한 전통 음식

코미인은 러시아인처럼 식욕을 돋우는 음식과 주요 음식, 후식을 세 번에 걸쳐 차례대로 먹는다. 첫 번째 내 오는 음식으로는 시щи(고기 국물에 양배추를 주재료로 한 러시아식 수프)를 비롯한 다양한 수프가 있다. 여름에는 크바스(호밀 발효음료)로 만든 차가운 수프를 주로 먹는다. 첫 번째 음식으로 보릿가루로 끓인 죽을 먹기도 한다. 주 요리로 고기나 생선 요리가 식탁에 오르는데, 코미인은 고기보다는 생선을 더 자주 먹었다. 육류는 주로 사냥꾼들이나 순록을 치는 북부 코미인이 즐겼다. 코미 음식에 주로 사용되는 채소는 순무, 무, 양

순록 고기로 만든 햄과 소시지(왼쪽), 코미 생선 수프(오른쪽)ⓒ 김혜진)

파, 양배추이며, 19세기 후반부터는 감자가 코미인의 식단에도 오르게 되었다.

전통 음료로는 여러 약초나 열매를 우려낸 차, 크바스, 자작나무즙이 있으며, 삶은 무나 순무로 콤포트(각종 열매를 설탕이나 꿀에 절여 만든 음료)를 만들어 마신다. 코미 전통 술은 우리나라의 술과 발음이 비슷한 수르라고 한다. 엿기름과 수수나 보리, 호밀로 만드는 수르는 명절이나 통과의례에서 빼놓을 수 없는 요소이다.

러시아 식단과 유사한 점이 많아 보이지만, 코미 음식에서만 볼 수 있는 독특한 요소도 적지 않다. 빵을 주식으로 삼는 러시아인과는 달리, 과거 코미인은 빵을 자주 구워 먹지 않았다. 빵 반죽에 엄청난 양의 잡곡이나 마가목 껍질, 혹은 나뭇잎, 풀, 짚 부스러기 등 주위에서 쉽게 구할 수 있으면서 밀가루를 대체할 만한 것을 넣어 빵을 구웠다. 코미인은 빵을 자주 먹지 않았지만, 블린(얇은 팬케이크), 올랴디(두껍게 구운 핫케이크와 유사), 타르트와 비슷한 샨가 등 밀가루 반죽을 구워서 만든 여러 음식을 먹었다. 과거 코미인 대부분이 닭을 키우지 않았기 때문에 반죽에 달걀이 들어가지 않는 것이 특징이다.

코미 음식이 가진 또 하나의 특징은 생선이 거의 모든 음식에 들어간다는 것이다. 코미인은 생선 수프 우크바를 즐겨 끓여 먹는다. 생선은 파이의 속으로도 사용된다. 생선 파이는 명절 때 반드시 내놓는 음식이다. 이외에도 코미인은 다양한 방식으로 생선을 즐겼다. 생선을 찌거나 삶아서, 혹은 바람에 건조하거나 볕에 말려서 먹는다. 그러나 생선을 구워서 먹는 경우는 아주 드물었다. 생선을 염장 처리해서 먹기도 하는데, 과거에는 소금이 아주 비쌌기 때문에, 시장에 내다 파는 것이 아니라 가정 내에서 생선을 먹을 경우 소금을 아주 적게 썼다.

염장 외에도 코미인이 생선을 오랫동안 보관하는 방법은 다양했다. 겨울에는 생선을 얼음 위에 두거나 깊은 우물 속에 보관한다. 툰드라 지역의 코미인은 여름에 아주 깊게 땅을 파서 그 안에 생선을 담은 통을 보관했다. 또 하나의 독특한 보관 방법은 생선에 소금을 적게 쳐서 통 속에 놓은 다음 따뜻한 곳(보통 욕탕)에 두는 것이다. 이렇게 두면 생선이 우리나라 젓갈처럼 발효되어 아주 강한 냄새를 풍기게 된다. 북부 코미인은 이렇게 묵힌 생선을 숟가락으로 떠먹었다. 페초라강 중류 지역에서 자주 볼 수 있는 이 방법을 페초라식 염장법이라고 부른다.

통나무 가옥과 순록 모피로 만든 이동 천막

숲이 많은 코미 지역의 전통 가옥은 당연히 목조 가옥이다. 외관은 별다른 장식 없이 지어진다. 유일한 장식이라고 할 수 있는 것은 지붕의 양면을 잇는 가운데 통나무 부분이다. 이 통나무 끝을 러시아 전통 가옥처럼 새, 말, 순록의 머리 모양으로 장식한다.

| 오늘날 이즈마 지역의 목조 가옥(ⓒ 김혜진)　　　| 코미 가옥을 구성하는 가축우리 내부(ⓒ 김혜진)

집 내부는 북러시아 전통 주택과 유사하다. 벽난로는 입구 쪽 구석에 있다. 난로 위로는 복층과 같은 구조를 만들어놓는다. 여기는 잠을 자는 공간이다. 코미 동부에서는 조금 다른 집 구조를 볼 수 있다. 지붕의 한쪽 경사면 아래에는 일반 거주 시설과 가축우리가, 다른 지붕 면 아래에는 마당이 자리 잡고 있는 구조이다. 난로는 집의 입구에서 멀리 떨어진 구석에 있다. 입구 아래쪽에는 지하실이 있으며, 천장 아래에는 복층의 구조를 만들어놓아 잠을 잘 수 있도록 했다.

코미인은 보통 주거 공간 아래 지하실을 만들어놓았는데, 이곳을 저장고로 이용했다. 가축우리는 이층 구조로 되어 있으며, 주거 공간과 벽을 사이에 두고 있다. 가축우리의 위층은 헛간으로 사용되어 농기구나 건초 등을 보관한다. 우리 안은 가축별로 구분되어 있다. 일부 농가에서는 목욕탕, 곡식 창고, 곡물 건조장, 술 저장소 등을 구비해놓기도 했다.

| 순록치기들의 이동 천막 '춤'(© Kirill B. Istomin)

순록과 유목하는 북부 코미인은 이동식 천막인 춤에 거주한다. 장대로 춤의 골조를 만든 후, 여름에는 그 겉을 나무로, 겨울에는 순록 모피로 덮는다. 춤의 윗부분과 아랫부분에 덮는 재료가 다르며, 계절에 따라서도 다르다. 겨울에는 추위를 피하고자 두 겹의 순록 모피를 덮고, 춤의 안쪽 아랫부분에도 모피를 댄다. 여름에는 춤의 아랫부분을 나사 천으로, 윗부분에는 에데르로 덮는다. 에데르는 자작나무 껍질을 삶은 후 길게 잘라 꼬아서 멍석처럼 만든 것을 말한다. 보통 5월 초에 겨울 덮개를 여름용으로 바꾼다.

주변 자연환경에서 비롯된 토속신앙

코미인을 둘러싼 자연환경은 그들의 의식주뿐만 아니라 정신문화의 다양한 영역에도 영향을 미쳤다. 숲과 나무, 숲 속에 사는 동식물들은 무수히 많

| 수도 식팁카르 외곽에 남아 있는 목조 가옥(ⓒ 김혜진)

은 신화와 미신을 만들어냈다. 옛 코미인은 동물이나 새, 나무 등 곳곳에 영혼이 있다고 믿었으며, 신들이 동물이나 새, 나무 등의 모습으로 변한다고 생각했다.

숲과 함께 살아가는 코미인에게 나무 숭배 의식은 자연스러운 현상이었다. 풍요로운 숲은 코미인에게 일용할 양식, 집을 지을 수 있는 재료, 추운 겨울을 날 수 있는 피난처와 장작을 제공해주었기 때문이다. 종종 길을 잃어버릴 만큼 빽빽하고 사람이 함부로 지나가기 어려운 깊은 산 속은 그만큼 수많은 비밀과 초자연적인 힘을 가진 대상이기도 했다. 코미인은 모든 나무에 영혼이 있다고 생각했으며 그 영혼을 존경해야 한다고 믿었다. 그들은 숲의 정령이 동물의 모습으로 변하거나, 혹은 인간과 비슷한 모습, 예를 들면 털북숭이에다가 키가 나무만 한 인간의 모습으로 사람 앞에 나선다고 생각했다.

코미인은 나무가 인간의 말을 이해할 수 있어서 나무 밑에서 자려면 미리 나무에 허락을 구해야 한다고 믿었다. 그렇게 하면 나그네가 자는 동안 나무의 정령이 온갖 위험으로부터 그를 지켜준다고 여겼다. 반대로 숲의 정령을 화나게 하면 숲 속에서 길을 잃거나 야수를 만나게 되기 때문에 정령의 심기를 건드려서는 안 된다고 생각했다. 코미인은 나무를 베기 전과 후, 혹은 열매나 버섯을 따기 전과 후에 숲의 정령을 위한 의식을 올렸으며, 길의 교차점에 서 있는 나무 그루터기에 음식을 남기고 왔다.

나무가 가옥의 주재료였던 만큼, 코미인은 집을 지을 때 사용하는 목재를 고르는 데 신중했다. 주위에 넘쳐나는 것이 나무였지만, 그렇다고 모든 나무가 집을 짓는 데 사용되지는 않았다. 코미인은 전나무나 자작나무를 베서는 안 되는 나무로 생각해왔다.

코미 신화 중에 자주 등장하는 인물인 베둔은 마법사로, 이 마법사의 승낙이나 참여 없이는 숲 속의 어떤 나무도 베서는 안 된다. 베둔은 집을 짓기 위해서 어떤 나무가 좋은지, 목욕탕을 짓기 위해서는 어떤 나무가 좋은지 알고 있으며, 어떤 나무는 베서는 안 되는지, 불운한 나무는 어떤 것인지 알고 있다. 베둔 신화는 코미인이 풍요로운 숲 속에 살면서도 이를 함부로 여기지 않았다는

| 베둔 인형(ⓒ 김혜진)

것을 말해준다.

드넓은 숲에서 유래한 코미 미신과 민담

나무와 가옥은 긴밀한 관계를 맺고 있어, 이에 대한 미신도 생겨났다. 옛 코미인은 난로 근처의 구조물에서 삐걱거리는 소리가 나면 집안의 여자가 아프게 되고, 금이 간 나무를 상석에 쓰면 가장이 아프게 된다고 믿었다.

또한, 숲의 정령을 도와주거나 착한 일을 하면, 복이 찾아온다고 믿었다. 이러한 믿음은 다양한 코미 신화와 민담에서 드러난다. 코미 최고의 사냥꾼 이르캅을 주인공으로 하는 코미 민담을 간단히 소개하면 다음과 같다. 나무와 숲의 정령인 보르사가 물의 정령인 바사와 싸우자 용맹스러운 사냥꾼인 이르캅이 보르사가 이길 수 있도록 도와준다. 보르사는 그 보답으로 마술 나무를 선사했고, 이르캅은 이 나무로 마법의 스키를 만들었다. 이르캅은 어떤 동물이나 새보다도 빠른 이 스키를 타고 남부러울 것 없는 사냥꾼이 된다는 이야기이다.

주변이 모두 숲이다 보니, 코미 민담의 주인공은 주로 사냥꾼이다. 우리나라의 단군신화와 같은 대표적인 코미 신화의 주인공 페라-보가트리도 사냥꾼이다. 페라는 파르마(타이가)의 아들로 코미 땅에서 첫 번째 사냥꾼이 되었다. 페라는 활과 화살을 직접 만들었고 순록과 곰 등을 순식간에 잡았다. 어느 날 페라는 무지개를 타고 땅에 내려왔다가 그 아름다움에 반해 하늘로 올라가지 않고 땅에 남은 태양신(또는 하늘 신)의 딸 자란(또는 자르니 안)과 만나게 된다. 코미인은 자신이 페라와 태양신의 딸인 자란이 결혼해 낳은 자식들이라고 믿는다.

넓은 영토와 그를 둘러싼 풍부한 자연은 코미인의 과거와 현재를 이야기하고 미래를 약속해주고 있다. 코미인의 전통적인 경제활동, 특히 순록 유목은 현재까지 이들의 전통문화가 유지되는 동력이 되고 있으며, 유네스코 세계자연유산으로 지정된 원시림과 그 안의 풍부한 유용 광물은 코미인에게 아름다운 자연경관을 선사하는 동시에 산림업과 에너지 산업의 기반이 되며 코미인을 글로벌 시대로 이끌고 있다.

코미 공화국 문장. 새 문양 가운데 있는 얼굴이 자란을 형상화한 것이다.

타타르인
러시아의 대표적인 이슬람 민족

김혜진

명칭 Tatars(영어), Татары(러시아어)
인구 러시아 내 5,310,600명, 타타르스탄 내 2,012,571명
위치 타타르스탄(러시아 남부 볼가 연안)
언어 러시아어, 타타르어
문화적 특징 튀르크 전통문화, 이슬람 문화(수니파), 러시아 문화가 혼재되어 있다.

러시아 역사에서 자주 등장하는 민족 중 하나는 타타르인이다. 타타르인은 러시아에서 러시아인 다음으로 많은 인구를 가진 민족이다. 2010년 러시아 인구조사 결과, 타타르인은 총 531만 600명으로, 러시아 전체 인구의 약 4%를 차지한다. 타타르인은 러시아의 대표적인 튀르크계 민족이자 이슬람 민족이다. 세계적으로 유명한 타타르인으로는 테니스 세계랭킹 1위를 차지했던 마라트 사핀을 들 수 있다. 한국에는 잘 알려지지 않았지만, 1970년대 소련뿐 아니라 유럽에서 열린 체조대회와 세계선수권대회, 그리고 올림픽에서 수차례 우승을 거두며 루마니아의 체조 요정 코마네치와 어깨를 나란히 했던 넬리 김은 사할린 출신의 한인과 타타르인 사이에서 태어났다.

| 카잔 상징인 질란타, 카잔 크렘린과 쿨-샤리프 이슬람 사원(ⓒ 김혜진)

타타르인은 누구인가?

타타르라는 명칭은 6~9세기 중앙아시아와 시베리아 남쪽에서 유목하던 몽골계와 튀르크계 종족 사이에서 등장하여 점차 확산됐다. 13세기 칭기즈 칸이 영토를 정복해나가면서 여러 민족들이 킵차크한국(금장한국)에 복속됐고, 이들은 타타르라는 이름으로 통칭됐다. 칭기즈 칸의 군대가 유럽을 위협하게 되자, 공포에 빠진 유럽인들은 그리스신화에서 지하 세계, 지옥을 의미했던 타르타로스를 떠올려 칭키스 칸의 군대와 그 무리를 타타르라 부르게 됐다. 13~14세기 킵차크한국의 튀르크계 종족과 몽골계 종족이 자연스럽게 통합 되었고, 핀-우그르계 토착 민족들도 이 과정에 합류했다. 킵차크한국이 붕괴 한 이후 형성된 여러 한국汗國, 예를 들면 카잔한국, 크림한국, 아스트라한한 국 등에서는 가장 상위 계층을 타타르로 불렀다. 이후 이 국가들이 차례로 러 시아에 병합되면서 이 지역 평민들도 타타르로 불리게 됐다. 타타르라는 명

| 타타르인(ⓒ 김혜진)

칭은 점차 확대되어 제정 러시아 시기만 하더라도, 아제르바이잔인이나 하카스 인 등 거의 모든 튀르크계 민족들을 뚜 렷한 구분 없이 타타르라고 불렀다.

러시아의 타타르인은 주요 거주 지 역에 따라, 볼가-우랄 타타르, 시베리아 타타르, 아스트라한(카스피해 부근) 타타 르 등 여러 그룹으로 나눌 수 있다. 2014 년 우크라이나 땅이었던 크림반도가 러 시아로 넘어가면서 그곳의 크림 타타르

가 세간의 주목을 끈 바 있다. 타타르라는 이름 때문에 몽골 타타르인의 하부 그룹으로 혼동될 수 있지만, 크림 타타르는 몽골 타타르가 러시아를 침입하기 훨씬 이전에 이미 유럽 동부에 살던 튀르크계와 캅카스계(코카서스) 종족들의 후손이라고 할 수 있다. 타타르인은 중국에도 있는데, 현재 중국 서부의 신장 위구르자치구에 주로 거주하고 있다. 1940년대 중반만 하더라도 만주 지역에도 타타르인들이 살고 있었으나, 이들은

| 15~16세기 카잔 타타르 한(Khan)의 모습(ⓒ 김혜진)

제2차 세계대전, 일제의 만주 침략 등으로 다른 국가로 이주했다.

오늘날 러시아에 사는 타타르인의 약 36%가 타타르스탄에 거주하며, 인근 바시코르토스탄, 울랴놉스크주부터 시베리아, 중앙아시아, 극동 지역까지 러시아 전역에 퍼져 살고 있다.

솥 위에 세워진 타타르인의 중심지, 카잔

앞서 보았듯이, 타타르스탄은 러시아 타타르인의 땅이다. 특히 타타르스탄의 수도 카잔은 이들의 중심지이다. 카잔은 본래 볼가 불가르의 북쪽 국경을 수비하는 요새로 건설됐다. 1438년 카잔은 킵차크한국에 의해 정복됐고, 카잔한국의 수도로 성장했다. 모스크바 공국이 세력을 키우면서 카잔한국은 여러 차례 모스크바의 공격을 받았다. 결국 1552년 폭군 이반이라고도 불렸

| 붉은광장의 성 바실리 사원(ⓒ 김혜진)

| 끓는 솥을 형상화한 카잔의 가족센터 건물(ⓒ 라승도)

던 이반 4세는 카잔을 정복하는 데 성공한다. 러시아의 대표적인 상징물인 모스크바 붉은광장의 성 바실리 사원이 이반 4세의 카잔 정복을 기념하기 위해 만들어졌다는 것은 널리 알려진 사실이다.

카잔이라는 이름의 기원에 대해서 여러 전설이 내려오고 있다. 모든 전설은 카잔(솥이라는 뜻)이라는 고대 불가르 단어와 관련 있다. 가장 널리 알려진 전설을 소개하자면 다음과 같다.

볼가 불가르의 한은 도시를 건설하기 전, 지혜로운 사람들을 불러 모아 장소에 대한 조언을 구했다. 그중 한 노인이 "큰 솥에 물을 길어 수레에 올려놓고 그 아래에는 불을 때우시오. 그 수레를 전속력으로 끌다가 솥이 펄펄 끓기 시작하는 곳에 도시를 지으시오"라고 했다. 한은 그 말을 듣고 그대로 시행했으며, 솥이 끓는 곳에 도시를 짓고 카잔이라고 불렀다. 오늘날 카잔의 천년 광장에는 "끓는 솥"이라는 이름의 분수가 있다.

두 번째 전설은 몽골 제국의 침입과 관련 있다. 몽골의 한티메르 한이 볼가 불가르의 수도 불가르를 포위하고 점령했다. 용맹스러운 남성들은 모두 죽음을 당했고 여성들은 포로로 잡혔다. 그중 지혜로운 노파인 투이비카는 어느 깊은 밤 살아남은 자들을 배에 태우고 볼가강을 따라 도망쳤다. 투이비카는 부와 풍요로움의 상징이었던 큰 솥만 챙기고 길을 떠났다. 투이비카 일행은 마침내 한 기슭에 다다르게 된다. 그들은 아름다운 그 곳에서 새로운 도시를 짓기로 했다. 그렇지만 새로운 곳에서 행복하게 오랫동안 살려면 갖고 있는 것 중에 가장 값진 것을 내놓아야 했다. 투이비카는 결국 자신이 아끼던 솥을 내놓았고, 사람들은 땅 깊숙이 솥을 파묻고, 새 도시를 지어 카잔이라 불렀다.

모스크바 공국에 정복된 이후 카잔은 볼가 연안의 새로운 경제, 문화 중심지로 성장하게 됐다. 1804년 카잔에 러시아에서 세 번째로 대학이 설립됐다. 바로 카잔 대학이다. 카잔 대학은 위대한 학자들을 많이 배출했지만, 오히려 졸업을 하지 못한 재학생들이 더 유명하다. 대문호 톨스토이, 사회주의 혁명을 이끈 레닌, '러시아 5인조'의 수장으로 19세기 러시아 음악을 발전시켰던 발라키레프 등 러시아 사회와 문화에서 영향력을 떨쳤던 사람들이 카잔 대학에서 공부한 바 있다.

청년 레닌 동상. 카잔에는 러시아에서 유일하게 청년의 모습을 한 레닌 동상이 있다.(ⓒ 김혜진)

다채로운 타타르 전통문화

타타르 전통문화는 러시아 전통과 확연히 구분되는 특징을 갖고 있다. 우

| 타타르 여성의 전통 축제 의상(ⓒ 김혜진)

| 타타르 전통 의상을 입은 인형(ⓒ 김혜진)

선 타타르 남녀 기본의 의상은 헐렁한 셔츠로, 남성의 셔츠는 무릎까지, 여성의 셔츠는 발까지 가릴 정도로 길다. 남녀 모두 이 셔츠에 폭이 넓은 바지인 샤로바리를 입고, 소매가 짧거나 아예 없는 조끼인 캄졸을 입는다. 여성은 바지 대신 앞치마가 달려 있고 가장자리에 넓은 주름이 잡힌 치마를 입기도 한다. 기본 의상 위에 깍지 단추를 채우는 헐렁한 윗도리나, 단색 또는 줄무늬의 길고 품이 넓은 겉옷을 입는다. 겨울에는 솜을 넣어 누빈 외투나 모피 코트를 입는다.

타타르 전통 의상 중 눈길을 끄는 것은 모자이다. 타타르 남성은 납작한 원통형의 튜비테이카를 쓴다. 튜비테이카는 이웃한 튀르크 민족인 바시키르인을 비롯하여 중앙아시아 민족들의 전통 모자이기도 하다. 겨울에는 이 위에 누빔 모자나 모피 모자를 쓰며, 여름에는 펠트 모자를 쓴다. 타타르 여성은 튜비테이카와 비슷하게 생긴 모자나 벨벳으로 만든 원추형의 모자인 칼팍을 쓰거나 수건을 머리에 두른다.

전통 신발로는 부드러운 구두창을 댄 가죽 신발 이치기가 있다. 집 밖에서는 이치기 위에 가죽 덧신을 신는다. 일을 할 때는 흰 긴 양말에 짚신을 신는다.

| 카잔의 차크-차크 가게(ⓒ 김혜진)

타타르 전통 식단은 주로 고기와 유제품, 발효하여 신 맛이 나는 빵, 다양한 밀가루 제품으로 구성된다. 타타르인이 좋아하는 음식은 집에서 만든 면으로, 고기 국물에 돼지기름을 굳혀 만든 살로와 신 우유 등을 넣어 같이 끓인 것을 육수로 한다. 바우르사크 역시 타타르인이 좋아하는 음식으로 밀가루 반죽을 동그랗게 만들어 살로나 기름에 튀긴 것이다. 바우르사크는 몽골인, 카자흐인, 키르기스인 등 중앙아시아 민족들도 즐겨 먹는 음식이다. 차크-차크는 바우르사크와 같이 밀가루 반죽을 작게 떼어 튀긴 다음 견과류와 꿀을 섞어 굳힌 과자로, 러시아인 등 다른 민족에게도 인기가 많다.

무슬림인 타타르인은 돼지고기를 먹지 않는 대신, 양고기, 쇠고기, 말고기 등을 즐긴다. 대표적인 음식으로는 우리나라 순대와 같이, 고기와 피, 곡물을 넣은 소시지인 투티르마와 고기 파이인 벨레시를 들 수 있다. 전통 음료로는 발효한 신 우유에 물을 섞어 만든 아이란이 있으며, 꿀물과 과일로 만든 시르벳이 있다.

오늘날 타타르 축제 문화는 이슬람과 밀접하게 관련 있지만, 이슬람 수용 전부터 내려오는 많은 축제와 의식은 대부분 농업 주기와 연관되어 있다. 이 중 가장 큰 축제는 사반투이다. 사반은 쟁기, 투이는 결혼 또는 축제를 뜻한다. 사반투이는 파종 전에 즐기던 봄 축제로 오늘날까지 타타르인 사이에서

| 사반투이(ⓒ 권영아)

이어져 오는 가장 성대한 축제이다. 타타르인은 달리기, 뛰어넘기, 우리나라 씨름과 유사한 전통 스포츠인 케레시, 경마 등에 참여하고, 죽을 나눠 먹으며 사반투이를 즐긴다.

타타르인, 글로벌 세계에 발을 디디다!

타타르인의 땅인 타타르스탄은 발전을 거듭하고 있다. 특히 천년 이상의 역사를 지닌 카잔은 1979년 이후 인구 백만 명이 넘는 대도시가 되었으며, 소련 붕괴 이후 글로벌 도시로 거듭나고 있다. 여기에는 오래 전부터 교통의 요지였던 타타르스탄의 자연지리적 요건이 한몫하고 있다. 러시아의 주요 가스관과 석유관이 타타르스탄의 영토를 지나고 있는데다, 타타르스탄 영토 내에도 200여 곳의 석유 매장지가 있어 이 지역을 향한 세계의 관심이 뜨거워지고 있다.

또한, 2011년 유럽 역도선수권대회를 개최한 이후 세계적인 스포츠 중심지로도 부상하고 있다. 이미 2013년에는 17회 하계 유니버시아드 대회, 2014년에는 세계 펜싱선수권대회가 열렸으며, 2015년 7월에는 세계 수영선수권대회, 그리고 2017년에는 2018년 월드컵대회를 앞두고 진행되는 컨페더레이션스컵 경기가 열렸다. 2018년 러시아 월드컵 당시에는 이곳이 조별경기 도시로 선정된 데다, 이곳에서 한국 대표팀이 독일 대표팀과 경기를 펼쳐 승리하면서 우리에게도 기억에 남는 도시가 됐다. 이렇듯 오늘날 타타르스탄은 백만 명 이상의 관광객이 찾는 새로운 글로벌 관광지로 떠오르고 있다.

바시키르인
우랄의 '우두머리 늑대'

김혜진

명칭 Bashkirs(영어), Башкиры(러시아어)
인구 러시아 내 1,584,554명, 바시코르토스탄 내 1,172,287명
위치 바시코르토스탄(또는 바시키리야, 러시아 남서부)
언어 러시아어, 바시키르어
문화적 특징 타타르인의 형제 민족이라 불릴 정도로 타타르인과 유사한 언어와 문화를
가지고 있다.

바시키르인은 튀르크계 민족으로, 러시아 남서 우랄 지역의 토착 민족이다. 러시아에서 러시아인, 타타르인, 우크라이나인에 이어 네 번째로 인구가 많은 민족이다. 2010년 러시아 인구조사에 의하면 러시아에 사는 바시키르인은 150만 명 이상으로 나타났다. 이 중 100만 명(1,172,287명) 이상이 이들의 전통적인 거주지인 바시코르토스탄에 거주하고 있다.

바시키르어는 알타이어족 중 튀르크어군으로, 서튀르크 그룹에 속한다. 러시아혁명 후 바시키르어는 아랍 문자로 표기됐다가 1929년 라틴 문자로 바뀌었다. 1939년부터는 키릴 문자를 사용하게 됐으며 현재까지 이어지고 있다. 이들의 종교는 이웃 민족인 타타르인처럼 이슬람(수니파)이다. 바시키르인은 타타르인과 뚜렷한 구분이 불가능할 정도로 언어, 문화 등 다양한 측면에서 매우 가깝다.

| 수도 우파의 럇럍 튤판 사원(ⓒ 김혜진)

'우두머리 늑대', 바시키르인

바시키르인은 고대 시기부터 여러 사료에 언급됐다. 그리스 역사가인 헤로도토스는 바시키르인의 조상을 아리키페이라고 지칭하며, "그들은 독특한 언어를 구사했으며, 스키타이인처럼 옷을 입고 나무 열매를 먹었다. 잘 익은

| 바시키르인(ⓒ William Allan, 1814년)

열매를 천에 싸서 짜면 검은 즙이 나오는데, 그들은 아스히라고 하는 이 즙을 우유에 섞어 마셨다. 짜서 남은 열매로는 빵을 만들어 먹었다"라고 적은 바 있다.

또 다른 역사가는 바시키르인을 스키타이 종족 중 일부로 보았다. 중국 사료에서는 바슈킬리라는 종족으로 언급됐으며, 8~9세기 볼가강 유역에 있는 훈족의 후손으로 묘사되고 있다. 그 외 사료들도 바시키르인이 러시아 남부를 유목하던 튀르크계 기마 민족의 후손임을 말해주고 있다.

바시키르인은 자신을 바시코르트 또는 바시코르타르라 불렀다. 바스는 튀르크어로 우두머리, 머리를, 코르트는 늑대를 의미한다. 즉, 바시코르트라는 이름은 우두머리 늑대라는 뜻으로, 이는 고대 바시키르인이 늑대를 토템으로 삼았다는 것을 의미한다.

수많은 반란으로 타민족 지배에 저항했던 바시키르인

9세기 바시키르 종족들은 우랄 남부에서 유목하고 있었다. 9~11세기 튀르크계 유목 민족인 폴로베츠인이 우랄산맥 인근으로 영토를 확장하자 바시키르 종족 일부는 북쪽으로 밀려났으며, 다른 일부는 폴로베츠인과 섞이기 시작했다.

10~13세기 서부 바시키르인은 볼가 불가르의 구성원으로 들어가게 됐다. 볼가 불가르의 영향으로 바시키르인 사이에서 이슬람이 퍼지기 시작하여, 14세기에 이들의 종교로 자리 잡았다.

13세기 초반 몽골인이 이 지역까지 영토를 확장하자, 바시키르인은 몽골인과 수많은 전쟁을 벌였다. 이 전쟁에서 바시키르인이 몇 차례 승리를 거두기는 했지만, 결국 킵차크한국의 지배를 받게 됐다. 킵차크한국이 붕괴하면서 카잔한국의 구성원이 됐다가, 카잔한국이 모스크바 공국의 이반 4세에 의해 무너지자 바시키르인도 러시아 공민이 됐다.

그러나 모든 바시키르인이 같은 시기에 러시아의 지배를 받은 것은 아니었다. 1554년에 서부 바시키르인이, 1554~1557년에는 남부 바시키르인이 러시아의 지배하에 들어갔다. 1580년대 모스크바 공국이 시베리아 한을 정복한 후에서야 동부 바시키르인도 러시아 구성원이 됐다.

바시키르인은 러시아의 지배를 순순히 받아들이지 않았다. 당시 볼가-우랄 지역에 사는 모든 토착 민족들이 그러했듯이, 이들도 러시아에 대항해 수많은 반란과 봉기를 일으켰다. 러시아로부터 일부 자치권을 약속받았던 바시키르인은 자신의 권한이 제대로 보장되지 않자 러시아 정부에 강력한 저항을 표출했다. 특히, 1645년, 1661~1664년, 1681~1684년, 1705~1711년, 1735~

1773~1775년 농민 전쟁을 일으켰던 푸가초프에 합류하여 러시아 정부에 맞섰던 바시키르 장군
살라바트 율라예프 동상(ⓒ 김혜진)

나폴레옹 전쟁 중 러시아군에 소속되어 파리에 도착한 바시키르인(작가 미상)

1740년, 1755년, 1773~1775년에 바시키르인의 대규모 반란이 일어났다.

바시키르인은 러시아의 지배를 받으면서부터 러시아군에 소속됐으며, 바시키르 카자크 군대, 바시키르 기마연대 등이 조직됐다. 이들은 16세기 후반에는 리보니아 전쟁에, 17세기 후반에는 크림 원정과 아조프 원정, 18세기 초 스웨덴과 21년간 벌였던 북방 전쟁, 그리고 유럽 열강들의 7년 전쟁, 1812년 나폴레옹 군대에 맞서 싸웠던 러시아 조국 전쟁, 이후 크림 전쟁 등에 참여했다.

사회주의 혁명의 성공으로 제정 러시아 시기가 막을 내리고 바시키르 지역에도 소비에트 정권이 들어섰다. 1917년 11월 바시쿠르디스탄 민족자치구가 선포됐으며, 1919년 3월에는 바시키르 소비에트 자치공화국으로 바뀌었다. 소련 붕괴 후 1992년 2월 바시코르토스탄으로 공식 이름이 바뀌었다. 그러나 오래전부터 바시키르인의 전통적인 영토를 지칭했던 바시키리야라는 명칭도 같이 사용되고 있다.

알록달록한 색상과 은전 장식이 돋보이는 전통 의상

반半유목 생활을 했던 바시키르인은 양털과 가죽, 집에서 만든 직물, 모피, 펠트 천 등으로 옷을 만들어 입었다. 바시키르 남녀 모두 헐렁한 긴 상의와 폭이 넓지만 끝은 좁은 바지인 샤로바리를 입었다. 여기에 소매가 없는 조끼인 캄줄리(또는 캄졸)를 걸쳤다. 조끼 위에는 보통 화려한 자수가 놓여 있다.

남성의 겉옷으로는 등에 주름이 잡혀 있고 깍지 단추가 달린 헐렁한 윗도리인 카자킨, 체크멘, 단이 짧은 외투인 비시메트 등이 있다. 남성 모자는 재질에 따라 종류가 다양하다. 모피 모자인 콜락신, 흰 나사 천으로 만든 큘류

▌다양한 바시키르 전통 의상(ⓒ 김혜진)

파라, 펠트 모자, 양털 모자, 그리고 타타르인의 전통모자와 같은 납작한 원통형의 튜베테이카가 있다.

바시키르 여성 의상에서 중요한 것은 쿨덱이라고 하는 원피스이다. 쿨덱은 헐렁하지 않고 몸에 붙는 원피스로, 가장자리마다 주름이 아름답게 잡혀 있으며, 자수가 놓여 있거나 천으로 만든 장식이 달려 있다. 바시키르 여성도 평상복이나 결혼식 원피스 위에 캄줄리를 입는데, 캄줄리의 양 가장자리에는 은전 등을 꿰매 붙인다.

바시키르 여성은 산호, 구슬, 조개껍데기, 동전으로 옷을 장식한다. 다양한 장신구를 상의 가슴 부분에 매달거나 어깨에 걸친다. 가슴 부분 장식을 야가, 하칼이라고 부르며, 어깨에 걸치는 것을 에메이제크, 다구아트, 등 뒤에 매는 장식을 인할레크라고 한다. 여기에 팔찌, 귀걸이를 착용한다.

여성 모자도 다양한 편이다. 두건 모양의 카시마우, 미혼 여성들이 쓰는 타키야, 모피 모자인 카마 부레크, 긴 수건 형태의 타스타르 등이 있다. 모자역시 다양한 자수로 장식한다. 가장 화려한 머리 장식은 쿠시야울리크이다.

전통 신발로는 카타, 사리키, 가죽 신발인 골로프키, 나사 천으로 만든 장화, 짚신인 사바타 등이 있다. 카타와 여성 사리키의 뒷부분에는 가죽이나 천을 오려서 만든 무늬를 붙여 장식한다.

유목 생활에서 기원한 전통 음식

유목 생활을 했던 바시키르인은 고기 음식을 매우 좋아하며 다양한 형태로 즐긴다. 고기가 들어가지 않는 음식의 수는 다섯 손가락 안에 들 정도로 적다. 다양한 고기를 즐기지만, 이슬람을 믿는 이들은 돼지고기를 먹지 않으며,

| 소혀, 카지(말고기 소시지)를 비롯한 다양한 고기(왼쪽)와 양고기 수프 쿨라마(오른쪽)(ⓒ 김혜진)

대신 말고기를 아주 좋아한다. 특히 말고기로 만든 소시지인 카지와 말고기 기름을 굳혀 만든 살로는 별미로 손꼽힌다.

바시키르인의 가장 대표적인 전통 음식은 비시바르마크다. 비시바르마크는 튀르크어로 다섯 손가락이라는 뜻으로, 유목 중 식사할 때 포크나 칼 같은 식기를 사용하지 않고 손으로 먹었다는 데서 나왔다. 주로 양고기나 말고기를 삶아서 자른 후 면과 함께 내놓는다. 이때 손으로 잡기 쉽도록 고기에는 반드시 뼈가 붙어 있어야 한다. 그 위에 파, 양파를 많이 뿌리고 유제품의 일종인 쿠루트로 조미한다. 쿠루트는 발효시킨 우유를 굳힌 것으로 신맛이 난다. 쿠르트는 차와 함께 먹거나 수프에도 넣어 먹는다.

바시키르인은 유목 생활을 했기 때문에 이동 중에 간편하게 먹을 수 있고 장기 보관이 가능한 음식이 발달돼 있다. 고기를 데치고 말려 오랫동안 보관할 수 있도록 했으며, 소금에 절인 고기를 육포로 만들어 유목을 나갈 때 가져갔다. 앞서 언급했던 말고기 소시지인 카지, 육포(카클란간 이트)가 대표적인 예이다.

유제품, 말린 산열매, 말린 곡물, 꿀 등
도 유목 생활에 없어서는 안 되는 음식이다.
과즙과 꿀 등을 섞어 만든 과자인 카크, 마
유나 양젖을 발효시킨 쿠미스, 끓인 버터와
체리를 섞어 만든 세이엘레 하리 마이, 건조
한 쿠르트인 코로트, 그리고 신 우유에 찬물
을 섞어 즐기는 아이란은 여름철 더위에도
오래 보관할 수 있는 음식이다. 이 중 쿠미
스는 유목하는 도중에 만들었다. 마유를 담
은 가죽 자루를 안장에 걸어놓고 유목에 나
서면 마유는 온종일 흔들거리며 자동으로
휘저어지기 때문에 간단히 쿠미스를 만들
수 있다.

| 마시기 편하게 나온 시판용 쿠미스(ⓒ 김혜진)

두 개의 가옥에서 살던 바시키르인

　유목 생활 또는 반半유목 생활로 인해 바시키르인은 두 개의 가옥을 꾸려
야 했다. 겨울에는 본래 살던 마을에서 지내다가, 유목을 떠나는 여름에는 방
목지 근처에 지어놓은 임시 가옥에서 지냈다. 여름철 임시 가옥은 이동 천막
인 유르타(유르트)이다. 유르타는 모양과 재질에 따라 여러 종류로 나눌 수 있
다. 원뿔형 모양에 자작나무 등의 껍질을 이용해 만든 임시 천막, 통나무 오
두막인 부라마, 양이나 낙타털을 이용해 만든 천막인 사티르, 펠트 천으로 만
든 텐트 등이 있다. 남부 지역에서는 장방형의 지붕이 달린 알라시크도 볼 수

┃ 유르타(왼쪽)와 유르타 내부(가운데). 현대식 아파트에서도 볼 수 있는 전통 마름모 무늬(왼쪽)(ⓒ 김혜진)

있다.

상주 가옥은 골조를 갖춘 일반적인 가옥이다. 바시키르인은 나무, 흙, 점토, 짚, 토벽돌 등을 이용해 집을 만들었다. 통나무나 돌이나 평평한 돌판을 가옥의 토대로 삼았다. 바닥에는 널판을 깔거나, 점토에 짚이나 작은 돌을 섞어 발랐다. 그냥 흙바닥인 경우도 있다. 지붕은 서까래나 들보 위에 얹었다. 음식을 만들고 식료품을 보관하는 공간으로 가옥 옆에 나무껍질이나 가지로 만든 알라시크를 뒀다. 19세기부터 바시키르 가옥 양식이 조금씩 바뀌기 시작했다. 이들의 생활방식이 농업에 종사하면서 유목 생활에서 정주생활로 바뀌었기 때문이다.

바시키르인은 붉은색을 나쁜 기운으로부터 보호해주는 신성한 색깔이라고 여겼다. 이러한 믿음은 가옥을 꾸미는 데도 반영됐다. 바시키르인은 악령이나 질병이 집 안으로 들어오지 못하게 유르타의 골조나 집의 문을 붉은색이나 붉은빛이 나는 갈색으로 칠했다. 19세기부터 바시키르인은 집의 창문도 장식하기 시작했다. 창문 주위나 창턱을 마름모 모양이나 원형으로 새겨 화려하게 꾸몄으며, 어두운 색과 밝은 색을 대비하여 칠하기도 했다. 특히 바시키르인은 마름모 모양을 무늬로 자주 사용했다. 마름모가 옛 바시키르인이 생각하는 세계의 네 개 면을 상징하기 때문이었다.

아이를 원하면 태양과 달에 기도하라.

옛 바시키르인은 자연현상을 숭배했다. 특히 태양은 마법적인 힘을 가졌다고 믿었다. 아이를 원하는 바시키르 여성은 해가 떠오를 때 태양 빛을 받는 의식인 탄 누린 알리우를 올린다. 떠오르는 태양을 향해 손바닥을 올려 태양을 맞이하고 아이를 요청한다. 그 의식 후에 여성의 배가 태양처럼 둥글게 될 것이라고 믿었다. 바위나 동굴에 버터, 고기, 물이나 우유를 가져다 놓고 출산을 기원하기도 했다.

바시키르인은 태양처럼 달도 신비한 힘을 가지고 있다고 생각했다. 불임으로 고생하는 여성은 초승달이 보름달이 될 때까지 동이 틀 무렵 물을 뜨러 가는 의식을 해야 한다. 임신에 성공한 여성은 산모와 아이를 보호하기 위한 많은 규칙과 금기를 지켜야 한다.

바시키르인은 새로 태어난 아이의 안으로 이엔이라고 하는 영혼이 들어온다고 믿었다. 이엔은 인간에게 삶을 선

아이의 이름을 짓는 의식. 물라(성직자)가 기도를 한 후 아이에게 이름을 주는 의식을 치른다.(ⓒ 김혜진)

사해주는 영혼이며, 사람이 꿈을 꿀 때 어디든지 돌아다닐 수 있다. 그러므로 자고 있는 사람을 갑자기 깨워서는 안 된다. 이엔은 사람에게 필요한 모든 것, 예를 들면, 음식과 편한 잠자리, 위로와 관심을 요구한다. 바시키르인은 이엔이 오리, 갈까마귀 또는 다른 새의 모습을 한다고 믿었으며, 파리로도 모습을 바꿀 수 있다고 생각했다.

바시키르인은 이엔과 더불어 코트라는 다른 영혼도 믿었다. 코트는 인간에게 힘을 주는 영혼이다. 코트는 그가 머무는 사람과 비슷하게 생겼다. 코트가 그 사람을 떠날 수도 있다. 그렇게 되면 그 사람은 심각한 병에 걸리게 된다. 이럴 경우 다양한 의식을 올려 코트를 다시 제자리로 돌아오게 한다. 사람에게 힘을 주는 코트가 영영 돌아오지 않으면 그 사람은 죽게 된다.

바시키르인은 이외에도 여러 가지 영혼을 믿었는데, 이 영혼들은 사람의 성격이나 품성을 결정짓는다고 여겼다. 식충이, 대식가라는 뜻의 우비르가 몸에 들어와 있는 사람은 공격적이고 탐욕스럽다. 이런 사람이 죽으면, 우비르가 나쁜 기운을 몰아오기 때문에 이를 방지하기 위해 부적 같은 것을 사용하거나 망자의 옷을 찢어서 버린다. 바시키르인은 문 옆의 벽에 나무 고리를 박아 놓는데, 이는 망자의 영혼을 위한 것이다. 사람이 죽은 지 40일까지 망자의 영혼은 집 안을 날아다니다가 이 고리에 앉아 쉴 수 있다.

유산은 장남이 아닌, 막내아들에게

바시키르인의 가정은 부계 중심의 수직 상하적인 관계가 특징이다. 가장 높은 권위를 가지고 있는 사람은 아버지로, 자식들은 아버지에게 쉽게 다가서지 못했다. 바시키르 가정에서 부모의 재산은 장자가 아닌, 막내아들이 갖는다. 부모가 죽으면 아버지의 집, 화덕, 대부분의 가축을 비롯한 거의 모든 재산이 막내아들에게 돌아간다. 그렇지만, 막내의 유산 상속권이 다른 형제의 불만을 크게 사지는 않았다. 왜냐하면, 나이가 많은 형제가 결혼하면 아버지는 재산을 분리해 줬으며, 딸들은 결혼할 때 혼수로 자신의 몫을 받아갔기 때문이다.

옛 바시키르 가정에서는 형이 죽으면 동생이나 조카가 형의 부인과 결혼하는 관습, 죽은 아내의 여동생을 부인으로 받아들이는 관습, 어린 나이의 자식들을 결혼시키는 관습 등 예로부터 존재하던 풍습이 남아 있었다. 이때도 형이 아닌, 동생이 남은 가족을 책임진다. 이것은 앞서 보았던 말자 상속과 같은 의미이다.

전통 경기가 동반되는 축제

바시키르 전통 축제에는 이슬람 요소가 녹아 있는 축제가 많다. 예를 들면, 우라자-바이람, 쿠르반-바이람, 마블리드 등이 있다. 바시키르인의 경제 활동과 관련된 축제도 있다. 사반투이, 카르가투이 등 투이(축제, 결혼을 뜻하는 튀르크어)가 붙은 축제가 그것이다. 특히, 사반투이는 이웃 민족인 타타르인을 비롯해 튀르크계 민족들이 즐기는 가장 성대한 축제 중 하나이다. 사반투이는 쟁기(사반)가 땅과 결혼(투이)하는 날로, 봄 파종 전 즐기는 축제이다.

이러한 민중 축제에는 전통 경기를 빼놓을 수 없다. 바시키르인은 우리나라 씨름과 같은 쿠레시, 활쏘기, 도끼 던지기, 칼 던지기, 말타기, 달리기, 줄다리기 등을 즐긴다.

| 우파 기차역. 수도 우파가 러시아어(왼편)와 바시키르어(오른편)로 쓰여 있다(ⓒ 김혜진)

바시키르인의 주요 거주지인 바시코르토스탄은 러시아에서 경제적으로 발전한 지역 중 하나로 꼽힌다. 석유 정제, 중공업 등 전통적으로 활성화된 분야 외에도 최근에는 아름다운 자연 경관을 내세운 관광산업이 새롭게 떠오르고 있다. 이러한 경제력을 바탕으로 오늘날 바시키르인은 자민족 언어와 문화 보전에 힘을 쓰는 동시에, 공화국에 사는 다양한 민족들과의 평화로운 공존을 지향하고 있다.

추바시인
정교를 믿는 튀르크 민족

김혜진

명칭 Chuvash(영어), Чуваши(러시아어)
인구 러시아 내 1,435,000명, 추바시 공화국 내 814,750명
위치 추바시 공화국(또는 추바시야, 러시아 남서부)
언어 러시아어, 추바시어
문화적 특징 러시아의 튀르크계 민족이 대부분 이슬람을 믿는 반면, 추바시인은 정교
도이다. 그러나 전통 관습과 의례에서 다른 튀르크계 민족들과 유사한 점을 찾아볼
수 있다.

러시아에서 여섯 번째로 인구가 많은 민족

추바시인은 튀르크계 민족으로, 러시아 남서부 볼가강 연안에 공화국을 이루고 있다. 2010년 러시아연방 인구조사에 의하면 약 150만 명의 추바시인이 러시아에 살고 있다. 이 중 143만 5000명이 민족 영토인 추바시 공화국에 살고 있다. 나머지는 마리 엘 공화국, 니즈니노브고로드와 같은 인근 지역을 비롯하여 러시아의 다양한 지역에 거주하고 있다. 추바시인은 러시아에서 여섯 번째로 많은 인구를 가진 민족이기도 하다.

추바시인은 주요 거주지에 따라 크게 북서, 북동, 남부 그룹으로 나눌 수 있다. 북서 그룹을 비리얄 또는 투리라고 부르며, 북동 지역의 추바시인을 아나트 엔치, 남부 추바시인을 아나트리라고 부른다. 세 개의 그룹 외, 공화국 남동부의 스텝 지역에 사는 히르티도 있다. 튀르크어 중 불가르 그룹에 속하는 추바시어 역시 세 개의 방언으로 나눌 수 있다.

볼가-우랄 지역의 튀르크계 민족은 추바시인 외에도 타타르인, 바시키르인이 있다. 타타르인과 바시키르인이 이슬람교도인 반면, 추바시인은 정교도이다. 러시아에 사는 튀르크계 민족 중 이슬람이 아닌 정교를 믿는 민족이 일부 있으며, 이 중 추바시인이 가장 규모가 크다. 러시아 정교가 추바시 문화에 지대한 영향을 미쳤지만, 추바시인의 관습과 의례 등에서 이웃 튀르크계 민족들과 유사한 문화의 흔적을 찾아볼 수 있다.

고대 볼가 불가르인의 후손, 추바시인

많은 학자들은 추바시인을 고대 볼가 불가르인의 후손이라고 보고 있다.

| 수도 체복사리에서 가장 오래된 정교 사원인 성모자헌사원(ⓒ 김혜진)

추바시의 민담이나 신화를 보면 추바시인 스스로도 고대 불가르인과 동일시하는 것을 알 수 있다. 추바시라는 이름은 고대 불가르 종족 중 하나인 수바르, 이후에는 수바르-수바즈라는 명칭에서 기원한 것이다.

기원은 확실치 않지만 서시베리아에 살던 유목 종족들이 6세기 초 대이동 끝에 캅카스(코카서스)에 등장했다. 이들은 사비르라는 이름으로 불렸다. 사비르는 짧은 기간이었지만 한때 사산조 페르시아 제국, 비잔틴 제국과 교류했을 정도로 정치적인 힘을 가진 공동체였다. 페르시아와의 전쟁에서 패한 후 사비르는 뿔뿔이 흩어졌고, 그중 일부가 8세기경 불가르인들과 함께 볼가강 연안에 다다른다. 이들이 앞서 언급했던 수바르이다. 수바르 중 수바즈라는 공동체가 불가르인과 함께 볼가강 유역에서 불가르 왕국을 건설했다.

그러나 1236년 볼가 불가르는 킵차크한국에 의해 점령당했다. 그러나 수

| 추바시 공화국의 상징 어머니상(ⓒ 김혜진)

바즈인은 이슬람을 받아들이지 않은 하나의 독립적인 민족처럼 성장하게 된다. 킵차크한국이 붕괴되면서 카잔한국, 아스트라한국 등 여러 한국이 생겨났으며, 이때 추바시인은 카잔한국에 속하게 된다. 16세기 중반 카잔한국이 모스크바 공국의 이반 4세에 의해 정복되면서, 추바시인도 러시아의 지배를 받게 된다. 이후 추바시인의 영토에 체복사리(오늘날 추바시 공화국의 수도), 알라티리, 치빌스크, 야드린과 같은 요새 도시들이 건설됐다. 이 도시들은 곧 각종 수공품을 매매하는 교역 중심지가 된다.

러시아의 지배로 도시가 생겨나고 경제가 발전하게 되었지만, 추바시인이 러시아 지배에 순응했던 것은 아니었다. 16~17세기에는 러시아 관료들의 억압, 토지 강탈, 강제적인 정교화에 대해 여러 차례 반란과 봉기를 일으켰다. 러시아 역사에서 길이 남는 1670~1671년 스테판 라진의 난과 1774년 푸가초프가 이끌었던 농민 전쟁에도 적극적으로 참여했다.

제정 러시아 시기를 지나 사회주의 혁명 후 추바시인의 영토는 추바시 소비에트 자치공화국이 됐으며, 소련 붕괴 이후 추바시 공화국으로 바뀌었다.

투구형의 모자가 특색인 전통 의상

추바시인의 전통 의상에는 볼가 지역의 다른 민족에게서 공통적으로 나타나는 특징과 함께 이들만의 독특한 요소도 있다. 옷을 만드는 기본 재료는 여러 직물과 가죽이다. 추바시 여성은 나사 천과 린넨 등 다양한 직물을 직접 짜서 옷을 만들었다. 거의 모든 농가에는 물레와 베틀이 있었다. 그리고 털실을 이용해 다채로운 색상의 띠를 만들었다.

추바시 전통 의상의 기본은 일자 형태의 긴 셔츠인 케페다. 케페는 화려하게 수를 놓아 꾸민다. 지역마다 케페를 만드는 직물과 모양이 조금씩 다르다. 추바시 공화국 북부에서는 흰색의 얇은 아마포로 케페를 만들고 자수를 많이 놓는다. 반면 남부에서는 여러 가지 색상으로 짠 마직을 이용하며, 자수 대신 다른 색의 천으로 두세 개의 주름을 만들어 꾸민다.

바지 역시 아마나 나사로 만든다. 이웃 튀르크계 민족인 타타르인과 바시키르인이 폭이 넓고 발목 부분은 좁은 형태의 바지를 입는 반면, 추바시 남성은 몸에 붙는 바지를 입는다. 마포로 만든 케페와 바지는 보통 흰색이며, 자수나 끈으로 옷을 장

| 추바시 전통 의상(ⓒ 김혜진)

|기혼 추바시 여성의 축제 의상(ⓒ 김혜진)

|미혼 추바시 여성의 축제 의상(ⓒ 김혜진)

식한다. 주로 남성 케페의 옷깃, 소매와 가장
자리에, 여성의 경우, 케페의 옷깃, 가슴 부분,
소매, 가장자리, 옆 이음새 부분에 자수를 놓
거나 끈을 달아 장식한다. 추바시 여성은 케페
위에 앞치마와 비슷한 사푼을 입는다. 사푼에
도 자수가 놓여 있다. 여기에 헐렁하고 길며
앞섶이 따로 없는 외투를 입는다.

　가을이 되면 추바시인은 모직으로 만든 헐
렁하고 가벼운 긴 겉옷인 사흐만을 입는다. 사
흐만은 허리 쪽에 주름이 잡혀 있는 게 특징이
다. 흰색이나 회색 나사 천으로 만든 예판치도
있다. 예판치는 폭이 넓고 긴 망토의 일종이
다. 겨울에는 모피 외투인 케레크를 입는다.
케레크는 양모피로 만들며 허리에 주름이 잡
혀 있다. 먼 길을 나설 때는 외투 위에 아삼이
나 양모피 코트를 덧입는다. 아삼은 두껍고 거
친 나사 천으로 만든 누빈 외투로, 단추 없이
허리띠를 매서 입는다.

　추바시 전통 의상 중 가장 눈에 띄는 것은
여성의 모자일 것이다. 보통 미혼 여성은 아마
나 대마로 만든 머릿수건을, 기혼 여성은 긴 두
건인 수르반을 쓴다. 축제나 명절 때 쓰는 모
자는 또 다르다. 미혼 여성은 투이야라고 하는

투구처럼 생긴 모자를 쓴다. 추바시 여성은 구슬이나 동전으로 투이야 윗부분을 장식한다. 기혼 여성들은 후시푸를 쓰는데, 이 역시 투이야처럼 구슬이나 동전으로 장식한다. 동전 대신 주석으로 동그란 모양을 만들어 장식하기도 한다. 후시푸의 뒷면에는 긴 꼬리를 매다는데, 여기에도 구슬, 동전, 끈 등으로 장식한다.

추바시 여성은 갖가지 장신구를 좋아한다. 목걸이인 샤르사, 동전으로 만들어 목 부분에 거는 장신구인 수하, 가슴 부분을 장식하는 아마, 어깨띠의 일종인 테베트, 등 부분을 장식하는 푸스 히사, 허리띠에 매다는 사라, 야르카치 등 몸 전체를 장식할 수 있는 다양한 장신구가 있다.

다양한 곡물을 이용한 전통 음식

추바시 전통 음식에는 호밀, 보리, 귀리, 수수, 메밀 등 다양한 곡물이 사용된다. 여러 곡물을 빻아 가루를 내어 다양한 빵과 죽을 만든다. 메밀이나 수수로는 얇은 팬케이크와 비슷한 블린, 인도의 난과 비슷한 얇고 넓적한 레표시카를 만든다. 수수로 만든 음식, 예를 들면 수수죽인 비르 파티, 수수가루로 얇게 구운 이케르체 등은 제례 때 준비하는 신성한 음식으로 여긴다. 추바시인은 완두콩, 렌즈콩도 좋아한다. 콩으로는 수프를 끓이기도 하고, 빵을 만드는 데 사용한다.

추바시 전통 음식의 기본은 호밀빵인 후라 사카르이다. 추바시 여성은 빵을 만들 때 그들만의 방식을 고수하고 있다. 빵을 만드는 첫 단계는 저녁에 미리 만들어둔 빵 반죽을 뜨거운 물에 넣어 발효시키는 것이다. 발효시킨 반죽을 통에 넣고 그 위에 곡물 가루를 뿌린다. 이때 "반죽아, 빨리 부풀어 올라라,

추바시 전통 부엌의 모습(ⓒ 김혜진)

아이들이 빵을 먹고 싶어 한단다"라고 주문을 외우듯 말을 하며 반죽과 가루를 잘 저어준다. 그 다음 통을 덮개로 잘 덮어 따뜻한 곳에 둔다. 새벽 3~4시가 되면 여기에 다시 물, 소금, 곡물 가루를 더해준다. 그렇게 되면 반죽 숙성이 잘되어 맛있는 빵을 만들 수 있다.

카라바이처럼 크고 둥근 빵의 반죽을 뜰 때는 나무 대접인 사카르 티레케를 사용한다. 카라바이 반죽을 나무 삽(사카르 케레시)에 올려놓고 화덕 안으로 넣는다. 이때 빵이 갈라지지 않게 반죽 위에 물을 약간 뿌리고 반죽 여기저기를 찔러 구멍을 내준다. 잘 구워진 카라바이는 식은 후에 맛이 달아나지 않도록 천으로 덮어둔다.

풍년이 아니거나 곡물이 부족할 때는 겨, 왕겨, 명아주 씨앗, 풀, 연한 나무껍질 등을 곡물 대용으로 이용했다. 이런 것을 말려 호밀, 귀리, 감자 등과 잘 섞은 후 찧어 준다. 곡물이 얼마나 부족하냐에 따라서, 곡물의 비용은 달라진다. 예를 들어 보릿고개 같은 시기에는 호밀과 명아주 씨앗의 비율을 1:3

| 각종 내장을 넣은 수르피(ⓒ 김혜진) | 완자의 일종인 샤르탄(ⓒ 김혜진) |

으로 했다.

식욕을 돋우는 음식으로는 작은 경단이나 각종 곡물을 넣은 수프, 붉은 무로 만든 수프인 보르시, 양배추 수프인 시 등이 있다. 추바시인은 이러한 음식을 먹고 나서 보리, 귀리로 만든 죽인 파타, 밀이나 다른 곡물로 만든 죽, 귀리, 콩, 호밀 가루로 우리나라 묵처럼 만든 니메르를 먹는다.

추바시 여성은 잔치 때 하파르투라고 하는 폭신폭신한 흰 빵, 고기와 감자를 넣고 둥글고 크게 만든 파이인 후플루, 다양한 속을 얹은 큰 파이인 바트루시카, 별다른 속 없이 밀가루로 동글동글하게 만든 경단인 이아바, 만두와 비슷한 후란 쿠쿨리를 준비한다. 이때 쿠쿨리는 솥에서 찐다.

가축을 도살한 후에는 그 고기로 소시지나 고기 스튜를 만든다. 추바시인은 고기 스튜인 아시 수르피, 우리나라 순대와 같이 창자 안에 고기 속을 넣은 툴타르마시, 고기 완자처럼 만든 샤르탄(또는 시르탄)을 만들어 먹는다.

추바시인은 유제품도 즐겨 먹는다. 버터에 천을 씌워 기름을 뺀 후 생기는 크림인 우이란, 발효시켜 신 맛이 나는 우유 투라흐, 우유 비지로 만든 치즈의 한 종류인 차카트를 즐긴다. 튀르크 문화의 영향으로 마유를 발효한 쿠미스도 만들어 먹는다.

모든 축제와 의식에 빼놓을 수 없는 것이 술이다. 추바시인들은 사라라고 하는 전통주를 만들어 마셨다. 맥아당과 홉으로 만드는 사라는 일상생활에서도 마시는 술이다. 부유한 추바시인은 꿀로 만들어 오래 묵힌 음료인 심 필과 꿀로 만든 가벼운 도수의 카르차마를 마셨다.

여름 거주 공간이 따로 있는 전통 가옥

추바시인은 물가 근처나 골짜기에 집을 지어 살았다. 추바시 북부와 중부 지역에서 볼 수 있는 마을은 둥지형으로, 비교적 많은 사람들이 사는 곳을 여러 농가들이 둘러싸는 형태이다. 반면 추바시 남부와 스텝 지역, 그 인근에서는 강을 따라 농가들이 열을 맞추어 있다. 추바시 마을을 이루는 가구수도 지역에 따라 다르게 나타났다. 추바시 북부에서는 한 동네에 30~70가구 정도 사는 것이 일반적이었다면, 추바시 남쪽과 그 인근 지역에서는 천 가구 이상이 한 마을을 구성했다.

추바시 농가는 가옥과 헛간, 창고, 말우리, 가축우리, 지하실 등으로 구성된다. 사람들이 생활하는 주거 공간은 수르트 또는 푸르트라고 한다. 주거 공간 옆에는 창고가 있다. 목욕탕인 문차는 농가에서 좀 더 떨어진 곳, 예를 들면 골짜기 옆이나 강가 근처에 위치한다. 경제적으로 윤택한 농부들은 두 개의 수르트, 이층짜리 창고, 수확한 작물을 보관하는 여러 개의 헛간을 두었다. 농가 하나 안에 건물이 30개까지 되는 경우도 있었다. 반대로 가난한 농부의 경우는 수르트와 가축우리가 전부였다.

| 추바시 가옥 내부(왼쪽)와 외부(오른쪽)(ⓒ 김혜진)

　　추바시 농가에서 독특한 것은 여름에 사용하는 부엌인 라스이다. 거의 모든 추바시 농가에는 라스가 있었다. 라스는 사각형 구조의 통나무집으로, 수르트와 비슷하지만 특별한 것을 깔지 않은 땅바닥에 천장이나 창이 따로 없다. 여름 가옥이라고 불리는 것은 여름에는 수르트가 아니라 라스에서 음식을 만들고 식사를 하고 술을 담갔기 때문이다. 기본적으로 수르트 내부는 그렇게 넓지 않다. 추운 겨울에는 수르트 안에 가족들이 다 모여 살았지만, 더운 여름에는 라스에서도 일부 생활을 하며 가족 구성원이 조금 더 넓은 공간을 누릴 수 있었다.

　　19세기 후반 부유한 추바시 농민은 넓고 생활에 편리한 집을 짓기 시작했다. 전통 가옥에는 원래 굴뚝이 따로 없어 집 내부에 연기가 차는 불편함이 있었다. 19세기 후반부터는 굴뚝과 유리 창문이 있는 집, 그리고 돌로 만든 집이 등장하기 시작했다.

위계질서가 확실한 토속신들

정교를 받아들이기 전, 추바시인은 다양한 토속신들을 모셨으며 모든 자연과 사물에 영혼이 있다고 믿었다. 추바시 전통과 관습은 오랜 세월에 걸쳐 조로아스터교와 유목민의 관습, 그리고 이슬람과 정교가 혼합되어 형성됐다. 조로아스터교의 영향으로 추바시인의 세계관에는 양분법이 깊게 자리 잡고 있다. 추바시인이 믿는 많은 신 중에 선한 신과 악한 신이 있다. 추바시인이 가장 높은 위치에 있다고 믿는 신은 투라이다. 북부 추바시인은 토라라고도 불렀다. 투라가 선한 신이라면, 슈이탄은 악한 신이다.

또한, 추바시인은 세상을 상하 수직적으로 구분했다. 사람이 사는 세계를 중심으로 위와 아래, 즉 하늘과 땅 아래에는 각각 다른 세계가 존재한다고 믿었다. 착한 신들은 하늘에 살며, 나쁜 신들은 지하 세계에 산다고 믿었다.

추바시인의 고대 신앙에서 볼 수 있는 또 하나의 특징은 신들 사이의 위계질서 구조이다. 많은 신들이 있지만, 각자 그들만의 위치가 있다. 앞서 언급한 하늘신인 투라도 점차 분화됐다. 아슬라 투라는 최고신, 술티 투라는 상위 계층의 신이다. 추바시인은 상위 그룹에 있는 신들이 인간 세계와 관련된 일을 직접 관장하지 않고 그 아래에 있는 신들에게 맡겼다고 생각했다.

케베라는 신은 아이가 태어날 때 아이의 성별을 결정하며, 풀레흐세는 제비뽑기를 통해 인간의 운명을 결정한다. 피하미아라는 사람들에게 품성과 성격을 부여한다. 피하미아라는 동물의 수호신이기도 하다. 가정 내 행복이나 부(富)를 관할하는 신은 헤르추르트로 여성신이다.

농가의 가축우리에는 집 안에 사는 모든 생명체를 수호하는 정령들이 한데 모여 산다. 농가의 건축물을 수호하는 정령들도 있다. 창고의 수호자 켈레

트리 이라, 지하실을 보호하는 누흐레프 후시, 곡물 건조장을 관장하는 아반 케투세, 목욕탕에 사는 심술궂은 이이예 등이 있다.

농업 주기에서 비롯된 전통 축제

토속신앙에 근거한 각종 의식과 의례는 농업 주기와 밀접한 관련이 있다. 이러한 의례는 동지에 맞춰 열리는 겨울 축제인 수르후리부터 시작된다. 수르후리는 양의 영혼을 뜻하는 말로, 가축의 번성을 기원하는 의식이다. 수르후리가 시작되면 동네 아이들과 젊은이들이 집집마다 돌아다니며 가축의 번성을 기원하는 노래를 부른다. 그러면 그 집의 주인이 이들에게 먹을 것을 대접한다.

겨울 축제가 끝나면 추바시인은 태양을 숭배하는 축제이자 봄맞이 축제인 사바르니를 즐긴다. 러시아인이 봄맞이 축제인 마슬레니차에 블린을 구워 먹듯이, 추바시인도 사바르니에 블린을 구워 먹는다. 이날 러시아인이 썰매타기를 즐긴다면, 추바시인은 말을 타고 마을 주변을 돈다. 마슬레니차 마지막 날에 러시아인이 마슬레니차를 형상화한 허수아비를 태우는 것처럼,

사바르니 짚 인형을 태우는 모습(자료: 추바시 공화국 정부 사이트 http://gov.cap.ru/)

추바시인도 사바르니 노파의 모양을 한 짚 인형을 태운다.

사바르니가 끝나면 본격적인 봄을 즐기는 축제인 만쿤을 경축한다. 위대한 날이라는 뜻의 만쿤은 태양과 신, 조상에게 제물을 바치는 의식으로 시작되어 며칠씩 이어진다. 만쿤은 남은 겨울과 나쁜 기운 및 질병을 쫓아내는 여러 가지 의식으로 시작되고 끝난다. 만쿤이 되기 전 젊은이들은 마가목 잔가지를 들고 마을을 돌아다닌다. 이들은 마가목 가지로 사람, 건물, 옷, 살림도구 등을 때리며 "쇼렌!"이라고 외치며 나쁜 기운을 몰아낸다. 쇼렌은 쫓아낸다는 뜻으로, 만쿤 전야제를 일컫는 말이기도 하다. 만쿤 기간은 부활절 기간과 겹치기 때문에, 정교를 받아들인 이후 만쿤은 부활절로 대체됐다.

봄철 밭일이 다 끝나면 아카투이를 즐긴다. 아카투이는 타타르인과 바시키르인의 전통 축제인 사반투이와 같은 것으로, 쟁기(아카) 축제(투이) 또는 쟁기의 결혼이라는 뜻을 가지고 있다. 쟁기는 남성, 땅은 여성을 뜻하는 것으로, 쟁기와 땅이 만나 결혼을 한다는 것이다.

봄 파종이 끝나면, 우야바 또는 신세라는 시기가 돌아온다. 이는 쟁기와 결혼한 땅이 임신했기 때문에 모든 농사일을 금하는 시기이다. 몇 주간 이어지는 이 시기에 추바시인은 풍년과 마을 사람들의 건강과 평안, 가축의 건강을 기원한다. 추바시인은 말, 소, 양, 오리나 거위 등을 잡아 의식을 치르고, 제물로 바친 고기로 국이나 죽을 끓여 모두 나눠 먹는다. 우야바는 비를 기원하는 수마르 추크라는 의식으로 끝난다. 수마르 추크는 사람들이 서로에게 물을 끼얹고 강이나 시냇물에서 멱을 감는 의식이다.

겨울에 젊은이들은 집안의 연장자들이 잠시 자리를 비운 집에서 라르니(모임)를 여는데, 이때 아가씨들은 숨어 있다가 청년들이 오면 놀이를 시작한다. 젊은이들은 노래를 부르거나 춤을 추면서 축제를 즐긴다. 한겨울이 되면

| 수도 체복사리 풍경(ⓒ 김혜진)

헤르 사리(처녀의 맥주)라는 축제를 즐긴다. 아가씨들은 술을 만들고, 파이를
굽는다. 겨울은 젊은 남녀들이 결혼 상대를 찾는 시기이기도 하다.

　　추바시인은 볼가의 심장부에 살고 있다는 자부심을 가지고 있다. 넓은 영
토는 아니지만, 깨끗한 강과 호수, 울창한 숲 등 풍요로운 자연 속에서 100만
명이 넘는 많은 추바시인이 살고 있다. 타타르인, 마리인, 러시아인 등 다양
한 민족들과 조화롭게 살면서, 추바시인은 이웃 민족으로부터 용감하면서도
섬세하고 겸손하면서도 품위 있는 민족으로 평가받고 있다.

우드무르트인

러시아에서 가장 붉은 머리를 가진 민족

김혜진

명칭 Udmurts(영어), Удмурты(러시아어)
인구 러시아 내 552,299명, 우드무르트 공화국 내 410,584명
위치 우드무르트 공화국(또는 우드무르티야, 러시아 남서부)
언어 러시아어, 우드무르트어
문화적 특징 러시아인, 인근 튀르크계 및 핀-우그르계 민족들의 문화적 영향을 복합적
으로 받았다.

러시아 볼가강 근처에는 핀-우그르 민족들이 모여 살고 있다. 그중 하나가 우드무르트인이다. 우드무르트 혹은 우드모르트라는 민족명은 우드라는 고대 명칭과 사람을 뜻하는 무르트라는 말이 합쳐진 것이다. 이웃 민족인 마리인은 고대 우드인을 오도라고 불렀으며, 러시아인은 보탸크, 혹은 오탸크, 보티, 보틴 또는 오틴이라고 불렀다. 튀르크 계열의 민족들은 우드무르트인을 아르라고 불렀다.

북부와 남부 우드무르트인

많은 학자들은 우드무르트인과 코미인의 조상이 같다고 본다. 실제로 우드무르트어는 코미어와 함께 우랄어족의 페름 그룹에 속한다. 철기 시대 북우랄의 카마강 유역에 살던 사람들 중 일부가 7~8세기에 볼가강 중류 부근으로 이주해 정착했다. 이들이 남부 페름 그룹으로, 우드무르트인의 직계 조상이다.

우드무르트인은 역사적·문화적 특징에 따라 크게 북과 남으로 나눌 수 있다. 북부와 남부 우드무르트인은 유사하지만, 언어와 의식주에서 차이가 있다. 타타르스탄, 바시코르토스탄과 면하고 있는 남부 우드무르트인의 의식주에서는 강한 튀르크 문화의 영향을 찾을 수 있다. 우드무르티야 북부에는 베세르먄인이라는 독특한 민족 그룹이 있다. 베세르먄인을 북부 우드무르트인의 한 그룹으로 보는 학자들이 있는 반면, 추바시인과 같이 볼가 불가르의 후손이라 주장하는 학자들이 있다. 핀-우그르계인지, 튀르크계인지 오늘날까지 여전히 논쟁의 대상이 되고 있는 베세르먄인은 약 만 명 정도로, 러시아 정부에 의해 공식 소수민족으로 인정받고 있다.

XV РЫЖИЙ ФЕСТИВАЛЬ - 2018
15 СЕНТЯБРЯ В 12:00

2018년 붉은 머리 페스티벌 포스터(자료: 붉은 머리 페스티벌
SNS https://vk.com/rizhii_fest)

우드무르트 여성(자료: Комин Информ
http://www.finnougoria.ru/)

우드무르트인은 밝은 파란 눈, 창백해 보일 만큼 흰 피부에 붉은 머리카락이나 붉은색에 가까운 갈색 머리카락을 가지고 있다. 이들은 러시아에서 가장 붉은 머리카락을 가진 민족으로 손꼽힌다. 일부 연구자들은 세계에서 가장 붉은 머리카락을 가졌다는 아일랜드인보다 우드무르트인의 머리 색깔이 더 붉다는 결과를 내놓았다. 여러 민족과의 결혼으로 붉은 머리를 가진 우드무르트인의 수는 줄어들고 있지만, 우드무르트 공화국 수도 이젭스크에서는 2012년부터 매년 '붉은 머리 페스티벌'이 열리고 있다.

슬라브 민족과 튀르크 민족 사이에서

10세기 우드무르트인(특히 남부 우드무르트인)은 볼가 불가르의 지배하에 있었다. 이들은 튀르크 계열의 민족들, 예를 들면, 볼가 불가르인과 그들의 직계 후손이라 할 수 있는 추바시인과 자연스럽게 교류했고, 이러한 역사적·문화적 교류는 적어도 14세기까지 계속됐다. 14세기경에는 킵차크한국, 그 후에는 카잔한국의 지배를 받으면서 우드무르트인은 불가르인처럼 킵차크계 언어를 사용했지만, 불가르인과는 다른 튀르크계 민족인 타타르인과의 교류

우드무르티야의 러시아 편입 400주년에 헌정하는 '러시아와 영원히' 기념탑(ⓒ 김혜진)

가 시작됐다. 이러한 교류는 우드무르트 문화에 상당한 영향을 미쳤다. 한 예로, 우드무르트어에는 튀르크어에서 차용된 요소를 상당수 찾아볼 수 있다.

러시아 사료에서 우드무르트인이 처음 언급된 것은 1469년 모스크바 공국 이반 3세의 카잔 원정을 다룬 내용에서이다. 당시 우드무르트 땅은 카잔한국의 지배를 받고 있었다. 1489년 북부 우드무르트인은 모스크바 공국에 편입되었으나, 우드무르트 남부는 여전히 카잔한국의 영토였다. 모스크바 공국이 카잔한국을 점령하면서, 1558년경 모든 우드무르트인이 모스크바 공국에 복속됐다고 할 수 있다.

이와 같은 지리적, 역사적 배경으로 인해 북부 우드무르트인은 러시아의 영향을 좀 더 강하게 받은 반면, 남부 우드무르트인은 다양한 튀르크계 민족의 영향을 받았다. 러시아의 지배를 받은 이후 우드무르트인은 토지를 뺏기거나 과도한 부역과 압제에 시달렸다. 많은 우드무르트인이 정부의 억압에 반대하여 볼가 유역에서 일어났던 스테판 라진이나 푸가초프의 난에 참여했다.

1917년 사회주의 혁명 후, 1920년에 우드무르트 자치주가 설립됐다. 그러나 처음에는 러시아인이 우드무르트인을 불렀던 이름에 따라 보트 자치주로 불렸으며, 1932년이 되어서야 우드무르트 자치주라는 이름을 갖게 되었다. 2년 후인 1934년에는 자치주가 자치공화국으로, 오늘날에는 우드무르트 공화국(우드무르티야)으로 바뀌었다. 2010년 기준 러시아 내 우드무르트인은 약 55만 2000명으로 집계되었으며, 이 중 41만 명이 우드무르트 공화국에, 나머지는 타타르스탄, 바시코르토스탄, 키로프주, 페름주, 스베르들롭스크주 등 인근 지역에 주로 거주하고 있다.

흰색, 빨간색, 검은색: 전통 의상의 기본 색상

우드무르트 전통 의상은 크게 두 가지 형태로 구분된다. 하나는 북부 우드무르트 의상으로 흰색, 빨간색, 검은색, 이렇게 세 가지 색깔이 기본이다. 오늘날 우드무르트 공화국의 공식 문장과 국기 역시 이 세 가지 색으로 구성되어 있다. 반면 이웃 튀르크 민족의 문화 영향을 좀 더 받은 남부 우드무르트 의상은 더욱 다양한 색깔과 화려한 장식이 특징이다. 전통 의상 중 흰색 옷은 보통 의식이나 의례 때 입는다.

우드무르트 남성의 전통 의상은 바지와 목 부분이 트인 셔츠, 천이나 가죽으로 만든 허리띠, 펠트 모자, 양 모피로 만든 모자 등으로 구성된다. 남성의 전통 신발은 나무껍질로 만든 신이나 펠트 천으로 만든 장화가 있다. 우드무르트 남성은 부싯돌이나 다른 작은 물건을 넣는 작은 가죽 가방을 들고 다녔다.

우드무르트 공화국 국기와 국가문장

　　민족적 특성이 잘 녹아 있는 여성 의상의 경우, 일자 모양의 긴 상의, 가운
처럼 길고 폭 넓은 옷, 앞치마, 자작나무 껍질로 만든 높은 모자, 뜨개질한 긴
양말 등으로 구성된다. 겉옷은 조끼 모양의 재킷(남부 우드무르트 여성)이나 모피
외투, 양털 외투이다. 여성 신발로는 짚신, 펠트 장화, 목이 짧은 장화 등이 있
다. 우드무르트 여성 의상은 이웃 민족들의 여성 전통 의상처럼 화려한 장식
이 특징이다. 우드무르트 여성은 여러 개의 동전, 은, 구슬, 유리알, 조개 껍
질, 자수로 가슴 앞부분을 장식했으며, 다양한 팔찌, 귀걸이, 목걸이 등을 착
용하는 것을 좋아했다. 우드무르트 의상 중 흥미로운 것은 축제 때 신는 신발

우드무르트 여성의 다양한 전통 의상(왼쪽)과 자패로 만든 가슴 장식(오른쪽)(ⓒ 김혜진)

이다. 우드무르트인은 구두에 작은 종이나 금속판을 여러 개 달아, 춤을 출 때마다 다양한 소리가 나게 했다.

빵으로 만든 귀, 펠멘

우드무르트인은 전통적으로 농업, 어업, 사냥, 양봉 등을 생업으로 삼았으며, 이는 이들의 식단에 큰 영향을 미쳤다. 우드무르트인이 일반적으로 먹는 음식은 수프, 유제품, 육류, 빵으로 구성된다. 수프는 그 종류가 다양한데, 면, 버섯, 곡물, 양배추, 생선, 무 등을 넣은 수프가 있다. 우드무르트인은 말고기를 제외한 거의 모든 고기를 먹었다. 고기를 볕에 말리거나 훈제해서 먹기도 했지만, 삶는 조리 방법을 선호했다. 고기를 조린 국물을 굳혀 만든 쿠알레키야시, 고기의 피까지 넣어 만든 소시지인 비르티렘을 즐겨 먹는다.

우드무르트 전통 음식 중 하나는 펠멘이다. 펠멘은 작은 만두와 유사한 대표적인 러시아 음식 중 하나인데, 펠멘이라는 단어는 우드무르트어 '펠냔'에서 기원했다. 우드무르트어로 펠은 귀를, 냔은 빵을 뜻한다. 빵 모양이 마치 귀처럼 생겼다는 데서 유래했다. 펠멘의 기원에 대해서는 여전히 논쟁이 있지만, 우드무르트인은 펠멘이 자신의 전통 음식이라는 점을 자랑스럽게 여기고 있다. 우드무르트 공화국의 수도 이젭스크에 펠멘 기념비까지 있을 정도이다.

펠멘과 함께 가장 오래된 우드무르트 음식으로는 페레페치를 들 수 있다. 타르트와 유사한 페레페치는 반죽 위에 고기나 채소 등을 올려 구워낸다. 펠멘이 러시아의 모든 민족이 먹는 음식이 되어버려 오히려 우드무르트 전통 음식으로서의 의미를 잃어버렸다면, 페레페치는 진정한 우드무르트 전통 음

| 펠멘(ⓒ 김혜진)

| 페레페치(ⓒ 김혜진)

| 수도 이젭스크의 펠멘 기념비(ⓒ 김혜진)

| 공화국 북부 데뵤시 마을의 페레페치 기념비(ⓒ 김혜진)

식으로 남아 있다.

펠멘과 페레페치, 두 음식은 그 역사가 오래된 만큼 우드무르트 명절이나 축제 때 빼놓을 수 없는 음식이다. 다른 명절 음식으로는 생선 파이, 버섯이나 산열매, 채소 등으로 속을 넣은 파이 등을 들 수 있다.

전통 가옥의 중심: 벽난로 구르

옛 우드무르트인은 강가를 따라 집을 지으며 마을(구르트)을 형성했다. 우드무르트 가옥인 코르카는 맞배지붕에 통나무로 만들어진 형태이다. 러시아 목조 가옥인 이즈바와 같이 못을 사용하지 않고 통나무에 홈을 파서 쌓아올리며, 틈 사이에는 이끼나 삼 또는 아마, 지푸라기를 채워 넣는다. 우드무르트 전통 가옥이 가지는 독특한 구조 중 하나는 가옥 안에 있는 헛간과 헛간 사이에 배치된 복도이다. 집 외부에는 별도의 장식을 하지 않는다. 현관문이나 문턱 부분에 세로 홈을 파거나 꺾쇠 모양 등을 새겨 멋을 낸 정도이다.

가옥 내부의 중심부는 벽난로이다. 우드무르트 가옥의 벽난로인 구르 외부에는 점토가 발라져 있으며, 벽난로에는 아궁이가 설치되어 있다. 북부 우드무르트인의 아궁이 위에는 보통 솥이 걸려 있으며, 남부 우드무르트인은 타타르인처럼 진흙이 발린 솥을 놓아둔다. 집 안에는 벽을 따라 긴 의자와 침상이 놓여 있으며, 자수가 놓인 수건이나 화려한 색상의 직물로 집을 꾸민다.

주거 공간과 함께 가족이 쓰는 물품을 보관하는 창고, 그리고 여름용 가옥인 쿠알라가 전체적으로 Π자 형태를 이루며 하나의 우드무르트 전통 가옥을 구성한다. 이층으로 구성된 창고는 케노시라고 불린다. 케노시는 여성들의 장소로, 그 집안에 며느리(켄)가 몇 명이냐에 따라서 케노시의 수가 달라

| 오늘날 우드무르트 공화국 시골의 목조 가옥(왼쪽)(ⓒ 김혜진), 쿠알라 내부 모습(오른쪽)(ⓒ 김혜진)

진다.

여름용 가옥 쿠알라 또는 쿠아는 더운 여름에 사용하는 야외 주방이면서 사당과 같은 역할도 한다. 우드무르트인은 조상신을 섬겼는데, 쿠알라는 가족의 조상신, 혹은 수호신인 보르슈드(행복을 낳다, 행복을 키우다라는 뜻)가 거주하는 곳이다. 우드무르트인은 보르슈드를 상징하는 오리나 백조, 또는 거위 등의 동물(보통 새) 모습을 본따 만든 나무 조각상을 쿠알라에 모셔두고 기도한다.

다양한 신과 정령을 믿는 사람들

우드무르트인의 고대 세계관은 이웃한 핀-우그르 민족들과 유사하다. 우드무르트인은 우주가 선한 세계와 악한 세계, 두 부분으로 나뉘어 있으며, 세상은 천상, 중간세계, 지상으로 나뉘어 있다고 믿었다. 고대 우드무르트인은 유일신이 아닌, 많은 신과 정령을 믿었다. 가장 높은 신이자 하늘의 신인 인

마르, 땅의 신 칼디신, 어머니 태양신인 슌디-뭄미 등 약 40개의 다양한 신이 있다. 오늘날에도 우드무르트인들이 모여 사는 시골에서 "오, 인마르여!"(Oh, my god!)라는 표현을 자주 들을 수 있다. 인마르의 맞수이자 악한 혼령은 케레메티, 또는 샤이탄이라고 불렀다. 이외에도 가정의 불을 지키는 신, 그리고 앞서 언급했던 가족 수호신인 보르슈드의 존재를 믿었다.

우드무르트인은 숲과 함께 살아갔는데, 주변 환경은 이들의 고대 신앙에 영향을 미쳤다. 이웃 핀-우그르 민족인 마리인처럼 우드무르트인도 성스러운 숲을 두고 있었으며, 자작나무, 전나무, 소나무, 오리나무 등 일부 나무를 신성한 나무로 여겼다. 성스러운 숲과 나무에 예배를 드릴 때는 발효된 반죽으로 만든 두꺼운 팬케이크인 타바니를 만든다.

계절마다 축제를 즐기는 민족

우드무르트인에게서 볼 수 있는 독특한 사회 구조 중 하나는 부스켈이라는 이웃공동체이다. 부스켈은 친인척 관계에 있는 몇 가구가 하나의 큰 마을이나 택지에 모여 사는 형태다. 부스켈은 힘든 노동을 함께 하는 일종의 경제 협력체로 공동의 재산과 토지, 곡식 창고, 목욕탕 등을 소유한다. 부스켈에서 일부 가구가 떨어져 나오더라도 친인척끼리 같이 도우며 경제활동을 하는 공동체 요소는 유지된다. 친척뿐만 아니라 동네 사람들 모두 모여 축제를 즐기고 의례를 행하는 것이 일반적이었다.

우드무르트인은 농사를 지으며 살아왔기 때문에, 이들의 축제는 농업과 밀접하게 관련되어 있다. 이러한 축제는 크게 겨울-봄, 그리고 여름-가을 축제로 나눠볼 수 있다. 봄 축제는 겨우내 얼었던 강의 해빙과 쌓였던 눈과 얼음이 녹아 땅이 드러나는 것을 축하하는 것으로 시작된다. 봄 축제 중 가장 대표적인 것은 튀르크계 민족의 영향을 받은 아카야시카(쟁기 축제)이다. 이는 파종의 시작을 알리는 축제로 온 마을, 혹은 몇 마을이 함께 모여 풍년을 기원한다. 파종 첫 날에는 달걀 등을 땅에 같이 뿌리는데, 이는 뿌리는 씨가 달걀처럼 크고 알찬 곡물로 자라기를 기원하는 의미다.

여름 축제인 게르베르는 하지에 열린다. 게르베르는 쟁기 이후라는 뜻이다. 우드무르트인은 게르베르 전까지 쟁기를 사용하는 농사일, 즉 땅을 갈고 덮는 일을 마치기 때문에 이러한 이름이 유래했다. 게르베르는 마지막 여름 축제로 일 년 중 마지막 땅의 축제로 여긴다. 구젬 유온, 쿠아르수르, 페트롤 등 지역마다 다른 이름으로 불린다. 다양한 이름 중 쿠아르수르는 '풀을 위한 술 축제'라는 뜻으로, 한창 풀이 돋아나 푸르러지는 시기를 즐긴다는 의미를 담고 있다. 이 축제가 되면 마을의 모든 사람이 밖으로 나와 아름다운 자연을 즐기며 논다. 젊은 여성들은 시냇가에서 멱을 감는다. 게르베르가 끝나면 풀베기가 시작된다.

가을의 시작을 알리는 축제는 빌이다. 수확할 농산물이 잘 무르익었음을 상징하는 의미로 농부들은 새로 수확한 보리나 귀리로 죽을 쑤고 음식을 만든다. 이날을 위해 거위나 오리, 양고기를 준비한다. 그리고 밭에서 호밀, 보리, 콩 줄기, 양배추 잎을 베어 식탁 가장자리에 놓고 이미 세상을

파종 첫 날 풍년을 기원하며 달걀을 땅에 뿌리는 의식(ⓒ 김혜진)

| 혼례를 앞둔 신부의 모습(ⓒ 김혜진)

떠난 이들의 명복을 비는 쿠야시콘 의식을 행한다. 여러 곡물의 이삭을 엮은 다발은 쿠알라에 걸어두며, 쿠알라에서 이삭을 수프에 담갔다가 꺼내 빛에 비추는 의식을 하며 풍년을 기원한다.

동지에 열리는 톨수르는 겨울 술이라는 의미로, 이날에는 가면 놀이를 하거나, 점을 치거나 악한 혼령을 떠나보내는 의식을 한다. 농사일이 끝난 후인 이때 결혼식이 많이 치러진다.

전통 혼례는 여러 단계에 걸쳐 진행된다. 먼저 신랑 집에서 결혼을 축하하는 잔치가 열리고 다음에는 신부 부모의 집에서 다시 한 번 잔치가 열린다. 두 차례의 성대한 파티 후 신혼부부는 남편의 집에서 생활하게 된다. 결혼식에는 보통 노르스름하게 구운 거위를 준비하며, 신혼부부가 첫날밤을 치르기 전 죽을 먹는다. 이는 신혼부부의 다산을 기원하는 우드무르트 관습이다.

이젭스크 무기 장인 동상. 1868년 알렉산드르 2세가 그간의 무기 제작에 대한 공을 인정하여 이들에게 특별 제복을
하사했으며, 이 제복은 이젭스크 무기 제작인의 상징이 되었다.(왼쪽)(ⓒ 김혜진)
AK 소총을 발명한 칼라시니코프 박물관(오른쪽)(ⓒ 김혜진)

　　우드무르트인은 주변 민족들로부터 가장 순종적이고 겉으로 분노를 드러
내지 않고 절제하는 민족으로 알려졌으며, 우드무르트인 자신들도 가장 평화
로운 민족으로 자부하지만, 아이러니하게도 이들의 수도 이젭스크는 칼라시
니코프의 AK 소총을 비롯한 각종 무기를 생산해온 '러시아의 무기 수도'이다.
모순적으로 보이지만, 오늘날 우드무르트 공화국은 러시아 음식을 대표하는
펠멘과 러시아 무기를 대표하는 AK 소총의 고향인 점을 강조하며 대외적으
로 공화국을 홍보하고 있다.

마리인
나무와 숲의 숭배자

김혜진

명칭 Mari(영어), Марийцы(러시아어)
인구 러시아 내 547,605명, 마리 엘 공화국 내 290,863명
위치 마리 엘 공화국(러시아 남서부)
언어 러시아어, 마리어
문화적 특징   소련 붕괴 이후 나무와 숲을 숭배하는 토속신앙이 부활했으며, 마리인
대부분이 정교도이지만 토속신앙을 함께 믿는 이중 신앙의 모습을 보인다.

마리인은 코미인, 카렐인과 마찬가지로 러시아에 거주하는 핀-우그르계 민족이다. 마리라는 민족 명칭은 마리어로 사람, 남자를 뜻한다. 마리, 마레 등으로 불렸던 마리인이 사료에 처음 언급된 시기는 10세기경이다. 하자르족 연대기에서 마리인은 하자르족에 조공을 바치던 체레미스인으로 기록되었다. 이때부터 러시아인도 마리인을 체레미스라고 불렀으며, 이 말은 혁명 전까지 마리인을 가리키는 공식 명칭으로 사용됐다.

오늘날 러시아연방 각지에 살고 있는 마리인 인구는 약 55만 명이다. 마리인이 예로부터 살았던 고유 영토는 현재 공화국의 지위를 갖추고 있다. 러시아 남부에 위치한 마

| 마리인의 세 그룹을 형상화한 조각상(ⓒ 김혜진)

리 엘 공화국은 타타르스탄, 추바시 공화국, 키로프주와 이웃하고 있다.

볼가강의 토착민에서 러시아 국민으로

초기 철기 시대 볼가강과 카마강 유역에서 살던 핀-우그르 계열의 종족 일부가 10세기 초반 남쪽으로 내려왔다. 이 중 볼가강과 베틀루가강 사이에 정착한 사람들이 바로 마리인이다. 마리인은 크게 세 그룹으로 나뉜다. 첫 번째 그룹은 마리 땅 서쪽에 거주하는 산악 마리인이다. 두 번째는 볼가강과 뱌트

마리 전통 가옥 내부. 러시아 전통 가옥 내부와 매우 흡사하다.(ⓒ 김혜진)

카강 사이에 거주하는 초원 마리인으로 마리인 대부분이 여기에 속한다. 마지막 그룹은 16~18세기 마리 땅 동부의 바시코르토스탄과 우랄산맥으로 이주해 정착한 동부 마리인이다. 산악 마리인은 나머지 두 그룹과 언어적·문화적으로 차이를 보인다. 인류학적으로 볼 때, 마리인에게서는 핀-우그르 민족의 전형적인 특징과 함께 몽골인종 특유의 요소도 찾을 수 있다. 마리인은 옅은 황색 피부와 황갈색 머리, 검거나 황갈색 눈을 가지고 있다. 전형적인 백인의 모습에 동양인의 특징이 조금 섞여 있다고 생각하면 이해하기 쉬울 것이다.

러시아가 13~15세기 몽골 타타르 지배 아래 있었을 때, 마리인은 킵차크한국과 카잔한국의 일원이었다. 1552년 모스크바 공국이 카잔한국을 정복하면서 마리인도 러시아의 지배를 받기 시작했다. 러시아 정부는 마리 땅을 동부로의 영토 확장 거점으로 삼았다. 그러나 마리인은 카잔한국의 편에 서서 꽤 오랫동안 러시아에 맞서 싸웠다.

마리인은 1552~1557년과 1571~1574년, 1583~1585년 체레미스 전쟁이라 불릴 정도의 대규모 봉기를 잇달아 일으켰다. 마리인의 봉기는 민족 독립 투쟁이었을 뿐 아니라 봉건주의에 반대하는 농민 반란의 성격도 가지고 있었다. 마리인은 러시아 정교도로 개종시키려던 러시아의 시도에 대해서도 끈질기게 저항했다. 러시아 정부는 마리인이 숭배하는 사당을 폭파하는 등 강제적인 수단을 통해 마리인의 정교화에 박차를 가했지만, 이는 마리인이 푸가초프의 난에 대거 참여하는 역효과를 낳기도 했다. 종교적 자유를 찾아 마리인 일부는 고향을 떠나 더 동쪽으로 이주했다. 이들이 바로 동부 마리인의 시초이다. 긴 저항과 강압의 시간을 지나 마리인은 러시아의 국민이 되었다.

다양한 민족들과의 조우

마리인은 러시아의 지배를 받기 전까지만 하더라도 인근의 튀르크계 민족(타타르인, 추바시인 등)의 영향을 많이 받아왔으며 이는 오늘날에도 남아 있다. 마리 엘 공화국이라는 이름에서부터 그 흔적을 찾아볼 수 있다. 엘이라는 말은 타타르어로 민족, 땅, 제국을 뜻한다. 다시 말해 마리 엘은 마리인의 땅을 의미한다. 이웃 민족들의 영향은 마리인의 이름에서도 나타난다. 마리인의 이름 중에서는 볼가 불가르식이나 타타르식 이름을 자주 찾아볼 수 있다.

러시아 문화의 영향도 빼놓을 수 없다. 마리 의식주에서 러시아적인 요소를 쉽게 찾아볼 수 있다. 마리 전통 가옥의 중심은 러시아 이즈바(통나무집)처럼 벽난로가 차지하고 있으며, 입구에서 대각선 방향에는 식탁과 이콘(성화)을 놓을 수 있는 선반이 있다. 마리 남녀 의상의 기본인 긴 셔츠 투비르는 러시아의 루바하와 유사하다.

각양각색의 구슬과 조개껍질, 동전, 금·은박으로 장식한 마리 여성의 전통 의상은 이웃한 핀-우그르 민족인 우드무르트인과 모르드바인의 전통 의상에서도 볼 수 있다. 이처럼 마리 문화는 다양한 문화 요소가 녹아든 복합적인 문화라고 할 수 있다.

반짝이는 가슴 장식이 돋보이는 전통 의상

마리 남성의 전통 의상은 일자 모양의 긴 셔츠인 투비르와 욜라시라 불리는 바지로 구성된다. 솔리크라 불리는 수건이나 천으로 허리 부분을 묶는다. 남성 의상은 대부분 단색이지만, 소매나 옷자락 등은 자수 등으로 화려하게 장식되어 있다. 마리 남성은 좁은 테두리의 양털 모자를 쓰며, 사냥을 하거나 고기를 잡으러 나갈 때에는 모기 같은 날벌레를 피하기 위해 망을 두른 나코마르니크라는 특수한 모자를 쓴다. 이들은 계절과 용도에 따라 짚신, 가죽신, 펠트 장화를 신으며, 강가나 소택지에서 일할 경우에는 신발 아래에 나무 받침대를 붙여 신는다.

마리 여성의 의상은 기본적으로 긴 셔츠와 치마, 그리고 그 위에 덧입는 앞치마로 구성된다. 여성 의상은 화려한 장신구가 특징이다. 마리 여성은 각양각색의 구슬과 조개껍질, 동전, 금·은박 등으로 만든 장신구를 허리, 가슴, 목, 귀 등에 매거나 걸어 늘어뜨린다. 마리 여성들은 반지와 팔찌 등도 즐겨 착용한다.

마리 여성 모자는 다양한데, 기혼 여성은 크게 시막시, 소로카, 샤르판과 같은 모자를 쓴다. 시막시는 원추형의 모자로 뒷부분에 넓고 평평한 판이 있

| 마리 남녀 전통 의상(ⓒ 김혜진)

| 시막시(왼쪽), 여성 의상의 가슴 장식(가운데), 전통 마리장식을 한 동부 마리 여성(오른쪽)(ⓒ 김혜진)

는 것이 특징이다. 소로카는 러시아인에게서 차용된 것으로 뿔 모양의 모자이며, 샤르판은 반원 형태의 앞차양이 달린 머릿수건을 말한다.

3단 팬케이크, 코만 멜나

마리 음식으로 독특한 것은 3단으로 된 팬케이크인 코만 멜나이다. 마리 여성은 세 개의 두꺼운 블린(팬케이크)을 구워 삼층으로 쌓아올린다. 블린 크기는 일반 프라이팬 정도의 넓이에 2mm 정도 되는 두께지만, 층마다 각기 다른 재료로 굽는다. 첫 번째 블린은 호밀이나 밀가루에 달걀과 소금을 넣어 굽는다. 두 번째 블린은 귀리나 체질하고 남은 거친 곡물가루에 우유와 발효한 우유크림인 스메타나를 넣어 굽는다. 구운 블린은 붉은색을 띨 때까지 약한 불이 있는 곳에 둔다. 그 후 귀리 가루에 아직 굳지 않은 신 우유나 발효시킨 산유 등을 섞어 걸쭉해진 크림을 발라준다. 그 다음 다시 약한 불 위에 놓는다. 이때 귀리가루로 만든 세 번째 블린을 굽는다. 굽기 전에 반죽을 스메타

| 대표적인 마리 전통 음식인 코만 멜나(ⓒ 김혜진)

| 다양한 재료로 만든 코만 멜나(ⓒ 김혜진)

나에 8~10시간 정도 담가 둔다. 세 번째 블린을 구워서 버터나 녹인 버터를 발라 올린다. 마리 여성은 이렇게 완성된 코만 멜나를 통째로 내놓거나 먹기 좋게 조각으로 잘라서 내놓는다.

여름용 생활 공간이 따로 있는 마리 가옥

마리 전통 가옥은 사각형의 통나무 구조물로, 지붕은 두 개의 경사면으로 이루어져 있다. 전통 가옥은 크게 주거용과 헛간 및 창고로 나눌 수 있다. 가옥 내부의 중심은 러시아식 벽난로이며, 부엌은 칸막이 등으로 구분된다. 현관을 따라 옆 벽면에는 침대를 겸용하는 긴 의자들이 놓여 있으며, 입구의 반대쪽 구석에는 가족들이 식사할 수 있는 식탁과 이콘을 놓을 수 있는 선반, 찬장이 있다. 카마강 유역의 동부 마리인들은 타타르인에게서 영향을 받아 현관 벽 옆에 넓은 판자 침상을 놓고 긴 천을 사용하여 부엌과 나머지 공간을 구분한다.

마리 전통 가옥 구조 중 독특한 것은 쿠도라는 여름용 부엌이다. 쿠도는 일반 전통 가옥과 같은 통나무 구조물이지만, 굴뚝이 따로 없는 것이 특징이다. 마리인은 러시아인이나 우크라이나인처럼 바닥에 진흙을 바르거나 나무를 대지 않고 흙바닥 그대로 둔다. 이는 집 안에 화덕을 만들

| 긴 천으로 공간을 구분해 놓은 동부 마리 가옥(ⓒ 김혜진)

어 두기 위해서이다. 마리인은 유목 민족들의 이동
식 텐트에서처럼 쿠도의 가운데에 구덩이를 파 화
덕을 만들어놓는다. 화덕 위에는 항시 음식이 담긴
솥이나 큰 냄비를 걸어둔다. 불을 땔 때 생기는 연
기는 천장의 구멍을 통해서 나간다. 쿠도에도 헛간,
마차 차고, 가축우리, 목욕탕이 딸려 있다.

나무와 숲을 숭배하는 사람들

마리인의 고대 신앙은 나무와 숲과 밀접하게 관
련돼 있다. 이는 마리인 조상으로부터 전해 내려오
는 인류 창조 신화에서 비롯됐다. 고대 마리인이 섬
겼던 많은 신 가운데 최고신은 유모이다. 어느 날
유모는 자신의 딸 유민뉴디르를 비단 계단을 따라
땅으로 내려보냈다. 유민뉴디르는 아버지의 명으
로 땅에 내려와 가축을 키우고 있었다. 그러다가 깨
끗한 물이 솟아나는 샘 근처에서 아름다운 청년 마
리를 만나게 된다. 이들은 곧 사랑에 빠졌지만, 신
과 인간이라는 신분 차이는 이들의 사랑을 허락하
지 않았다. 유민뉴디르는 마리에게 자신을 납치하
라고 제안했다. 이 사실을 안 유모는 격노하여 흉년
과 기아와 죽음을 지상으로 내려보냈다. 그러나 3
년 후 딸 부부가 아들을 낳고 유모를 찾아오자 유모

| 신성한 나무에 기도하는 마리인(ⓒ 김혜진)

는 이들을 용서해주었다. 이들 사이에서 태어난 아들이 바로 마리인의 시조이다. 그런데 유모의 남동생 케레메트가 마리에 대한 시기심에 눈이 멀어 마리의 몸을 갈기갈기 찢어 땅에 내팽개쳤는데, 마리의 찢겨진 몸이 떨어진 곳에서 자작나무와 참나무가 자라났다.

마리인이 나무와 숲을 숭배하게 된 이유도 바로 이 신화에서 비롯됐다. 마리인은 참나무와 자작나무, 보리수를 성스러운 나무로 생각하며, 나무에 손을 대고 기도하면 기도와 염원이 나무를 타고 올라가 하늘에 닿을 것이라고 믿는다. 마리인은 개인이 숭배하는 나무뿐만 아니라, 가족이 숭배하는 일종의 가족 나무도 가지고 있다. 고대 씨족 공동체의 잔재라고 볼 수 있는 마을 공동체 테베가 함께 숭배하는 나무도 있다.

모든 마리 마을에는 신성한 숲이 있다. 개인 또는 온 동네가 모여 이 신성한 숲에서 제를 올린다. 마리인은 파종과 수확 후에 신성한 숲을 찾아가 음식을 올리고 기도한다. 이때 바치는 음식은 보통 가축으로 다리와 내장은 나무와 숲에 바치고, 나머지 부분은 기도에 참여한 사람들을 위해 요리한다. 남은 음식은 버리지 않고 불에 태워 없앤다.

러시아 정교와 전통 신앙 사이에서

18~19세기에 집중적으로 이뤄진 정교화로 오늘날 대부분의 마리인은 러시아 정교 신자지만, 일상생활 속에는 전통 신앙 체계가 깊이 뿌리내리고 있다. 1980년대 말 소련 내 많은 민족들이 자신의 역사와 전통문화에 관심을 기울이기 시작했다. 마리인도 예외는 아니었다. 1990년대 초 마리 전통 신앙을 추종하는 단체들이 생겨났다. 마리 민족종교연합을 자처하는 오슈마리-치마

리라는 단체는 마리 엘 공화국 수도인 요시카르-올라의 숲에서 대규모 제를 올리기도 했으며, 19세기에서 20세기 초반까지 활발하게 활동했던 쿠구 소르 타라는 종파도 활동을 재개했다.

토속신앙을 기반으로 한 단체들이 생겨나면서, 마리 전통 신앙은 나름의 규율과 체계를 구축하게 됐다. 신자들은 하루에 세 번 기도를 해야 하고, 일 년에 한 번 이상은 단체 기도나 가족 기도에 참여해야 하며, 평생 적어도 일곱 번은 신성한 숲에 가서 제물을 바치며 가족 기도를 해야 한다. 신자들은 도둑 질과 살인, 절도를 해서는 안 되며, 욕을 하거나 침을 뱉거나 싸워서도 안 된 다. 신성한 숲에 기도를 드리기 일주일 전에는 음주나 흡연을 해서도 안 되고, 반드시 정결한 몸으로 제에 참석해야 한다. 제가 끝난 후에도 일주일 동안은 깨끗한 정신과 몸을 유지하여야 한다.

최근 숲에서 열리는 제례에 참가하는 사람들이 지속적으로 늘고 있다. 순 수 마리인(치마리)뿐만 아니라, 다른 신앙을 가진 사람들도 이 제례에 참여하 고 있다.

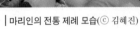
마리인의 전통 제례 모습(ⓒ 김혜진)

| 요시카르-올라의 브뤼헤 강변. 벨기에 도시 브뤼헤를 따라 이름 지었다.(ⓒ 김혜진)

| 요시카르-올라를 찾은 관광객들(ⓒ 김혜진)

| 말라야-콕샤가 강변(ⓒ 김혜진)

이처럼 오늘날 마리인 사회에서는 러시아 정교에서 마리 전통 신앙으로 옮겨 가는 경향이 증가하는 등 토속신앙의 부활이 눈에 띤다. 2011년 한 통계에 의하면, 마리 엘 공화국 인구의 15% 이상이 정교가 아닌 전통 신앙을 따른다고 답했다. 오늘날 많은 마리인이 정교도이면서 동시에 마리 전통 신앙을 고수하고 있다. 이들은 대대로 전해 내려온 토속신앙을 단순한 이교로 치부하는 것을 거부한다. 마리 전통 신앙은 더 이상 미개하거나 비문명적인 민간 신앙이 아닌, 마리인의 민족 정체성을 강화하고 마리인의 과거와 현재를 보여주는 중요한 문화 요소로 자리매김하고 있다.

전통문화를 잘 보존하고 있는 동시에, 최근 마리 엘 공화국 정부는 수도인 요시카르-올라를 중심으로 새로운 변화를 꾀하고 있다. 요시카르-올라는 '볼가의 베네치아'를 꿈꾸며 대대적인 도시 재건을 진행해왔다. 러시아 지방의 작은 공화국이 볼가의 대표적인 관광지로 거듭날 수 있는지 주목할 만하다.

모르드바인

두 개의 공동체가 모여 탄생한 민족

김혜진

명칭 Mordvins(영어), Мордва(러시아어)
인구 러시아 내 744,237명, 모르드바 공화국 내 330,112명
위치 모르드바 공화국(또는 모르도비야, 러시아 남서부)
언어 러시아어, 모르드바어
문화적 특징 에르쟈와 목샤라는 두 개의 민족 공동체가 모르드바인으로 통칭되어 오랫
동안 언어, 문화, 역사를 공유해왔으며 오늘날에는 하나의 공화국을 이루고 있다.

러시아에서 가장 규모가 큰 핀-우그르 민족

러시아에는 약 270만 명의 핀-우그르계 민족이 살고 있다. 그중 가장 많은 인구수를 가진 민족이 바로 모르드바인이다. 2010년 러시아 인구조사 결과에 따르면, 러시아에 거주하는 모르드바인은 총 74만 4237명이다. 러시아를 구성하는 다른 민족과 비교해보면, 이는 러시아인, 타타르인, 우크라이나인, 바시키르인, 추바시인, 체첸인, 아르메니아인, 아바르인 다음으로 많은 수라고 할 수 있다.

모르드바라는 민족명은 사람, 남성을 뜻하는 마르드 혹은 모르드라는 이란-스키타이어에서 기원한 것으로 추측된다. 6세기 고트족 역사학자의 한 책에서 모르드바인은 모르덴스라는 이름으로 소개됐으며, 10세기 비잔틴 제국의 사료에서는 모르드바인의 나라를 모르디아라고 일컬었다. 『원초연대기(지나간 세월의 이야기)』를 비롯하여 11~13세기에 집필된 여러 러시아 문헌에서도 모르드바인이 자주 언급됐다.

에르쟈인 + 목샤인 = 모르드바인

흥미로운 것은 모르드바라는 민족명은 사실 한 민족이 아니라, 에르쟈라는 민족과 목샤라는 민족을 통합하여 부르는 명칭이라는 것이다. 두 개의 민족을 통칭하는 민족명은 역사적으로 많은 혼동을 낳았다. 12세기 어떤 사료에서는 모르드바인이 동슬라브 민족이 세운 여러 공국과 전쟁을 하는 적대적인 관계였다고 언급됐지만, 다른 사료에서는 모르드바 공국이 동슬라브 공국들과 연맹을 이루며 협력 관계를 유지했다고 서술됐다. 이러한 상반된 이야

| 수도 사란스크의 푸카초프 동상(ⓒ 김혜진)

기는 에르쟈인과 목샤인을 구별하지 않은 채 이들을 모르드바인이라고 통칭했다는 점에서 비롯됐다. 정확한 사실을 짚고 넘어가자면, 에르쟈 공후 푸르가스는 러시아 공후로부터 자신의 도시인 오브란 오시(현재 니즈니 노브고로드)를 지키기 위해 불가르 한과 연합했지만, 목샤 공후인 푸레시는 오히려 푸르가스와 전쟁을 벌이며 러시아 공후와 연합했다.

볼가 유역의 대부분 민족들이 그랬듯이, 모스크바 공국의 이반 4세가 카잔한국을 점령하면서 모르드바인도 러시아의 지배를 받게 됐다. 많은 모르드바인의 땅이 러시아 귀족, 지주, 수도원의 소유로 넘어갔다. 반면, 일찍 정교를 수용한 토착 엘리트층은 땅을 하사받았다. 땅을 빼앗기고 과도한 세금을 강요당하면서 많은 모르드바인이 이웃 민족들과 함께 스테판 라진의 난, 푸가초프의 난 등 여러 봉기에 참여했다.

제정 러시아 시기 이들을 구분하는 모르드바-목샤와 모르드바-에르쟈라

1986년 모르드바 민족의 러시아 편입 500년을 맞이해 세워진 '러시아와 영원히' 기념비. 러시아 전통 의상을
입은 여성과 모르드바 전통 의상을 입은 여성을 형상화했다(ⓒ 김혜진)

는 명칭이 사용됐다. 혁명 이후 1928년 7월 소연방 인민위원회는 모르드바인
이 전통적으로 살던 지역인 볼가강과 벨라야강 사이에 에르쟈-목샤 자치구를
건설하려 했으나, 최종적으로 이 행정구역의 이름은 모르드바 자치구로 확정
됐다. 이에 따라 논쟁이 많았던 민족명은 모르드바인으로 공식 단일화됐다.
1934년 모르드바 자치구는 모르드바 소비에트 사회주의 자치공화국으로 바
뀌었다. 1994년 모르드바 공화국으로 또 한 번 공식 명칭이 바뀌어 오늘날까
지 이어지고 있다. 모르드바 공화국과 함께 모르도비야라는 명칭도 쓰인다.

에르쟈인과 목샤인은 오랫동안 함께 살아오며 공통된 문화를 축적했지
만, 여러 측면에서 차이가 있다. 인종학적으로 볼 때, 대부분의 에르쟈인이
밝은색의 굽실거리는 머리카락, 회색빛의 눈동자를 가지고 있는 반면, 목샤
인은 피부나 머리 색깔이 어두운 편이며, 좀 더 가는 얼굴형을 가지고 있다.
두 그룹 간의 차이는 언어학적인 측면에서도 찾아볼 수 있다. 언어학자들은

| 2018년 월드컵 경기가 열리면서 재건된 수도 사란스크의 모습(ⓒ 김혜진)

10세기 중반 하나의 언어(우랄어족의 핀-볼가 소그룹)에서 목샤어와 에르쟈어가 나뉘었다고 본다. 에르쟈어에는 러시아어에서 차용된 요소가 많은 편이며, 목샤어는 주로 튀르크어(타타르어, 추바시어)의 영향을 받았다.

이들의 주요 거주지도 조금씩 다르다. 오늘날 에르쟈인은 주로 공화국 동부인 수라강 유역에, 목샤인은 공화국의 중심을 가로지르는 목샤강 유역과 서부 지역에 주로 살고 있다. 수적으로 볼 때 에르쟈인이 전체 모르드바 민족의 2/3를 차지하고 있다. 에르쟈인과 목샤인은 공화국 외에도 인근의 펜자주, 울랴놉스크주, 니제고로드주, 사마라주, 오렌부르크주, 타타르스탄과 바시코르토스탄에 거주하고 있다.

| 목샤 여성의 축제 의상(왼쪽, 가운데), 에르쟈 여성의 축제 의상(오른쪽)(ⓒ 김혜진)

| 다양한 모르드바 여성 전통 의상(ⓒ 김혜진)

화려한 상의 장식과 머리쓰개

모르드바인의 전통 의상은 보통 흰색의 아마포나 대마포로 만들어진다. 남녀 모두 직각 형태의 긴 셔츠를 입고, 붉은색, 검은색 또는 남청색 실로 자수를 넣어 장식한다. 이들은 버드나무나 보리수나무 줄기를 짜서 신발을 만들어 신었으며, 각반으로 신발 주위를 싸맸다.

남녀별로 전통 의상을 살펴보면, 모르드바 남성의 전통 의상은 러시아인이나 이웃의 핀-우그르 민족의 전통 의상과 유사하다. 긴 셔츠인 파나르와 바지인 폰스크트, 허리띠 등이 기본적인 구성이다. 모르드바 여성 의상도 다른 핀-우그르 민족들의 여성 의상을 연상시킨다. 상의의 앞부분은 금속, 동전, 유리구슬, 조개껍데기 등으로 화려하게 장식되어 있다. 이러한 의복은 1920~1930년대까지 볼 수 있었다.

에르쟈와 목샤의 의복은 조금씩 차이가 있다. 이러한 차이는 옷의 모양뿐만 아니라, 착용하는 법, 만드는 법에서도 나타난다. 에르쟈 여성의 파나르는 각각 가슴과 등, 양옆을 이루는 네 개의 천을 대서 만들어지는 반면, 목샤 여성들은 하나의 천을 가로로 접어 가슴과 등 부분을, 그리고 조금 짧은 천으로 양 옆구리를 가리는 식으로 만든다. 에르쟈 여성들은 파나르 위에 슈시판이라고 불리는 여러 무늬가 있는 긴 외투를 입는다. 또한, 이들은 유리구슬, 그리고 긴 술로 풍성하게 만든 풀라이를 허리 뒤에 묶는다. 그러나 목샤 여성들은 풀라이를 착용하지 않고 띠 등으로 허리 부분을 매준다.

모르드바 여성의 머리쓰개도 독특하다. 어떤 머리쓰개를 쓰느냐에 따라 머리 모양을 달리했으며, 머리쓰개의 모양으로 결혼 여부를 알 수 있다. 미혼 여성은 주로 나무껍질이나 두꺼운 종이에 천을 두르고 구슬이나 자수로 장식한 머리띠를 한다. 결혼한 여성들은 머리카락을 완전히 감춰야 하며, 주로 판고를 쓴다. 판고는 원기둥이나 원뿔, 또는 사각형 모양의 길쭉한 모자로 구슬, 동 조각을 엮은 사슬, 자수 등으로 장식한다. 머리쓰개도 지역별로 조금씩 다른데, 목샤 여성들은 판가(판고)와 함께 긴 천이나 숄을 둘둘 감아 머리를 감싼다.

농산물로 구성된 전통 음식

모르드바인은 예로부터 농업에 종사해왔기 때문에 이들의 전통 음식은 대부분 농산물로 만들어진다. 모르드바인은 밀이나 호밀로 만든 빵을 주로 먹는 데 반해, 보리나 귀리가루는 음식에 잘 사용하지 않았다. 전통 음식 중 가장 일반적인 음식은 고기 국물에 신선한 양배추를 넣어 만든 수프인 시와 다양한 곡물로 만든 죽과 감자 요리이다. 죽은 일상생활에서나 명절 때에도 즐겨 먹는 음식으로, 보통 곡물을 물이나 우유, 혹은 버터로 끓여 만든다. 수제비와 비슷한 살마 또한 모르드바인이 많이 먹는 음식 중 하나이다. 살마는 간이 안 된 둥근 밀가루 반죽을 밀어 넓적하게 늘린 다음, 조각으로 잘라 고기 국물에 넣어 만든 음식이다.

명절이 되면 모르드바인은 우유를 발효한 크림의 일종인 스메타나와 버터, 달걀 등을 섞은 반죽으로 넓적하고 얇은 빵인 레표시카를 굽는다. 이 외에도 채소, 고기, 열매 등을 넣은 다양한 파이를 굽는다. 축제 때 빠질 수 없는 것이 모르드바식 블린이다. 보통 밀가루를 사용해 크레페처럼 얇게 구운 러시아 블린과는 다르게, 모르드바식 블린은 밀가루뿐만 아니라 수수가루, 메밀가루, 콩가루 등 여러 가지 곡물을 사용하여 두껍게 구워낸다. 감자 전분으로는 주로 면을 만든다.

　모르드바인은 육류 중에서 돼지고기와 소고기를 선호한다. 반면, 양고기와 생선은 자주 먹지 않는 편이다. 고기로 만든 음식 중 곰 발바닥이라는 재미있는 이름의 요리가 있다. 실제 곰 발바닥을 요리한 것이 아니라 쇠고기나 돼지고기를 갈아 간, 볶은 양파, 달걀, 소금, 후추 등을 넣고 완자처럼 빚은 후 곰 발바닥처럼 모양을 만들어 구워 채소와 같이 내놓는 요리다.

모르드바식 블린(가운데)과 여러 가지 빵
(자료: Комин Информ http://www.finnougoria.ru/)

　이들은 러시아인처럼 유제품을 많이 섭취하는데, 우유와 양젖을 많이 마시며 다양한 요리에 사용한다. 모르드바 음식의 특징 중 하나는 양념이나 소스가 많이 사용되지 않는다는 것이다. 대신 겨울까지 먹을 수 있도록 각종 채소를 절이거나 발효시킨 저장식품은 다양한 편이다.

| 모르드바 '곰 발바닥' 요리(ⓒ 김혜진)

　그 외 모르드바인은 호밀 가루를 물에 넣어 끓인 후 난로에 올려 은근하게 졸인 쿨라가를 즐겨 먹는다. 잼과 비슷한 쿨라가를 만들 때 맛과 향을 더 좋게 내기 위해 각종 열매를 첨가하기도 한다. 전통 음료로는 꿀로 만든 술이나 홉으로 만든 푸레, 사탕무로 만든 포자

등이 있다.

굴뚝이 없었던 전통 가옥

옛 모르드바인이 살았던 전통 가옥은 외형상 러시아 가옥과 유사하지만, 마당 한가운데 통나무 가옥이 위치한다는 점에서 차이를 보인다. 옛 모르드바인은 집에 굴뚝을 만들지 않는 대신, 작은 구멍이나 창문을 통해 연기를 내보냈다. 이웃 민족들처럼 모르드바인 역시 나무를 사용하여 집을 지었으며, 특히 소나무를 선호했다. 그러나 이웃 민족인 마리인이나 추바시인이 나무를 깎거나 벽에 조각을 새겨 가옥 내·외부를 아름답게 장식하는 반면, 모르드바 가옥에는 이러한 장식이 많지 않은 편이다.

전통적인 모르드바 가옥은 두 개, 혹은 세 개의 독립 공간이 모여서 구성된다. 주거용 건물인 쿠트와 세니(현관), 또는 쿠트, 세니, 헛간으로 구성된다. 가옥의 지붕은 보통 네 개의 경사면으로 이루어져 있다. 모르드바인은 짚으

| 모르드바 전통 가옥(ⓒ 김혜진)

| 모르드바 전통 가옥 내부(ⓒ 김혜진)

로 지붕 위를 덮는데, 화재 시 불이 빨리 번지는 것을 예방하기 위해서 진흙을 발라 놓기도 했다. 가옥 내부는 중부 러시아 가옥과 유사하다. 가옥 내부에는 집에서 가장 중요한 곳인 벽난로가 있으며, 벽을 따라 선반들이 설치되어 있어 각종 살림살이를 놓을 수 있다.

| 목욕탕 내부(ⓒ 김혜진)

모르드바인은 가옥 옆이나 맞은편에 반지하 형태의 지하실을 만들어놓았다. 이 지하실은 보통 두 개의 별실로 구분되어 있는데, 화재에 대비하여 중요한 물건(옷, 종자 등)을 보관하거나 더운 여름에는 여기서 잠을 자기도 했다. 거의 모든 모르드바 전통 가옥에는 목욕탕이 있다. 목욕탕에는 돌로 쌓아 만든 난로와 긴 나뭇가지 등으로 칸막이를 만들어 놓은 탈의실이 마련되어 있다.

금속 물건을 부적의 의미로 사용했던 모르드바인

모르드바인의 가정의례는 기본적으로 출생, 결혼, 장례로 이뤄진다. 아이의 출산에서 가장 중요한 역할을 하는 사람은 어머니, 할머니, 대부 혹은 대모 외에도 산파이다. 산파는 아이가 출생한 이후 첫 일주일 동안 산모와 함께하며 아이를 축복하고 산모와 아이의 건강을 위해 철로 만든 소품이나 불, 물 등

| 갓난아이를 씻겨 포대기로 싸는 의식에 쓰는 물품(왼쪽), 혼수를 담는 나무통(오른쪽)(ⓒ 김혜진)

을 이용하여 여러 가지 수호 의식을 행한다. 모르드바인은 아이의 출생뿐만 아니라, 아이의 첫 이가 나는 날, 첫 걸음을 떼는 날, 그리고 머리를 처음 자르는 날도 함께 모여 축하한다.

모르드바 결혼 의식의 특징은 신부에게 많은 것을 요구한다는 것이다. 결혼 전 신부는 보리수나무로 만든 큰 통에 지참금(혼수)을 넣는 의식을 치른다. 결혼식 전 시어머니가 미래의 며느리에게 이 통을 선물한다. 이때 나쁜 기운으로부터 보호하기 위해 이 통을 미리 불에 그슬려 놓는다. 지참금을 넣는 의식은 신부의 친척 중 기혼 여성이 행한다. 통의 바닥에는 은화를, 그 위에 둥근 빵인 카라바이나 넓적한 빵인 레표시카를 넣는다. 그 위에 짚신 한 켤레와 옷을 넣는다. 이때 신부는 그 옆에 앉아 손수건을 들고 흐느껴 울어야 한다. 결혼 의식 내내 신부는 통곡해야 하는데, 모르드바인은 신부가 많이 울수록 결혼생활이 행복해진다고 믿었다. 신부 보쌈, 혹은 부모의 동의 없이 몰래 결혼을 하는 풍습도 존재했다. 이러한 결혼은 부모의 묵인 아래 이루어지기도

하는데, 이는 결혼에 드는 큰 비용을 부모가 부담스러워하거나, 혼례를 치를 의사가 없기 때문이다. 이러한 풍습은 20세기 초까지 남아 있었다.

모르드바 장례식에는 모르드바인의 죽음에 대한 두려움과 고인의 평안을 살피려는 의도가 녹아 있다. 모르드바인은 망인과의 접촉 후 죽음과 같은 나쁜 기운으로부터 자신과 가족을 보호하기 위해 재와 금속으로 된 물건을 이용한다. 모르드바인은 망인을 뉘었던 침상 위에 벽난로에서 꺼낸 재를 뿌리며, 망인의 몸이 있던 자리에는 칼을 꽂아 놓고, 머리가 있던 부분은 도끼로 두드린다. 모르드바 의례에서 재와 칼, 도끼 등이 나쁜 기운으로부터 사람을 보호하는 역할을 한다면, 물은 정화의 의미를 지닌다. 모르드바인은 고인의 몸을 물로 씻기고, 발인 후 집 주변에 물을 뿌리며, 묘지에서 돌아온 후에는 손과 얼굴을 씻고, 장례 과정에 참여한 사람들은 미리 준비해 놓은 목욕탕에 들어가 목욕한다.

모르드바인은 사후 세계의 존재를 믿었으며, 죽음은 다른 세계로 건너가는 절차라고 믿었다. 또한, 사후 세계는 이승처럼 사람들이 일하고 가정을 꾸리고 즐겁게 노는 곳이라고 생각했다. 그래서 모르드바인은 고인과 그 전에 세상을 떠난 고인의 친척들이 저승에서 유용하게 쓸 수 있는 물건을 고인과 함께 묻었다. 고인이 남자일 경우, 저 세상에서도 짚신을 만들어 신고 다닐 수 있도록 버드나무나 보리수나무의 껍질과 큰 바늘, 칼, 담배와 담뱃대, 부싯돌용 돌이나 쇳조각 등을 넣었다. 고인이 여성이라면 옷을 지을 수 있도록 대마나 삼, 물레의 가락, 실, 빗 등을 넣었다. 어떤 지역에서는 고인의 품에 닭 머리와 다리를 놓기도 했는데, 이것은 저 세상에서 닭이 고인을 위해 달걀과 병아리를 낳도록 하기 위함이다. 고인이 아이일 경우 장난감과 숟가락과 그릇, 달콤한 음식을 같이 넣었다. 이외에도 빵, 달걀, 술, 돈을 넣기도 했다. 이런 의식은 19세기 말부터 사라지기 시작했다.

교회 축제와 통합된 전통 축제

몰랸은 모르드바인의 종교적 의식 또는 축제를 말하는데, 계절이 바뀔 때
마다 행해진다. 새해를 맞이하기 전 모르드바인은 집에서 풍년을 기원하며
몰랸을 지낸다. 의식이 끝나면 집주인의 부인은 미리 호두 모양의 빵을 구워
놨다가 그 빵이 담긴 그릇을 들고 숲의 신인 비리 아바에게 호두 풍년을 기도
한다. 어떤 지역에서는 이 의식을 집이 아닌 물가에서 치르기도 한다. 이 경
우, 강둑에 제례용 음식을 펼쳐 놓고 최고의 신인 베레 파스(에르쟈어) 또는 뱌
르덴 시카야(목샤어), 그리고 수확의 여신이자 들판의 신인 노로프 아바(에르쟈
어, 여기서 아바는 여성, 엄마를 뜻함) 또는 팍샤 아바(목샤어), 그리고 돌아가신 조상

| 사란스크의 성 우샤코프 성당(ⓒ 김혜진)

들에게 풍년과 건강을 기원한다.

이러한 고대 신앙은 러시아 정교를 받아들인 후에도 뿌리 깊게 남아 있었으며 20세기 중반까지도 이어졌다. 그 과정에서 고대 신앙에서 출발한 민족 축제와 의식은 러시아 정교의 영향으로 교회 축제와 통합됐다. 예를 들면, 예로부터 전해오는 봄 의식은 부활절 기간에 같이 치른다. 모르드바인은 부활절 예배를 위해 교회를 가지만, 동시에 부활절을 기해 조상들에 대한 제를 올리며 풍년과 가축 번성, 가족의 건강 등을 기원한다. 부활절을 앞둔 토요일에는 친척 집 중한 곳에서 아탼 푸레(조상들의 술)를 준비한다. 제가 끝나고 해가 지기 전에 이들은 동구 밖으로 나가 조상을 배웅한다.

| 몰랸에 사용하는 가족 초(ⓒ 김혜진)

봄-여름 축제의 절정은 성삼위일체 주간이다. 모르드바인은 본래 이 기간에 민족 축제인 악샤 켈루(하얀 자작나무)를 즐겼으며, 이 역시 정교의 영향으로 성 삼위일체 주간으로 통합됐다. 이 날이 되면 타지에서 살던 모르드바인들이 고향을 찾아 친인척들과 함께 축제를 즐긴다. 풀과 나무가 한창 자라는 6월에 열리는 이 축제에서 가장 중요한 것은 자작나무(켈루)이다. 전설에 따르면 옛날 옛적 노가이인들과 싸웠던 아름답고 용감한 소녀인 킬랴의 무덤에서 나무가 자랐고, 훗날 그 나무를 소녀의 이름을 따라 켈루라고 불렀다. 풍요로움과 건강의 여신인 안게 파탸이가 가장 사랑하는 나무도 자작나무이다. 모

르드바인은 이 시기 자작나무를 위한 제를 지내며 자작나무를 장식한다. 이 때의 자작나무를 여름의 날이라는 뜻의 키존 시 또는 키젠 치라고 한다. 모르드바인은 키존 시를 물에 몇 번 담갔다 빼 물의 신인 베디-아바에게 의식을 치르고, 키존 시를 집 안의 성스러운 자리에 갖다 두고, 파릇파릇한 나뭇잎과 꽃으로 화환을 만들어 쓰고 다닌다.

이외에도 모르드바인은 10월에 있는 성모제를 여성의 축제로 동일시하여 여성이 주인공이 되는 여러 의식을 치른다. 그중 하나는 포크로프 바바(포크로프 할멈, 포크로프는 '성모제'라는 뜻)이다. 나이 든 여성이 외투를 뒤집어 입고 헌 짚신을 신고 삼베 다발을 목에 걸고 이집 저집 돌아다닌다. 이 여성은 마귀할멈처럼 막대기 위에 올라타고 빗자루를 손에 들고 다니며, 그 빗자루로 말을 듣지 않는 아이나 게으른 여성을 벌한다. 포크로프 바바는 이집 저집 돌아다니는데, 바바가 들어가는 집에서는 바바에게 파이를 대접하며 내년에는 더 큰 파이를 만들 수 있도록 풍년을 기원한다.

| 포크로프 바바(ⓒ 김혜진)

에르쟈인과 목샤인은 별개의 독립된 민족이지만, 언어적, 문화적 근접성을 가지고 있으며 오랜 기간 한 영토에서 거주해왔다. 이러한 환경은 비록 타민족이 붙인 이름이지만 '모르드바인'이라는 단일한 민족명을 탄생시켰으며, 모르드바 영토의 주민이라는 지역 정체성, 더 나아가 국가 정체성을 구축시켰다. 1980년대 말부터 소련 전역에 민족 역사에 대한 관심이 급격히 성장하면서, 모르

| 2018년 러시아 월드컵 경기가 열렸던 사란스크의 '모르도비야 아레나'(ⓒ 김혜진)

| 사란스크의 월드컵 기념 벽화(왼쪽), 사란스크 밀레니엄 광장(오른쪽)(ⓒ 김혜진)

드바라는 단일 민족명을 계속 사용할지에 대한 문제가 수면 위로 떠올랐으며 개별 민족명을 사용하자는 움직임이 거세졌다. 이러한 논쟁에도 오늘날까지 모르드바 민족, 모르드바 공화국은 굳건히 존재하고 있다. 이는 에르쟈인, 그리고 목샤인이 개별적인 민족 정체성을 부각하고 각자의 문화를 부흥시키려는 노력을 기울이면서도, 동시에 모르드바인으로 공존해온 역사를 인정하고 두 민족의 전통문화가 오랜 시간에 걸쳐 융합되어 오늘날의 모르드바 문화를 만들었다는 것을 분명히 인식하고 있기 때문일 것이다.

2부 우랄산맥 동쪽의 민족들

부랴트인
시베리아의 바이칼호수를 마주한 민족

김은희

명칭 Buryats(영어), Буряты(러시아어)

인구 러시아 내 461,389명, 부랴트 공화국 내 286,839명

위치 부랴트 공화국(또는 부랴티야, 동시베리아의 바이칼호수 남동쪽)

언어 러시아어, 부랴트어, 몽골어

문화적 특성 주요 종교는 샤머니즘과 라마교였으나 사회주의 시대를 거치면서 억압받았다.
1980년대부터 불교가 부활하고 있으며, 샤머니즘도 옛 자취를 되찾고 있다.

19세기 중엽 부랴트인의 모습(구스타프 파울리, 1862년)

과거 '늑대의 민족'이라 불렸으며 세계에서 가장 호전적인 민족 중 하나이고 아직도 유목 생활을 하고 있는 사람들, 바로 부랴트인이다. 부랴트인은 러시아, 몽골, 중국이 접하는 지역에 주로 거주한다. 러시아 역사학자 랴자놉스키가 『몽골법』(1931)에서 지적한 바에 따르면, 12세기 말 한 연대기에서 "바이칼 지역에 사는 부랴트 종족들이 칭기즈 칸에 복속되었다"고 기록되면서 부랴트인이 최초로 언급됐다.

부랴트라는 말의 어원에 대해서는 몇 가지 이설이 있다. 그중에서 터키어의 부리(늑대) 또는 부리-아타(늑대-아버지)에서 나왔다는 설이 가장 많이 알려져 있다. 부랴트인은 알타이어족 몽골어군의 부랴트어를 사용한다. 방언은 15개 정도이다. 지역별, 부족별로 크게 에히리트-불라가트, 알라르-툰카, 호리, 총골-사르툴 등으로 나누어진다. 부랴트인은 처음에 위구르 문자를, 이후 라틴 문자(1931)와 키릴 문자(1939)를 차용했다. 현대 부랴트 표준어는 호리 방언을 기반으로 제정되었다.

부랴트인이 가장 많이 거주하는 부랴트 공화국은 13세기에는 몽골에 속했다가 19세기에 러시아로 편입되었다. 몽골·부랴트 자치주(1921), 몽골·부랴트 자치공화국(1923), 부랴트 자치공화국(1958)을 거쳐 1991년 3월 27일 지금의 부랴트 공화국이 형성되었다.

| 샤먼 바위(자료: 위키미디어 ⓒ Аркадий Зарубин)

바이칼호수 – '시베리아의 푸른 눈'이자 '러시아의 갈라파고스'

"믿는 벗 N형!
나는 바이칼호의 가을 물결을 바라보면서 이 글을 쓰오. (중략) 부랴트족인 주
인 노파는 벌써 잠이 들고 석유 등잔의 불이 가끔 창틈으로 들이쏘는 바람결에
흔들리고 있소. 우루루탕 하고 달빛을 실은 바이칼의 물결이 바로 이 어촌 앞
의 바위를 때리고 있소."_이광수의 『유정』 중 최석의 편지글

부랴트인을 설명하며 바이칼호수를 빼놓을 수 없다. 위의 인용문은 춘원
이광수의 『유정』이 시작하는 대목으로 죽은 친구 딸 남정임과의 플라토닉 러
브로 괴로워하던 최석이 시베리아의 바이칼호수로 떠나가서 친구에게 쓴 편

지 중 일부이다. 시대와 나라를 초월해서 작가들의 관심을 비껴가지 않은 바이칼호수의 모습이 새삼 우리들을 놀라게 한다.

바이칼은 부랴트어로 풍요로운 호수, 부유한 호수라는 뜻이다. 하지만 양민종 교수는 "시베리아 샤머니즘에서 '바이'가 샤먼을 지칭하는 것으로 해석하는 경우가 지배적"이라고 언급하면서 샤먼의 호수라는 뜻으로도 해석된다고 설명한다.

풍요로운 호수이건, 무속의 호수이건 바이칼호수는 세계에서 가장 오래되고, 가장 크고, 가장 깊고 차가운 담수호로 1996년 유네스코 세계자연유산으로 지정된 곳이다. 바이칼호수와 그 주변에는 약 2600여 종의 동·식물이 있다. 이 중 80%가 세계 어느 지역에도 없는 희귀 동·식물들이고, 그 비율 또한 세계 생태계에서 가장 높아 생태학적으로 중요한 의미를 지니고 있다. 어류의 경우 52종 중 27종이 오물(바이칼호수에서만 서식하는 연어과의 어류)과 같은 고유종이다.

바이칼에는 22개의 섬이 있다. 그중에서 가장 큰 섬이 '바이칼의 심장'이라 불리는 올혼섬이다. 올혼섬은 전체의 윤곽이 바이칼호수와 같으며 상징도 흰독수리로 동일하여 바이칼호수의 작은 복사본으로 여겨진다. 올혼섬의 '샤먼 바위'('돌 사원', '부르한 봉', '동굴 봉' 등으로 불림)는 아시아의 9대 성소聖所 중 하나이다. 이 대리석 바위 안에는 신비한 동굴이 있으며 그 안에서 샤먼 의식을 거행했다. 불교가 유래된 이후에는 '부처상'이 놓이게 됐다.

바이칼에서 앙가라강이 흘러나가는 지점에 있는 '샤먼의 돌'을 둘러싼 전설이 전해 내려온다. 아버지 바이칼은 335개의 아들 강과 외동딸 앙가라를 두었는데 그들은 모두 아버지에게로 흘러들어갔다. 그래서 아버지 바이칼은 물이 풍부하다. 그런데 외동딸 앙가라가 예니세이강을 사랑하여 아버지의 물

바이칼호수의 섬 중에서 가장 큰 섬인 올혼섬(자료: 위키미디어 ⓒ Виктория Шерина)

을 연인에게 퍼다 주기 시작했다. 이에 화가 난 아버지 바이칼은 외동딸 앙가라에게 커다란 바윗돌을 던져 저주했다. 그것이 바로 '샤먼의 돌'이라 불리는 두 개의 커다란 돌이다. 앙가라의 수원水原에 위치하여 그 시작으로 간주되는 곳이다.

이 전설에는 또 다른 이설도 존재한다. 바이칼에게는 외동딸 앙가라가 있었는데 앙가라는 예니세이와 사랑에 빠져 그와 도망치기로 결심했다. 바이칼이 그 사실을 알고 앙가라의 수원에 돌을 던져 그 길을 막으려고 했다. 그렇지만 앙가라는 고집을 피웠고, 아버지 바이칼은 딸을 뒤쫓으라고 조카 이르쿠트를 보냈지만 그는 앙가라를 불쌍히 여겨서 길을 돌렸다. 그래서 앙가라는 예니세이와 만나서 계속 흘러가게 되었다는 내용이다.

수많은 강이 바이칼호로 물길을 대고 있다. 하지만 물이 빠져나가는 곳은 오직 앙가라강뿐이다. 앙가라강은 시베리아의 예니세이강과 만나 북극해로 흘러간다. 그래서 이런 전설이 생겨난 듯하다.

바이칼 끝을

배로 떠가는데,

저녁이 어스레하게 비쳤네.

"정말로 과학은 바이칼의 비스듬한 시선에 대해

거짓말을 했단 말인가?

그리고 과연 우리는 바이칼을 파멸시킨

역사 속에 있게 될 것인가?"   _ 안드레이 보즈네센스키

위의 시는 20세기 러시아 최고의 시인 보즈네센스키가 사람들에 의해 바이칼호수가 더럽혀지는 것을 안타까워하며 쓴 시이다. 이 시에서 우려하는 것처럼, '성스러운 바다', '세계의 민물 창고', '시베리아의 푸른 눈', '시베리아의 진주' 등으로 불리며 2500만 년을 깨끗하게 살아온 바이칼을 오염시키는 역사 속에 우리가 있지 않게 되길 바랄 뿐이다.

게르 - 3000년 유목 생활을 지탱해준 이동 가옥

부랴트어로 펠트로 만든 이동 가옥은 '헤에이 게르', 목재 이동 가옥은 '모돈 게르'라고 한다. 게르는 가벼울 뿐만 아니라 조립이 간편하다. 무겁지 않아서 말이나 소로 실어 나를 수 있다는 장점도 있어 유목 생활에 적합하다. 벽은 접이식 목재 격자로 되어 있어 줄이거나 늘릴 수 있고 이동할 때 접었다 펴기도 용이하다. 벽은 경첩 구조를 하고 있어서 지진에도 끄떡없다.

원형 지붕은 유연한 자작나무를 이용하여 만든다. 원형 테두리에는 구멍이 60개 정도 뚫려 있고 여기에 장대를 꽂아 벽에 고정한다. 지붕의 원형 테

두리를 통해서 게르 안으로 빛이
들어오고, 밧줄을 사용해 여닫을
수 있어서 신선한 공기를 마실
수 있다. 이것은 굴뚝의 기능도
겸했다. 3미터 정도 되는 펠트 천
으로 게르의 외부를 씌운다. 썩
는 것을 방지하기 위하여 미리
연초와 소금으로 삭힌 우유에 천
을 담갔다가 잘 건조시켜서 사용
한다.

| 초원 지대에 사는 부랴트인의 게르(자료: 위키미디어 ⓒ Bgelo777)

　　게르 안에서 가족 구성원의
자리와 침대의 위치, 물건 놓는
장소는 확실히 정해져 있다. 북
서쪽은 신이 머무는 장소로 집안
의 제단이 위치한다. 전통적으로
서쪽, 즉 입구에서 왼쪽은 남성
의 자리이고 반대편은 여성의 자

| 19세기 말 부랴트인의 게르 내부 모습(Sergey Borisovich Tumanov,
| 1885년)

리로 여겨진다. 게르 안에서 볼 때 오른쪽이 상석이며, 남자 손님을 맞이하는
공간이다. 딸은 다닐 수 있어도 며느리는 절대 오른쪽으로 다닐 수 없다. 며
느리는 다른 종족을 의미하는 왼쪽과 연관되기 때문이었다. 또한, 왼쪽은 전
통적으로 저세상을 의미했다. 누군가에게, 특히 연장자에게 왼손으로 차를
건네는 것은 그 사람이 죽기를 바란다는 뜻으로 해석되어 최고의 모욕으로
여긴다.

오른쪽에는 마구, 사냥 도구 등 남성의 물건을 보관한다. 북쪽이 상석으로 간주된 반면, 문과 가까운 남쪽 공간은 가장 '낮은' 부분이다. 손님을 맞을 때도 나이와 신분에 따라 엄격하게 자리를 구분해서, 더 나이 많고 신분이 높은 사람은 상석에, 젊거나 신분이 낮은 사람은 문가의 '낮은' 자리에 앉았다.

남녀 모두 옷을 지어 입는 민족

부랴트인은 여성뿐만 아니라 남성도 옷을 만들어 입었다. 전통 남성 의상은 겨울용 상의인 데겔과 여름용 상의인 테를리크로 나뉜다. 겨울 의상에는 주로 양가죽을, 일상적 데겔에는 목면을, 의례용으로는 비단이나 공단을 사용하여 옷을 만들어 입었다.

남성은 가슴에 장식이 있는 푸른색을 즐겨 입었다. 남성의 허리띠는 모양도 다양하고 크기도 제각각이다. 데겔은 길이가 길어서 걸어 다닐 때나 말을 탈 때도 다리가 추위에 드러나는 것을 막아주었다. 품도 깊어서 잔을 넣을 수 있었다. 그래서 어디를 가더라도 바로 자기 잔을 꺼내 차나 뜨거운 스프를 마실 수 있었다. 이런 의상은 말을 타고 다니는 생활에 편리할 뿐만 아니라 깔고 덮기에 충분하여 비상용 모포로도 사용할 수 있었다.

여성의 의상은 긴 옷과 조끼로 이루어지는데, 나이에 따라 그리고 사회와 가정에서의 위치에 따라 다르게 입는다. 처녀는 테를리크나 데겔을 입고 가죽 허리띠를 매서 가늘고 날씬한 허리를 강조했다. 예복으로는 비단실로 만든 허리띠를 맸다. 특히 눈여겨볼 것은 처녀들은 조끼를 입지 않는다는 것이다. 기혼 여성은 모양과 장식이 단순한 옷을 입지만, 우우자라 불리는 조끼를 반드시 입는다. 우우자는 긴 것과 짧은 것 두 형태가 있다. 짧은 조끼는 허리

| 20세기 초 부랴트인들의 모습

쯤까지 내려온다. 긴 우우자는 바이칼 근처에 사는 부랴트인이 즐겨 입었다. 주로 짧은 우우자에 뒤가 트인 긴 치마를 붙여서 만들었다. 우우자는 남자, 특히 시아버지와 같이 있을 때 여자는 머리와 등을 감싸야 한다는 고대 부랴트인의 관습과 연관된다. 조끼와 연관해서는 재미있는 사실들이 많은데, 칭기즈 칸의 통치 시기에는 국가가 옷과 색깔을 법으로 정했다. 사용하는 천, 마름 기술, 천의 색깔에 따라 그가 어떤 사회계층에 속하는지 알 수 있었다.

고기 요리와 유제품을 즐겨 먹는 부랴트인

유목 생활은 엄청난 에너지 소비를 요구한다. 그래서 부랴트인의 전통 음식은 높은 열량을 자랑한다. 예부터 가축을 길렀으므로 고기와 유제품으로 주식을 만들었다. 부랴트인은 고기 국수로 수프를 대신하고, 플로프(고기와 채소, 쌀 등을 버터에 요리한 음식), 부랴트식 만두 포자(또는 '부우자') 등을 주식으로 삼

왼쪽부터 부랴트식 만두 포자(자료: 위키미디어 ⓒ Alava), 말린 오물(자료: 위키미디어 ⓒ Jan van der Crabben) 부랴트 지역뿐만 아니라, 러시아 전역에서 즐겨먹는 플로프(ⓒ 김혜진)

왔다.

'좋은 말은 망아지 때부터 알 수 있고, 훌륭한 사람은 어렸을 때부터 알아볼 수 있다'는 속담이 있을 정도로 말은 부랴트인의 삶에서 뗄 수 없는 가축이다. 그래서인지 부랴트인은 말고기를 여러 음식으로 즐겼다. 완자, 만두, 다진 고기 요리 등에 말고기를 사용한다.

부랴트식 플로프는 잔칫상의 대표 음식이다. 고기는 최대한 부드럽게, 쌀은 알알이 씹힐 정도로, 고기, 쌀, 마늘과 양파, 버터 등의 재료가 서로 섞이지 않고 층층이 깔리는 것이 맛의 비결이다. 향신료를 넣어서 감칠맛과 매운 맛을 더한다.

우유는 고기 다음으로 부랴트인의 주된 식재료이다. 우유, 버터, 스메타나(사워크림) 등은 항상 식탁에 놓여 있다. 전통 치즈인 후루우드, 우유 음료인 쿠미스와 쿠룬가, 응유 등 유제품도 다양하다.

오물은 러시아에서 먹어봐야 할 10대 음식 중 하나로 손꼽힌다. 오물은

생물을 구워 먹기도 하고 소금에
절여 건조하거나 훈제해서 먹는
것이 일반적이다.

부랴트인은 주로 녹차를 즐겨
마신다. 부랴트인에게 차를 마시
는 것은 신성한 행위이다. 그래서
부랴트인만의 다도가 있을 정도
다. 녹차에는 우유를 넣어 마시는
데, 먼저 녹차 잎을 팔팔 끓여 쓴

| 19세기 말~20세기 초 부랴트인이 타라순을 만드는 모습

맛이 빠지면 우유를 넣어서 다시 끓인다. 차에 소금을 약간 넣어 마시기도 한
다. 차와 함께 보통 샨가를 먹는다. 샨가는 주로 양 기름에 밀가루와 효모, 스
메타나를 넣어 구워 만든다.

우유를 한 번 정제한 술이 타라순, 여러 번 걸러내면 독한 아르히가 된다.
특히 결혼식에 빠지지 않는 술이 타라순이다.

부랴트인의 결혼: 허리띠를 바꿔서 사돈을 맺다

부랴트인은 전통적으로 족외혼을 고수했다. 같은 씨족 내에서는 결혼을
할 수 없었다. 자녀들이 어렸을 때 정혼하는 관습이 있었고, 어떤 씨족에는
신부 납치 풍속도 있었다. 남자들이 허리띠를 바꿔 차면 사돈을 맺는다는 의
미였다.

부랴트의 전통 결혼 절차는 사전 합의, 중매 예식 하닥 타빌가, 칼림(신부의
몸값) 지불하기, 바사가나이 나단(처녀 파티), 신부의 머리 땋기, 결혼 여행, 시

신부의 머리 땋는 의식(왼쪽)(C. S. 삼필로프, 1943년), 부랴트 공화국 수도 울란우데의 조각상(오른쪽). 환영을 나타내는 잔과 의례용 긴 천인 하닥을 들고 있는 모습이다(자료: 위키미디어 ⓒ Arkady Zarubin)

댁 가기, 결혼식, 새 게르를 정화하는 의식 등으로 이루어진다. 라마교가 들어온 이후에는 라마승이 결혼식 날짜, 신부를 데려오는 시간, 말의 색깔, 신부를 데려올 사람 등을 정해준다.

중매 예식은 신랑 측 친척들로 구성된 중매인들이 신부 집에 가서 신부 친척들에게 신랑을 소개하는 형식이다. 중매인들은 보통 홀수(3/5/7명)로 구성되며 여자는 중매인이 될 수 없다. 약혼녀 집 맞은편에는 말을 매지 않는다(요즘에도 자동차를 거기에 세우지 않는다). 죽은 사람을 내갈 때 사용하는 말을 그곳에 매놓기 때문이다. 신부 측에서는 이들의 방문을 전혀 몰랐던 척하는 것이 관례라 아무도 손님들을 마중하지 않는다. 중매인들은 태양이 움직이는 방향을 따라 약혼녀의 집으로 들어간다. 중매자들은 집안의 제단에 정중히 인사하고 예물을 바친 후에 약혼녀 집안 사람들과 대화를 시작하고 결혼 예식을 합의

한다.

먼저 신부 머리 땋기 의식을 한 후 신부를 데리고 신랑 측 마을로 결혼 여행을 가는 것이 결혼식의 시작이다. 신랑 어머니는 집 문턱에서 푸른색 하닥(의례용 수건)과 잔으로 신혼부부를 맞이한다. 신랑신부는 미래의 행복을 빌며 태양을 따라 집을 세 번 돈다. 그리고는 어머니가 준비한 빵을 먹고 잔에 든 음료를 마신다. 손님들은 정해진 순서에 따라 축사를 하고 축배를 든다. 그리고 금이나 곡물 등을 선물로 내놓는다. 이들에게 가장 비싸고 귀한 선물은 양이나 말이다.

가문을 중시하는 가부장적 전통

17~18세기 중반부터 가부장적 씨족 체계의 성격이 부랴트인의 가정과 사회 풍습에서 강하게 드러나기 시작했다. 씨족 구분이 엄격히 유지되었는데 18세기 후반 부랴트인 씨족은 80개에 달했다. 전통적으로 부랴트인은 다른 부랴트인을 만났을 때 먼저 어느 씨족인지를 묻는다. 부랴트인은 부계 쪽으로 7~10대까지의 선조를 열거할 줄 알아야 했다.

가정과 결혼 풍습에서는 모계 사회의 흔적이 남아 있다. 모계 쪽으로는 '나가사'(외삼촌)가 중요한 역할을 한다. 나가사는 특히 누이의 자녀들에 대해서 아버지와 같은 의무와 권리를 가졌다.

'누구 어머니', '누구 아버지'로 불리는 부랴트인

'아들은 낳아서 가문을 잇고, 딸은 낳아서 시집보내라'는 속담은 자녀에 대한 부랴트인의 태도를 잘 드러내준다. 자녀를 많이 낳은 부모는 존경과 존중을 받았고 자녀가 없으면 천벌로 여겼다. 자녀가 없는 사람들에게 부랴트인은 '아궁이가 꺼졌다'고 말했다. 가장 끔찍한 저주도 '아궁이 불이 꺼져버려라!'이다.

아이가 태어난 지 6~7일째에는 '울게데 어룰하'라는 의식을 치른다. 요람에 아이를 눕히는 이 의식을 할 때는 가까운 친척이나 이웃들이 모여서 신생아를 축하했다. 아이의 이름은 손님 중 연장자가 지어주었다. 아버지와 어머니는 자기 이름이 아니라 아이 이름에 아버지와 어머니를 붙여서 불렸다. 아이 이름이 '바투'이면 '바투 아버지'나 '바투 어머니'라고 불리는 것이다.

장례와 추도식 - 샤머니즘과 라마교 요소들의 공존

부랴트인의 매장 형식과 장례 풍습은 부족마다 달랐다. 고대에는 고인의 가까운 친척들이나 남성들만 고인의 장례를 치렀다. 여성이나 다른 부족의 대표자들은 장례에 참여하지 못했다. 부랴트인은 고인의 나이, 죽음의 원인, 사회적 위치 등에 따라 저지대나 언덕 등에 묘지를 쓰기도 하고, 고인을 숲 어딘가에 놓거나, 때로는 나무나 가지, 돌 등으로 덮어놓기도 했다. 이런 풍습은 몇몇 지역에서 현대까지 이어지고 있다.

잠발로바는 "올혼섬과 그 주변에 사는 현대 부랴트인에게는 고인의 나이에 따라 몇 가지의 장례 방법이 존재한다"고 서술한 바 있다. 고인이 젊으면 (20~50대) 시신을 땅에 묻는다. 신생아가 죽으면, 시신을 대지 위에 놓아둔다. 50세 이상의 경우에는 화장을 한다. 잠발로바에 따르면 이 지역의 부랴트인들은 화장을 가장 선호한다고 한다. 땅에 묻힌 사람은 흙이 무겁고 태양빛이

올혼섬의 부랴트 샤먼(왼쪽)(자료: 위키미디어 ⓒ Аркадий Зарубин)
러시아 라마교의 중심, 부랴트 공화국의 이볼긴 사원(오른쪽)(자료: 위키미디어 ⓒ Аркадий Зарубин)

들어오지 않기 때문에 괴로움을 겪는 반면, 화장은 그렇지 않다는 것이다. 몇 몇 부랴트 종족들은 관과 무덤에 곡식 알갱이를 흩뿌렸다. 곡식 알갱이는 정화와 환생을 의미한다.

　그러나 라마교가 들어오면서 장례 의식도 많은 변화를 겪었다. 부랴트인의 장례 풍속은 라마교와 샤머니즘적 성격들이 맞물려 있다. 라마교적 특징은 고인의 육체와 영혼을 속세로부터 벗어나 열반에 이를 수 있게 하는 상징적 행위들에서 볼 수 있다. 샤머니즘적 측면은 고인을 산 사람들로부터 분리시켜 저 세상으로 보내 고인의 영혼이 이 세상으로 되돌아와 사람들에게 해를 끼치지 않도록 하려는 의식들로 나타난다.

　라마교가 보급되면서 바이칼 지역 부랴트인의 장례식은 라마승이 경전에 의거하여 고인의 매장 날짜, 시간, 방법을 결정하는 식으로 바뀌었다. 고인의 생년월일시와 죽은 날짜와 시간, 사회적 지위와 죽음의 성격 등을 고려하여

이볼긴 사원에서 기도하는 부랴트인
(자료: 위키미디어 ⓒ Аркадий Зарубин)

매장 날짜와 방법을 정했다. 죽은 사람의 몸을 천으로 감싸고 얼굴은 하닥으로 덮었다. 마치 잠이 든 것 같은 모습을 띠도록 무릎을 굽히고 오른손을 귀 쪽에 갖다 대었다. 고인의 머리는 떠오르는 태양빛이 눈을 비추게 서쪽에 놓았다. 묘는 관이 들어갈 정도로만 파서 매장했으며 49재를 지냈다. 이 기간 동안 경전을 읽는다거나 불을 밝혀두는 등 경건하게 생활했으며 가난한 사람을 돕는 등 여러 가지 선행을 하며 보냈다.

러시아와 접촉하면서 러시아 문화의 영향을 받아 고인을 땅 속 깊이 매장하고, 3일, 9일, 40일에 추도식을 하기도 한다.

우리와 닮은 부랴트 신화와 구비문학

부랴트인은 신화, 대서사시, 샤먼의 이야기, 전설, 민담, 격언, 속담, 수수께끼 등 여러 장르를 빌어 폭넓은 구비 전승을 이어오고 있다. 특히 대서사시 『울리게르』를 필두로 수많은 서사시들이 있다. 게세르 영웅 서사시는 몽골, 중국, 티베트 등에 광범위하게 퍼져 있다. 게세르는 영웅 서사시의 제목이면서 동시에 서사시 등장인물의 이름이다. 게세르가 주인공으로 나오는 이야기는 바이칼호수 인근에서 채록된 판본들만 백여 개에 달하며 티베트와 몽골 고원에서 전해지는 이야기까지 합하면 그 수를 헤아리기 어렵다고 한다.

게세르 모티프를 가진 이야기들은 발견되는 지역의 특성에 따라 서로 상이한 내용들을 담고 있는데, 바이칼호수 주변에 사는 부랴트인은 순수한 샤머니즘 신화의 얼개를 가진 「게세르 신화」 혹은 「아바이 게세르 신화」를 전승해오고 있다.

게세르 신화는 우리의 단군 신화와 많은 부분이 닮아 있어서 육당 최남선은 「불함문화론」에서 단군 신화의 해명을 위해 동아시아 고대 신화와 서사시를 비교 연구해야 할 필요성을 제기하기도 했다. 부랴트인의 설화 중에는 내용 면에서 우리의 「나무꾼과 선녀」와 유사한 「용사와 백조 아내」 설화도 있다.

부랴트 공화국 수도 울란우데의 게세르 동상
(자료: 위키미디어)

복합적인 부랴트의 신앙

부랴트인의 신앙을 단 한 마디로 압축하면 표현하면, '복합적'이다. 2011년 조사에 따르면, 부랴트 공화국의 종교 분포는 라마교 70%, 샤머니즘 18%, 러시아 정교 1.4%, 개신교 0.2%이다. 샤머니즘과 텐그리(하늘) 숭배 등의 정통적인 샤머니즘 신앙을 바탕으로 티베트 불교가 수용됐고 이후 러시아 정교가 유입되면서 부랴트인의 신앙 체계는 복합적인 성격을 띤다. 최근에는 개신교가 활발히 선교 활동을 벌이고 있다.

부랴트인 사이에서는 16세기 말부터 원시 불교의 성격이 짙은 티베트 불교가 폭넓게 지지를 받았다. 1741년 불교는 러시아로부터 공식적으로 인정되었으며, '구시노오죠르스크 사원'이 세워진 것을 계기로 라마교의 세는 더

부랴트 불교 사원을 찾은 메드베데프 전 러시아 대통령(ⓒ Presidential Press and Information Office, www.Kremlin.ru)

욱 확산되었다. 1914년 조사에 따르면, 부랴트 공화국 내에는 48개의 사원과 1만 6000명의 라마승들이 있었다고 한다. 1930년대 말 무렵에 이르러 부랴트 불교 사원은 사라졌다가 1980년대 후반부터 불교가 부활되기 시작했다. 부랴트 정신과 민족성을 회복하고자 하는 움직임이 샤머니즘 및 불교의 부흥과 맞물리고 있다.

부랴트인 - 우리와 비슷한 사람들

씨름을 즐기는 민족은 많다. 러시아 씨름, 일본 씨름 등이 유명하다. 우리에게도 씨름은 익숙한 놀이다. 그러나 씨름에서 샅바를 사용하는 민족은 우리와 부랴트인 뿐이다. 어디 그뿐이랴. 앞서 언급했듯이, 부랴트인은 '바투 아버지, 바투 어머니'라고 불린다. 마치 우리가 '길동이 엄마, 길동이 아빠'라고 부르듯이. 우리네 어린아이의 엉덩이에는 푸르스름한 몽고점이 자리한다. 부랴트인의 아이들에게서도 역시 몽고점을 확인할 수 있으며 외모도 우리와 가장 비슷하다.

| 부랴트 씨름(자료: 위키미디어 ⓒ Аркадий Зарубин)

　　신체적 특징, 사회문화적 관습, 그리고 놀이문화뿐만 아니라 정신문화도 유사하다. 수많은 설화들의 상호 비교 연구를 통해 확인되고 있는 이야기 구조와 주제의식의 일치는 이에 대한 좋은 증거이다. 거기에는 춘원 이광수와 육당 최남선이 찾았던 신화의 원류가 흐른다.

야쿠트인
동토의 용감한 무사

변군희

명칭 Yakuts, Sakha(영어), Якуты, Саха(러시아어)
인구 러시아 내 466,492명, 사하 공화국 내 466,492명
위치 사하 공화국(야쿠트 공화국 또는 야쿠티야, 시베리아 북동부)
언어 러시아어, 야쿠트어
문화적 특징 부랴트-몽골, 퉁구스, 고아시아, 러시아 등 다양한 문화 요소가 섞여 있다.

| 얼어붙은 톰토르(공화국 동부 오이먀콘 지역의 마을)(ⓒ V.G. Belolyubskaya)

　　야쿠트인은 튀르크계 종족으로 본래 바이칼 서부에서 몽골계 부랴트인과
일정 기간 이웃해 살다가 칭기즈 칸 침공 이후 동북쪽으로 이동해 현재의 지
역에 정착한 것으로 알려져 있다. 야쿠트인은 19세기까지 동시베리아에서 가
장 강성한 민족이었기 때문에 극동 시베리아 지역의 다양한 민족 간의 교류
를 주도했다. 야쿠트인의 이동 과정과 타민족과의 활발한 교류에서 보듯이,
야쿠트인의 삶 속에는 부랴트-몽골적인 요소, 에벤인과 에벤키인의 퉁구스적

| 한여름에도 남아 있는 얼음(ⓒ 김선래)

인 요소, 축치인과 코랴크인의 고아시아적 요소들이 녹아 있다. 이와 더불어 러시아인이 극동 시베리아를 정복하는 과정에서 러시아 정교의 요소도 함께 흡수되었다.

야쿠트인이 주로 거주하는 사하 공화국은 시베리아 북동쪽에 위치해 있고 러시아 영토의 1/5을 차지하며 3개의 시간대가 존재할 정도로 넓은 땅을 가지고 있다. 이는 한반도의 15배에 달하는 넓은 면적이다. 사하 공화국은 북극권의 동토대에 위치해 있어서 겨울에는 기온이 영하 60도까지 내려가지만 여름에는 영상 40도까지 올라가서 연평균 기온차가 무려 100도나 되는 혹독한 자연조건을 가지고 있다.

특히 북반구 한대지구 끝에 위치한 오이먀콘은 -71.2도까지 수온주가 내려가 세계에서 가장 추운 곳으로도 알려져 있다. 현재 이곳은 관광지로 개발되어 이곳을 다녀간 사람들에게는 세계에서 가장 추운 지방에 다녀왔다는 증서를 주기도 한다. 이러한 혹독한 자연환경 때문에 제정 러시아 시절 정치범을 비롯한 죄수들을 이곳으로 보내기도 했다. 이른바 시베리아 유형지가 바로 이곳이다.

사하 공화국의 혹독한 자연을 이기내기 위해서 순록과 말은 야쿠트인에게는 없어서는 안 될 귀중한 존재이다. 순록과 말은 눈보라를 뚫고 썰매를 끌었고, 순록의 털과 가죽은 추위를 이겨내는 외투인 슈바와 신발인 운티와 털모자를 만드는 데 사용되며, 순록과 말의 고기는 야쿠트인의 주식이다.

추위와 관련한 야쿠트인의 독특한 생활을 몇 가지 살펴보면, -50도 이하로 내려가면 안개가 짙게 끼는데, 이 정도로 날씨가 추워지면 임시 휴교령이 내려진다. 그리고 겨울에 30분 이상 거리를 걸으면 동상에 걸릴 수 있으므로 가게에 들어가 몸을 녹이는데, 가게에서 물건을 사지 않고 서 있어도 전혀 눈치를 주지 않는다. 한겨울에도 자동차들이 많이 운행하는데, 겨울에 자동차를 운행하려면 밤에 반드시 온풍이 되는 차고에 주차해야 한다. 차고는 컨테

| 한겨울 야쿠츠크 풍경(자료: 한국·사하친선협회)

이너 박스 같은 별도의 공간에 마련한다. 차고는 비교적 고가여서 차고가 없는 차주도 많다. 차고가 없는 차주들은 한겨울 내내 자동차를 밖에 세워두었다가 봄에 정비하고 사용한다.

사하에서 야쿠트로, 야쿠트에서 다시 사하로

야쿠트의 또 다른 명칭은 사하이다. 원래 자신들을 사하라는 명칭으로 부르다가 17세기 러시아인과 접촉이 이루어지면서 야쿠트라는 명칭이 새로 생겨났다. 이 외에도 야쿠트어로 '용감한 무사'를 뜻하는 우랑하이라는 이름으로 자신들을 부르기도 한다. 이 명칭은 퉁구스어에서 순록을 뜻하는 오론에서 유래했다. 원주민은 자신의 옛 명칭 사하라고 부르는 것을 선호했고 1991년 공화국 명칭도 야쿠트 소비에트 사회주의 자치공화국에서 사하 공화국으로 바꾸어 사용하고 있다.

야쿠트인의 기원에 관해서는 이주설과 발생설 등 여러 가지 설이 있는 가운데 공통된 부분은 야쿠트인이 남쪽 지역에서 레나강 중류로 이주한 사람들

| 레나강 풍경(ⓒ 김선래)

에서 비롯되었다는 것이다. 야쿠트 민족은 크게 북야쿠트인과 남야쿠트인으로 구분된다. 북야쿠트인은 주로 사냥, 낚시, 순록 치기를 주업으로 삼고, 남야쿠트인은 소나 말을 기른다. 이와 같은 구분은 야쿠트 민족 설화에 잘 드러나 있다.

야쿠트 민족 설화

야쿠트의 시조는 오노호이(혹은 오모고이)와 엘레이이다. 오노호이는 힘이 장사였고, 약탈을 일삼는 강도였다. 오랫동안 오노호이의 괴롭힘을 당한 사람들은 그를 벌하기 위해 군대를 이끌고 쫓아 나섰다. 오노호이는 가족과 가축을 데리고 군대를 피해 야쿠츠크 남쪽에 정착하게 되었다. 어느 날 오노호이는 자신과 마찬가지로 약탈과 살해를 일삼다가 사람들에게 쫓기던 거구의 엘레이와 만나 자신의 집으로 데려와 같이 지내기로 했다. 엘레이는 오노호이보다 모든 면에서 뛰어났다. 오노호이는 엘레이를 사위로 삼고자 두 딸 중 예쁜 둘째 딸과의 혼인을 원했다. 그러나 엘레이는 못생겼지만 부지런한 첫째 딸과 결혼을 요청했다. 오노호이는 자신의 말을 듣지 않는 데 화가 나 엘레이와 첫째 딸을 내쫓았다.

오노호이는 엘레이의 소식이 궁금해 사람들을 보내 알아보게 했다. 엘레이는 잘 정돈된 풍요로운 마을을 만들어 살고 있었다. 정찰을 떠난 사람들은 엘레이가 술잔을 높이 들어 노래를 부르며 기도하자 하늘에서 세 마리의 학이 날아와 그 술을 마시는 놀라운 광경을 목격했다. 이 소식을 전해들은 오노호이는 자신 앞에서 그 의식을 다시 보여 달라고 요청했다. 엘레이는 기꺼이 그 의식을 올렸고 또 다시 세 마리의 학이 날아와 술을 마시자 모두들 기뻐하며 3일 동안 잔치를 벌였다. 이것이 최초의 이시아흐ьlcыax 축제였다.

엘레이의 풍요로운 마을을 목격한 사람들은 가축을 이끌고 엘레이의 마을로 도주하기 시작했다. 그러자 오노호이는 자신의 마을을 버리고 사람들이 없는 곳을 찾아 북쪽으로 이동했다.

이 결과 오노호이계 사람들은 야쿠츠크 북쪽에 위치한 남스키 울루스 지방 토착민의 시조가 되었고, 엘레이계 사람들은 야쿠츠크 동쪽에 위치한 캉갈라스, 보로곤 등지에 자리 잡은 토착민의 시조가 되었다. 동부 출신들은 대부분 부유하고 운이 좋지만, 북부 출신들은 가난하고 어둡다고 전해진다.

엘레이 신화를 바탕으로 한 공연의 한 장면
(자료: 한국·사하친선협회)

여름에 두 번째 새해를 맞이하는 이시아흐 축제

야쿠트인은 신년을 두 번 맞이하는데, 여름에 개최되는 이시아흐 축제가 바로 그것이다. 사하 공화국은 영토의 대부분이 북극권에 자리 잡고 있어서 겨울에 -60도까지 내려가는 혹한의 기후를 가지고 있다. 야쿠트인은 혹한의 겨울을 견뎌내며 따뜻한 여름을 고대하게 되는데, 오랜 겨울을 끝내고 본격적인 여름이 시작되는 6월에 큰 축제를 열어 건강과 안녕을 기원한다.

이시아흐 축제는 우리나라 풍속과 비슷한 면이 몇 가지 있다. 연장자가 7명의 처녀, 9명의 총각들과 함께 축제를 여는데, 연장자는 불의 정령과 땅의 정령에게 쿠므스(마유주와 유사)를 뿌리며 축제의 시작을 알린다. 이것은 우리나라에서 음식을 먹기 전에 고수레를 외치며 음식을 던지는 행위와 유사하다.

이시아흐는 태양신 숭배와 풍요를 기원하는 관습과 관련이 있다. 하절기 축제의 기원은 중앙아시아의 스텝 지역에서 시작되었다. 당시 야쿠트 민족은 가축과 짐을 싸들고 끝없는 스텝 지역을 유목했다. 그래서 야쿠트 민족의 축제는 튀르크 계통의 투바인, 알타이인, 타타르인, 바시키르인의 하절기 축제와 공통점이 있다. 이시아흐 축제는 6월 말에 열리고 이 날을 새해로 삼았다. 의식이 끝나고 나면 축제 참가자들이 모두 모여 둥글게 원을 그리며 오수오하이라는 춤을 춘다. 이 때 한 사람이 선창하면 나머지 사람들이 이어 부른

| 이시아흐 축제 모습(자료: 한국·사하친선협회)

다. 이 또한 우리나라의 강강술래와도 매우 유사한다.

시베리아 혹한을 이기는 전통 의상

겨울에 입는 야쿠트 전통 의상은 두꺼운 외투, 목이 긴 장화, 머리 전체를 덮는 털모자가 특징적이다. 우선 외투로는 주로 순록 가죽으로 만든 한 겹 혹은 두 겹의 두꺼운 옷을 입는다. 외투에 별다른 장식을 하지 않는 단순한 남성용 외투와 달리 여성용 외투는 가죽을 잘라낸 무늬나 은 장신구, 색실 등으로 꾸민다. 야쿠트 여성은 한겨울에도 외투 겉에 은으로 만든 장신구를 착용하여 멋을 낸다.

야쿠트인은 보통 목이 긴 운타라는 장화를 착용하는데, 신발 윗부분에는 다양한 모양의 수를 놓아 장식한다. 신발의 재료로는 야쿠트 말이나 순록의 털과 가죽이 사용된다. 털모자는 머리와 귀를 완전히 덮어 얼굴만 보일 정도로 크게 만든다. 털모자도 신발과 마찬가지로 야쿠트 말이나 순록의 털로 만든다.

| 장식용 흰색 데이비이르를 허리에 찬 야쿠트 여성(왼쪽), 야쿠트 전통 의상을 입은 공연단(오른쪽)(자료: 한국·사하친선협회)

| 야쿠트 전통 의상을 입은 현지 주민들(ⓒ 김선래)

| 야쿠트 전통 의상(왼쪽), 데이비이르를 들고 있는 야쿠트 여성(오른쪽)(ⓒ 김선래)

야쿠트인이 거주하는 지역에는 늪지가 넓게 분포되어 있다. 일 년 중 대부분이 얼음으로 덮인 동토의 땅이지만 여름에는 하천이 녹아 늪을 이룬다. 그런데 늪에는 엄청나게 많은 모기가 서식하는데 야쿠트인에게 매우 귀찮고 위험한 존재이다. 모기를 쫓기 위해 손잡이가 달린 말꼬리 모양의 데이비이르라는 도구를 만들어 사용한다. 생김새는 언뜻 우리나라의 붓 같다. 야쿠트인은 얼음이 녹고 모기가 들끓기 시작하면 데이비이르를 늘 지니고 다녔다. 데이비이르는 주로 말총으로 만들어진다.

날 생선을 먹는 야쿠트인

야쿠트 전통 음식 중에는 추운 날씨와 관련된 몇 가지가 있다. 그중 눈에 띄는 것은 스트로가니나라는 음식으로 레나강 등지에서 잡은 송어, 연어를 얼린 것을 말한다. 사하 공화국의 추운 겨울, 갓 잡아 올린 생선은 물 밖으로 나오자마자 그대로 얼어버린다. 야쿠트인은 이렇게 얼어버린 생선을 날 것으로 먹는다. 생선 꼬리 부분을 잡고 직각으로 세운 후에 꼬리부터 칼질을 하면 생선살이 동그랗게 말려 나오는데, 이것을 소금에 찍어 먹는다.

야쿠트인 추위를 견디기 위해 지방 섭취를 많이 한다. 말이나 순록의 비계를 날 것으로 먹기도 한다. 야쿠트인도 다른 민족들과 마찬가지로 우유를 마시는데, 소보다는 가축으로 키우는 말과 순록의 우유를 주로

동태를 얇게 썰어놓은 듯한 스트로가니나(자료: 위키미디어 ⓒ Cholbon)

마신다. 순록 우유는 소에서 짠 우유보다 지방이 풍부하고, 단백질이 흡수가 잘 되고, 맛이 더 좋다고 알려져 있다.

계절마다 다른 전통 가옥

야쿠트 전통 가옥은 겨울과 여름에 주거하는 양식으로 구분된다. 겨울에는 흙을 바른 통나무집에서 살고, 여름에는 다른 유목 민족들과 마찬가지로 우라사라고 불리는 원추형 천막에서 살았다. 그리고 이 가옥 주위에는 가축 우리와 곡식을 보관하는 장소도 따로 마련되어 있다.

| 우라사(왼쪽), 우라사 내부(오른쪽)(자료: 위키미디어 ⓒ Uyban)

자연의 소리를 연주하는 호무스

호무스는 전 세계에서 가장 오래된 악기 중 하나이다. 튀르크계 부족 대부분이 이 악기를 사용했다. 이 악기는 민족에 따라 여러 가지 명칭으로 불리는데, 야쿠트인은 호무스, 한티인은 툼란, 알타이인은 코무스, 타타르인은 쿠비

| 여러 가지 호무스(자료: 한국·사하친선협회)

| 호무스를 연주하는 모습(자료: 한국·사하친선협회)

스라고 부른다. 다른 나라에도 이와 유사한 악기가 있다. 미국에서는 쥬스-하프jew's-harp(구금), 일본에서는 무쿠리, 우크라이나에서는 바르간варган이라 부른다.

호무스를 입에 대고, 가운데 가는 쇠를 튕겨 소리가 나게 하고, 입안의 혀를 이용하여 다양한 소리를 낸다. 이 악기로 연주하는 소리는 바람, 말발굽 등 주로 자연에서 들을 수 있는 것으로 다른 악기로는 접할 수 없는 신비한 소리를 만들어낸다. 사하 공화국에서는 이시아흐 축제를 비롯한 여러 행사에서 호무스 연주가 이루어진다. 호무스 연주자인 올가 포들루즈나야는 야쿠트에서 매우 유명하다.

혹한 극복의 일등공신: 야쿠트 말과 순록

야쿠트인의 삶에서 말이 없다는 것은 상상하기 힘들다. 야쿠트 말은 언뜻 보기에 제주도의 조랑말과 매우 비슷한 외모를 지니고 있다. 야쿠트 말은 털이 많고, 조랑말처럼 키가 작고, 커다란 머리와 짧고 굵은 다리를 가지고 있다. 그리고 겨울에는 털이 빽빽하게 자라며 매우 두꺼운 피부를 가지고 있어

| 야쿠트 말(왼쪽)(자료: 위키미디어 ⓒ Унаров Максим Владимирович), 순록 썰매(오른쪽)(ⓒ 강덕수)

서 체온 유지에 도움이 된다. 한겨울에도 축사 없이 야외에서 생활할 수 있을 정도로 추위에 강하고 눈 속에 묻혀 있는 풀이나 식물을 뜯어 먹고 산다. 여름철 음식이 풍부할 때 축적해둔 지방으로 몸집을 키워 식량이 부족한 겨울에 에너지원으로 사용한다.

순록은 매우 순하고 참을성이 많으며 시베리아 겨울의 혹한에도 잘 견딘다. 영하 60도의 혹독한 시베리아의 겨울 날씨에서도 밖에서 선채로 잔다. 야쿠트 말과 마찬가지로 눈 속에 묻혀 있는 풀을 먹는데, 풀 밑동까지 전부 다 먹는 것이 아니라 끝부분만 먹어서 먹이가 끊이지 않게 하는 지혜로운 습관을 가지고 있다.

야쿠트 말과 순록의 털과 가죽은 방한용 의복의 재료로 사용되어 야쿠트인이 추운 겨울을 이기는 데 매우 유용하게 쓰인다. 순록의 가죽은 말가죽처럼 야쿠트인의 의복을 만드는 데 사용되는데, 말가죽보다 훨씬 좋은 최상의 품질을 자랑한다. 이처럼 야쿠트 말과 순록은 이동 수단으로, 음식으로 그리고 추위를 이겨내는 의복으로 사용되는 등 야쿠트인에게는 없어서는 안 될 귀중한 존재이다.

미르니 광산: 버려진 동토에서 신의 선물을 발견하다

보통 다이아몬드 최대 생산국은 남아프리카를 떠올릴 것이다. 그러나 현재 다이아몬드 최대 생산국은 다름 아닌 사하 공화국이다. 사하 공화국은 다이아몬드 최대 매장지이면서 최대 생산국이다.

보석과 관련한 재미있는 신화가 있다. 보석에 대한 인간의 탐욕으로 싸움과 분쟁이 끊임없이 일어나자 신들은 천사들을 시켜 지구에 있는 모든 보석들을 거둬들이기로 했다. 천사들이 보석을 가지고 하늘로 올라가던 중 야쿠티야를 지나가다 너무 추워 손이 얼기 시작했다. 그리고 품에 있던 보석을 모두 땅에 떨어뜨렸다. 그러나 보석들이 땅 속 깊이 박혀 얼음 속에서 보이지 않는 걸 보고 안심하고 하늘로 올라갔다고 전해진다.

사하 공화국에는 다이아몬드 이외에도 석탄, 천연가스, 석유, 금 등 엄청난 양의 지하자원이 있다. 몇 년 전 우리나라가 러시아에서 천연가스를 수입하기 위해 가스관을 설치하려고 했던 지역이 바로 이곳 사하 공화국이다.

사하 공화국은 혹독한 자연환경으로 사람들이 거주하기 힘든 곳이다. 그러나 세계 제일의 다이아몬드 매장량뿐 아니라 금, 석탄, 천연가스 등이 매우 풍부한 풍요로운 땅이기도 하다. 사하 공화국은 소련 붕괴 이후 많은 발전을 이루어왔고 풍부한 자원을 바탕으로 미래 세대를 위해 교육에 대한 투자를 아끼지 않고 있다.

| 미르니 다이아몬드 광산(자료: 위키미디어 ⓒ Stapanov Alexander)

| 공화국 남부의 네륜그리 탄전(ⓒ 김선래)

사하-한국학교(자료: 한국·사하친선협회)

강덕수 교수와 사하-한국학교 선생님과 학생들(자료:
한국·사하친선협회)

사하-한국학교

사하 공화국 수도 야쿠츠크시에는 사하-한국학교가 있다. 명칭만 들으면 우리나라 정부의 도움으로 세워진 것으로 생각하겠지만 우리 정부의 지원은 전혀 없이 사하 공화국 정부가 전적으로 책임지고 운영하는 학교이다. 다만 민간 차원에서 학교 설립 때부터 지금까지 꾸준하게 지원이 이루어지고 있다. 한국외국어대학교 강덕수 교수는 1994년 개교 이래 지금까지 매년 10여 명의 학생들에게 한국 연수의 기회를 제공하고 개교 초기에 한국어 교육을 담당할 교사를 파견했다. 그리고 2006년에는 '한국·사하친선협회'가 조직되어 학교 대한 지원을 이어가고 있다.

사하-한국학교는 한국 동포들을 위한 학교가 아니라 한국어를 배우길 희망하는 현지인들을 위해 세워진 특수학교로 시작되었다. 사하-한

부채춤을 추는 사하-한국학교 학생들(자료: 한국·사하친선협회)

국학교 개교 시 비슷한 목적을 가지고 사하-독일학교, 사하-프랑스학교, 사하-벨기에학교, 사하-터키학교들이 개교되었다. 그러나 현재 이 학교들은 10년을 넘기지 못하고 모두 문을 닫았다. 사하-한국학교는 2014년 11월에 개교 20주년 행사를 진행한 바 있다.

1799년 한 사냥꾼이 레나강 하류에서 매머드를 발견했다. 1970년에는 북쪽 인디기르카강의 작은 지류에서 매머드 무덤이 대거 발견되었다. 최근에는 2013년 북빙양의 작은 섬 말리 랴홉스크섬에서 암컷 매머드의 시신이 발견되었다. 이 매머드 시신에서는 부드러운 세포와 얼지 않은 피가 나와 매머드 복제에 대한 기대를 갖게 했다. 현재 사하 공화국에 위치한 북동연방대학교를 중심으로 매머드 복제를 위한 연구가 진행 중에 있다.

사하 공화국의 동토 밑에는 신이 하늘로 올라가다 떨어뜨린 엄청난 양의 보물이 숨겨져 있다. 사하-한국학교의 예에서 보듯이, 이제 야쿠트인은 풍부한 자원을 바탕으로 세계로의 도약을 위해 힘쓰고 있다. 이러한 야쿠트인의 노력이 매머드의 부활과 함께 결실을 맺을지 지켜볼 필요가 있다.

하카스인
흰 늑대의 아이들

박미령

명칭 Khakas(영어), Хакасы(러시아어)
인구 러시아 내 72,959명, 하카스 공화국 내 63,643명
위치 하카스 공화국(또는 하카시야, 남시베리아)
언어 러시아어, 하카스어
문화적 특징 주요 생업인 목축업은 하카스인의 생활양식과 문화, 전반적인 세계관을
형성하는 데 지배적인 영향을 주었다.

크라스노
야르스크주

아바칸 •

케메로보주   하카스 공화국

투바 공화국

2002년 2월 16일 자 ≪국민일보≫에 실린 기사를 보면 러시아 과학아카데미 산하 유전학연구소가 유전자를 비교·분석한 결과 북미 인디언과 몽골인이 같은 유전자를 가졌으며 하카스인 역시 유사한 유전자를 가졌다고 발표했다.

하카스인은 유전자가 유사하다는 이유가 아니어도 생활 유형을 보면 몽골인과 유사한 점이 많다. 남시베리아에 사는 하카스인은 주변 민족들처럼 거대한 가축 무리를 이끌며 스텝 지역에서 유목 생활을 해왔다. 오랜 세월 발달해온 목축업은 하카스인의 기본적인 생활방식에 영향을 주었다. 목축업은 하카스인의 음식, 옷, 주거, 식기의 재료를 제공했으며 생활양식, 물질과 정신문화에 영향을 미쳤고, 하카스인의 세계관을 결정지었다.

유목 생활은 강한 가부장사회를 만들었다. 경제활동에서 결정적인 역할은 남성이 하고, 여성은 모든 집안일을 맡아 했다. 남자와 여자가 하는 일이 엄격하게 구분된 사회에서 여성은 남성보다 훨씬 지위가 낮았고 매사에 권리가 없었다. 남자의 권위를 상징하는 사냥 무기를 여자가 다뤄서는 안 되고 여자는 남편과 그의 친지들의 이름을 부를 수도 없었다. 하카스 여성은 민소매 저고리를 입을 수 없었고, 머리장식을 하지 않고는 사람들 앞에 나설 수 없었다. 그러나 이러한 여성과 남성의 차이가 무시와 폭력을 동반하는 것은 아니다. 가정 내에서 여성은 존중받았다.

하카스인은 러시아 내의 소수민족이지만 역사와 문화를 지닌 시베리아의 원주민으로서 자연 질서에 순응하면서 살아온 강인하고 자유로운 민족이다.

흰 암늑대의 후손, 하카스인

하카스인의 신화와 전설에 의하면 하카스인은 흰 암늑대의 후손이라고 한다. 샤먼의 우두머리를 흰 암늑대라고 부르기도 한다. 하카스인의 기원에 대해서는 논란이 있지만 그중에서 지배적인 설은 예니세이 키르기스인이 하카스인의 조상이라는 것이다. 하카스인이 17~18세기 러시아 제국의 지배를 받기 시작했을 때, 러시아인은 이들을 '예니세이 키르기스'라고 불렀다. 예니세이 키르기스인은 기원전 3세기에서 13세기까지 미누신스크 분지의 남부에 있는 예니세이강 상류 주변에 거주했던 고대 튀르크인이다. 고대 키르기스인은 현재의 키르기스인, 알타이인, 투바인과 함께 하카스인의 선조라고 할 수 있다.

하카스라는 민족명의 기원에 대해서도 여러 이견이 있다. 중국 문서에는 9~10세기에 예니세이 키르기스를 햐가스라고 불렀다는 기록이 있다. 하카스라는 민족명은 하카스인이 자신을 히르기스라고 부르는 데서 기원했다는 주장도 있다. 러시아로 편입되기 전 하카스인은 호오라이 또는 호오리라는 명칭으로도 불렀다고 한다.

하카스인이 자신을 부르는 명칭 중에는 타다르Tадар도 있다. 이는 흔히 러시아인이 러시아에 사는 튀르크계 민족을 부르는 타타르와 유사하다. 기록에 따

흰 암늑대, 하카스 샤먼(자료: 하카스 공화국 공식 사이트 https://r-19.ru/)

르면 19세기 에 하카스를 이루는 소수민족 그룹(카친족 또는 하아스, 코이발족, 키질족, 사가이족)은 단일한 생활습관, 언어, 문화를 지녔고 이들 모두는 자신을 타다르라고 불렀다고 한다. 그러나 타다르라는 이름은 역사 속에 존재하는 하카스의 명칭이 아니라는 주장도 있다. 이 주장에 따르면, 하카스 민족의 전설과 여러 기록을 통해 볼 때, 타다르라는 단어는 생긴 지 얼마 되지 않았고, 혁명 전에 러시아인이 하카스를 타타르라고 부르면서 생겨났다는 것이다. 이런 이유로 하카스인은 미누신스크 타타르, 아바칸 또는 예니세이 타타르라고도 불렸다.

시베리아 원주민에서 러시아 소수민족으로의 역사

하카스 역사는 여러 단계로 나눠볼 수 있는데 첫째, 키르기스 단계는 키르기스 왕국의 존재 시기(6~13세기)와 연관된다. 중앙아시아의 고대 민족 중 하나인 예니세이 키르기스인은 하카스 문화의 근간을 탄생시키는 데 결정적인 역할을 했다. 앞서 언급했듯이, 고대 키르기스인은 하카스인의 선조이기 때문이다. 예니세이 키르기스인은 1207년에 몽골의 지배를 받게 되면서 여러 지역으로 흩어지게 된다.

둘째, 혼고라이 단계는 혼고라이 또는 호우라이 왕국이 존재했던 시기(14~18세기)에 해당한다. 17세기에 하카스인은 그 당시 몽골의 지배를 받고 있던 예니세이 키르기스의 땅 가운데에 '하카시야'를 세웠다. 키르기스인은 몽골의 지배를 받다가 후에 몽골 오이라트 부족의 연합체가 세운 중가르한국의 지배를 받았다.

셋째, 러시아 단계(18~19세기)는 하카스인의 러시아 통합과 관련 있다. 이

하카스 공화국 문장. 자작나무 줄기에 둘러 쌓인 표범은 공화국의 힘을 상징하고 윗부분의 노란색은 태양을 상징한다.

시기에 카친족 또는 하아스, 코이발족, 키질족, 사가이족, 벨티르족 등 소수민족들이 연합하는 과정이 완성되어 현재 우리가 알고 있는 하카스 민족이 형성됐다.

러시아인은 16세기부터 하카스인의 거주지에 들어오기 시작했다. 이때 키르기스인은 중가르한국의 지배에서 벗어나기 위해 러시아인과 협약을 맺었다. 양측의 최초 협약은 1604년 러시아가 톰스크 요새를 톰강 기슭에 세우면서 시작됐다.

그러나 이와 같은 협약은 이후 러시아 제국이 이 지역의 민족들을 복속시키는 결과를 낳게 된다. 러시아 제국에 하카스 땅이 편입되는 과정은 백 년 이상 지속되면서 하카스인은 힘겹고 고통스러운 삶을 살게 되었다. 18세기 전반기에 하카스인은 러시아 제국의 일원으로 들어갔고 러시아는 볼가강 중류 및 하류 지역과 시베리아 민족들에게 모피 등을 현물세로 받았다.

하카스에 대한 통치는 크라스노야르스크와 쿠즈네츠크의 군사 본부가 서로 나눠 했다. 19세기 동안 많은 하카스인이 러시아인의 생활방식과 정교를 받아들였다. 그렇지만 정교를 받아들이기 전에 믿었던 샤머니즘은 여전히 강한 영향력을 가지고 있었다.

그 다음이 소련 단계이다. 1905년 러시아 전역에 혁명 분위기가 무르익는 동안 하카스 사회에서 자치권 보장 운동이 일어났다. 소비에트 정부가 권력을 잡게 되면서 하카스 민족 지역이 만들어졌고 인근의 다양한 소수민족들은 인위적으로 하카스인으로 통합되었다. 하카스 민족 지역은 하카스 자치주가 되었고 1930년에 크라스노야르스크주의 일부가 되었다. 1991년 말에 하카스 자치주는 현재 러시아연방의 하카스 공화국으로 지위가 격상되었다.

계절마다 옮겨 다니는 사람들

하카스 마을의 기본 형태는 알리라고 하며 20세기 초까지 남시베리아에 대략 520개의 알리가 있었다. 하카스인은 유목 생활을 하므로 계절별로 머물면서 거주하는 지역이 있다. 히스타그라고 하는 겨울 거주지는 보통 강기슭에 위치한다. 강기슭 주변에는 보통 물과 숲이 있어 가축을 키우는 데 편하기 때문이다. 겨울 집은 담장이 있으며 그 중심에 유목민의 대표적인 집 형태인 유르타(유르트)가 있다. 유르타는 이동하기 간편한 천막집이다. 겨울 거주지 유르타 옆에는 창고와 목욕탕이 있다. 이 겨울 거주지에서 10월부터 3월까지

| 하카스 마을(자료: 하카스 공화국 공식 사이트 https://r-19.ru/)

| 20세기 초 나무 가옥 앞의 하카스 가족

산다.

　4월에 초원이 푸르러지면 하카스 유목민 마을은 봄 거주지인 차스타그
로 옮긴다. 차스타그는 보통 일찍 풀이 자라고 눈이 녹아 물이 풍부한 초원이
나 산골짜기에 있다. 가축은 여기서 새끼를 낳는다. 겨울 거주지에서 봄 거주
지까지 거리는 보통 10~30km이다.

　5월 중순에서 6월 초에 하카스인은 여름 거주지 차일라그로 옮긴다. 이
여름 거주지는 샘과 숲 옆의 시원한 장소에 배치되며 더위가 가시는 9월에 가
을 거주지 쿠스테그로 옮긴다. 가축은 여름 목장지에서 수확이 끝난 초원으
로 보낸다. 여기서 늦은 가을에 겨울 거주지로 돌아간다. 19세기에 하카스인
대부분이 목축업을 유목이 아닌 목장 형태로 바꾸면서 계절별 거주지는 변화

를 겪게 된다. 이때부터 일 년에 두 번, 겨울 거주지와 여름 거주지만 옮겨 다닌다.

하카스인의 기본 가옥은 유르타이며 하카스 말로 이브라고 한다. 정착과 유목 생활을 겸하는 반유목 경제와 사얀-알타이산맥의 자연조건에 아주 적합한 형태이다. 19세기 중반까지 하카스인의 집은 골조를 갖춘 둥근 형태의 이동형 이브였다. 이브는 좌우로 갈라지는 격자가 달린 벽, 돔 형태의 지붕인 우흐, 지붕 위의 연통 하라치로 구성된다. 지붕 우흐는 긴 막대기가 문과 벽의 격자에 고정된 형태이다.

19세기 중반부터 하카스인 사이에 정착형 나무 가옥이 널리 유행했다. 이러한 가옥은 6각형, 8각형, 10각형의 형태를 지닌다. 이동식 천막 형태와 비슷하게 지붕이 돔 모양이며 연통은 각 모서리에 있는 서까래에 고정되어 있다. 원뿔꼴의 지붕을 얇은 널빤지로 덮고 지붕이 바람에 날아가지 않게 짜갠 통나무를 층층이 붙여 고정했다.

하카스 집 내부 중심에 화로가 놓이고 그 위 지붕에 연기 구멍을 만들어놓는다. 화로는 진흙 받침대 위에 돌을 놓아 만든다. 여기에 철 삼발이가 놓이고 그 위에 큰 솥이 놓인다. 집의 문은 반드시 동향이어야 한다. 이는 하카스인의 일출 숭배와 연관되어 있으며, 동시에 서쪽에서 바람이 들어오는 것을 막기 위함이다.

모피를 활용한 전통 의상

하카스 전통 의복의 기본 형태는 남자의 경우 셔츠이고, 여자의 경우는 드레스이다. 봄과 가을에 젊은 하카스 여성은 가는 나사 천으로 만든 카프탄을

| 하카스 여성 | 하카스 여성용 식펜

| 겨울용 하카스 의복

| 전통 의상을 입은 하카스인

입었다. 카프탄은 우리나라의 두루마기와 유사하며 단추를 채우지 않는다. 이것을 식펜 또는 합탈이라고 한다. 남성 역시 식펜을 입는다. 식펜과 비슷한 긴 겉옷인 침체도 있다. 축제 때 입는 침체는 벨벳이나 비단으로 만든다. 남성은 겉옷 위에 반드시 허리띠를 매야 하며 왼쪽에 칼을 차고 등에는 부싯돌을 쇠사슬에 매달고 다닌다.

남성은 겨울에 입는 털 코트를 여름에도 종종 입고 다닌다. 말을 타고 다니기에 적합하기 때문이다. 주로 새끼 양가죽, 다람쥐와 여우 털로 만들지만 가장 많이 쓰이는 가죽은 양가죽이다. 털 코트는 솔기를 따라 색색의 줄무늬와 금실과 화려한 천으로 수를 놓아 장식한다. 남성 털 코트는 꽤 긴데, 뒷부분이 앞부분보다 더 긴 것이 특징이다. 허리띠에 3~7개의 삼각 천을 붙여 장식했다.

여성 역시 겨울에는 양가죽으로 만든 털 코트를 입었다. 여성의 외출용

털 코트와 긴 외투의 소매 밑에 작은 고리를 만들었다. 여기로 커다란 비단 손수건을 넣어 묶었다. 기혼 여성들은 손수건 대신 구슬로 수놓은 긴 비단가방을 매달았다.

전형적인 여성의 장식은 포고라는 가슴걸이이다. 둥근 뿔 모양 또는 반달 형태가 기본인 포고는 벨벳으로 만든다. 원 모양이나 다른 무늬의 자개단추, 산호나 구슬로 포고를 장식한다. 하카스 여성들은 자신의 딸이 결혼하기 전에 포고를 만들어준다. 포고는 세대 간의 다리 역할을 하는 동시에 여성의 풍요와 자손을 보호하는 부적과 같은 기능을 한다.

결혼 전에 하카스 여성은 가죽으로 만든 뼈 모양 장식을 머리에 하고 다녔다. 기혼 여성은 두 갈래로 땋은 머리를 했으며 나이 든 여성은 세 갈래의 머리를 하고 다녔다. 사생아를 가진 여성들은 하나로 땋은 머리를 하고 다녀야 했는데, 남성들도 이와 같은 머리를 하고 다녔다.

가축에게서 식재료를 얻는 하카스인

하카스인은 자신의 집에 찾아온 그 어떤 사람에게도 먹는 것에 인색한 법이 없다. 하카스인은 풍요롭지는 않지만 자연에서 얻은 것을 나눌 줄 아는 민족이며, 인간에게 가장 기본이 되는 것에 대한 중요성을 아는 민족이다.

기본적으로 하카스의 음식은 목축업을 하는 다른 남시베리아 민족처럼 고기와 우유, 빵, 곡물 음식, 감자와 채소, 야생 고기와 조류, 생선, 열매와 다양한 음료수로 이루어져 있다. 특히 하카스인에게 고기는 모든 음식의 기본이며 이 음식을 요리하는 과정은 중요한 일이다.

하카스인은 주로 양고기를 먹는데 우그레라는 수프와 믄이라는 삶은 고

기를 넣은 다양한 고깃국을 먹는
다. 유목 생활을 하는 그들에게
고깃국은 힘겨운 생활을 버틸 수
있게 하는 자양분이다. 우그레
중에서 가장 유명한 것은 곡물
수프 차르바 우그레와 귀리 수프
코체 우그레가 있다.

하카스 공화국에서 열리는 아이란 축제(자료: 하카스 공화국 공식
사이트 https://r-19.ru/)

가장 좋아하는 명절 음식 중
하나는 순대와 비슷한 소시지 한
-솔이다. 이것은 가축을 잡을 때 반드시 준비하는 요리이다. 견과류를 소로
넣은 만두와 비슷한 미레크, 잣죽인 톳차흐 포트히тотчах потхы 는 중요한 날
에 먹는 음식이다. 그 외에 방아로 찧은 고사리와 나리의 마른 뿌리로 우유죽
을 만들었고 둥근 빵을 구웠다.

탈간은 하카스 전통 음식 중 하나이며 오랜 유목 생활에 고기 이외에 먹는
보양식으로 아이와 노인, 병자에게 특히 효과적인 건강식이다. 우리 음식에
비유한다면 몸에 좋은 음식들이 다양하게 들어간 영양죽과 같은 역할을 한다
고 볼 수 있다. 탈간은 하카스 말로 '황금 씨앗'이란 뜻이며 주로 밀과 보리로 만
든다.

가장 애용하는 음료는 아이란으로, 발효된 우유로 만든다. 우유를 발효시
키기 위해 가죽 통에 신 우유나 버터를 만들고 남은 찌꺼기를 넣는다. 그런 다
음 방앗간에서 빻은 치즈를 더한다. 신 우유가 담긴 가죽 통은 말의 안장에 매
달고 발효될 때까지 가지고 다녔다. 아이란은 나무통에 저장했으며 명절 때
나 손님 접대, 여러 행사에 이용된다.

새해맞이 축제 칠 파지

칠 파지('일 년의 머리'라는 의미)는 3월 22일에 맞는 새해맞이를 의미하며 춘분을 기념하는 날이다. 봄이 모든 것의 시작이자 탄생을 의미하기 때문에 이때 새해맞이 축제를 연다. 하카스인에게 이날은 천지창조의 아침이며, 자연탄생의 아침, 일 년의 아침이다. 새해 칠 파지는 하카스 축제와 의례에서 독특한 자리를 차지한다. 겨울은 유목민의 생활에서 가장 힘겨운 시기이다. 혹독한 추위와 강한 바람에 시달려야 하고, 가축과 사람이 먹을 식량도 부족하다. 그러므로 칠 파지는 겨울의 끝과 봄의 시작이며 유목민들에게는 힘겨운 시기가 끝나고 풍족한 희망의 시기가 도래함을 의미하는 것이다.

이 시기가 되면 집 안을 청소하고 낡은 옷을 고치거나 새 옷을 입는다. 이때 집 안에서 그 어떤 말다툼도 해서는 안 되며 모두 친지들에게 즐거움을 주려 노력하고 가능한 노인들의 삶을 편안하게 하려 애쓰며 아이들에게 조금 더 많은 관심과 따뜻함을 선사해야 한다. 새해 식탁에는 반드시 신선한 고기와 유제품이 놓인다. 새해 정찬이 시작되면 서로 새해를 축하하고 선물을 교환한다. 하카스말로 "나아 칠난!"은 "새해 복 많이 받으세요"이다.

이날의 특별한 행사는 성스러운 나무인 자작나무 주위에 3개의 모닥불을 두는 것이다. 동쪽에 성스러운 모닥불을 두고 더 나은 삶을 타오르는 불 곁에서 빈다. 남서쪽의 모닥불은 요리용 불이다. 축제음식으로는 보통 양고기를 준비한다.

북서쪽에는 검은 찰라마를 태우기 위한 특별 모닥불을 둔다. 찰라마는 특별히 만든 리본이다. 검은 색 외에도 하얀색, 붉은색, 파란 리본도 사용된다. 검은 리본은 지난해에 있었던 불행, 병의 수에 따라 매듭을 지어서 성스러운

| 찰라마. 나무에 리본을 달면서 새해 소망을 기원한다(자료: 위키미디어 ⓒ Saianatsoi)

불에 태운다. 이로 인해 지난해의 모든 불행을 보내고 새해에는 기쁜 일만 가득하길 비는 것이다. 남은 찰라마는 소원을 담아 성스러운 자작나무에 매단다. 하얀 리본은 일이 순조롭게 되는 것을 의미하며 붉은색은 태양, 온기, 생명, 충족의 상징이다. 파란색은 깨끗한 하늘, 하늘 세계와 연관된다.

하카스인의 지금 그리고 여기

하카스인은 시베리아의 다른 소수민족에 비해 그 수가 적지 않으나, 점점 인구가 줄어들고 있다. 게다가 한 민족의 정신이라고 할 수 있는 언어도 소멸 위기에 놓여 있다. 이미 러시아화되어 가는 하카스인이 언제 사라질지는 알 수 없는 일이다. 젊은 하카스인들이 언어와 전통문화를 보존하려는 움직임을 보이고 있지만 러시아인과 하카스인이 계속해서 섞일 경우, 이러한 노력은 세월이 갈수록 힘들어질 수밖에 없다. 그런데도 하카스인은 하카스 공화국을 기반으로 전통문화를 지키려는 노력을 멈추지 않는다. 하카스의 전통문화는 시베리아라는 공간에서 살아왔던 민족들의 과거를 밝히는 데 중요한 자료가 된다는 점에서 큰 의미가 있다.

| '하카스 차세대 축제'에 참여한 하카스 젊은이들(자료: 하카스 공화국 공식 사이트 https://r-19.ru/)

알타이인
'황금 산'의 주인

엄순천

명칭 Altai(영어), Алтайцы(러시아어)
인구 러시아 내 74,233명, 알타이 공화국 내 68,814명, 알타이주 내 1,763명
위치 알타이 공화국, 알타이주
언어 러시아어, 알타이어
문화적 특징 사냥, 농경, 가축 사육을 주로 하며, 강 주변 계곡에서 마을 단위로 생활한다.

| 알타이 공화국의 수도 고르노-알타이스크 모습(ⓒ 김선래)

　알타이는 우리에게 매우 친숙한 단어이다. 한국어가 알타이어계에 속한 다는 가설 때문이다. 그래서 알타이라는 말의 의미는 몰라도 알타이인이 우리와 무척 유사한 사람, 혹은 우리와 뿌리를 같이하는 사람이라는 생각이 늘 한국인의 의식 속에 각인되어 있었다. 그렇다면 알타이에는 어떤 의미가 담겨 있을까? 알타이는 고대 튀르크어로 '아름다운 금', 몽골어로는 '황금 산'이라는 의미이다. 그래서인지 '황금 산의 주인'인 알타이인은 자신을 알타이 사람, 즉 황금 산의 사람이라는 의미로 알타이 키지라고 부른다.

　그렇다면 알타이인은 누구인가? 사실 시베리아의 다른 토착 민족과는 달리 알타이인이라는 독립적인 민족은 존재하지 않는다. 알타이인은 북빙양, 태평양, 인도양을 세모꼴로 연결할 때 가장 중앙에 놓이는 알타이산맥과 그 인근 평원에 거주하는 여러 민족을 통합하는 개념이다. 따라서 알타이인은 구성이 매우 복잡하다. 하지만 알타이인이라는 하나의 민족 범주로 묶을 수

| 20세기 초 알타이인의 모습(자료: 위키미디어 Sergei Ivanovich Borisov)

있을 만큼, 이들은 문화, 언어, 관습 등에서 많은 공통분모를 가지고 있다.

북알타이인과 남알타이인

알타이인은 기원에 따라 우랄계 출신의 북알타이인과 중앙아시아 및 시
베리아 남부 출신의 남알타이인으로 나누어진다. 북알타이인에는 투발라르
인 혹은 투바 키지인, 쇼르인, 첼칸인 혹은 레베딘인, 쿠만딘인이 포함되며,
남알타이인에는 알타이 키지인, 텔렌기트인, 텔레우트인이 포함된다. 북알타
이인은 고대 튀르크계 민족인 위구르인, 키막-킵차크인, 예니세이 키르기스
인, 오구즈인 등에 기초하여 형성되었으며, 사모예드인, 케트인, 위구르인도
영향을 주었다. 남알타이인은 유목 생활을 하는 튀르크계 민족인 텔레인과
투구인, 튀르크 제국(552~745), 위구르 제국(745~840), 키르기스 카가나트 제국
(8~13세기 초)의 주민을 중심으로 형성되었다. 남알타이인의 경우 13세기와
15~18세기 몽골인과의 융화 과정이 매우 활발하게 이루어져, 남알타이인 중
에는 몽골계 혼혈인이 상당수 존재한다. 북알타이인과 남알타이인은 공통의

문화 요소도 가지고 있지만 언어, 관습, 문화적 차이가 뚜렷하다.

현재 알타이인은 주로 러시아의 알타이 공화국, 알타이주, 케메로보주, 몽골 서부, 중국의 신장 위구르 자치구에 거주한다. 2010년 러시아 인구조사 결과에 의하면 러시아에 거주하는 알타이인은 7만 4238명이었다. 이 중 6만 2192명은 알타이 공화국에, 1880명은 알타이주에 거주한다. 알타이인의 절대 다수가 알타이 공화국에 밀집되어 있는 것이다.

언어학적으로 중요한 알타이어

알타이어는 알타이어계 튀르크어군 동부훈파에 속하며 남부와 북부 방언으로 나누어진다. 고대 알타이인에게는 문자가 없었다. 19세기부터 러시아 키릴 문자에 기초한 문자 체계를 만들어 사용하고 있다. 1923년부터는 알타이 키지어를 표준어로 채택했는데, 현재는 알타이어와 함께 러시아어가 공용어로 사용된다. 튀르크어계 민족 중 언어적으로 알타이인과 가장 가까운 민족은 서(西)투바인, 하카스, 키르기스인, 아시아 북부의 위구르인, 캅카스 지역의 카라차이인과 발카르인이다.

알타이어는 언어학적으로 매우 중요한 언어로 간주된다. 첫 번째 이유는 알타이어가 알타이어계에 속하는 튀르크-몽골어파, 만주-퉁구스어파, 한국어-일본어파를 분류하는 기준이 되기 때문

라틴 문자에 기초한 알타이 문자(1929~1938년)
(자료: Kьzьl Ojrot, №35, 1929)

이다. 두 번째 이유는 알타이어가 고대에 알타이어계에 속하는 민족들이 다른 언어 계통의 민족들과 교류했다는 중요한 증거 자료가 되기 때문이다. 알타이 지역은 아시아 민족들의 형성에서 중요한 역할을 했으며, 중앙아시아 여러 문명의 접합점이었기 때문에 알타이어에서는 알타이어계와 무관한 단어들이 종종 발견된다. 따라서 수천 년 동안 수많은 민족과 언어들의 교착지였던 알타이와 알타이어는 현재 인류학적, 민족지학적, 언어적으로 아주 중요한 위치에 놓여 있다.

알타이인의 색채 개념

색은 민족의 인지를 반영하는 중요한 척도이다. 같은 색이라도 민족에 따라 의미가 다르거나 민족마다 중요하게 생각하는 색채가 다르다. 알타이인은

| 초록 알타이를 상징하는 알타이 삼림 지대(ⓒ 김선래)

초록색, 흰색, 황금색을 소중하게 여기며 알타이 지역을 세 가지 혹은 네 가지 색으로 인지한다. 초록 알타이는 산악 알타이 지역의 대부분을 차지하는 삼림지대이며, 백색 알타이는 시베리아에서 가장 높은 산인 벨

| 벨루하산(자료: 위키미디어 ⓒ Stefan Kühn)

루하산(4506m)을 중심으로 신성한 만년설이 덮힌 지역과 알타이의 하늘을 가리킨다. 황금 알타이는 특정 지역을 가리키는 것이 아니라 알타이에 풍부하게 매장되어 있는 황금이나 그와 관련된 사물들을 가리킨다. 검은 알타이라는 표현도 있다. 이 역시 구체적인 어떤 장소가 아니라 죽은 사람의 영혼이 머무는 저승을 의미한다.

알타이인의 다양한 전통 생업

북알타이인의 전통 생업은 사냥, 가축 사육, 농경, 어로, 채집, 가내수공업, 철 수공업, 직물 제조 등이다. 이 중 사냥을 가장 중요하게 생각했다. 알타이인은 주로 발굽 있는 동물을 사냥해왔다. 그런데 17세기 초 시베리아에 등장한 러시아인이 모피, 특히 가장 비싼 가격으로 매매됐던 흑담비 가죽을 현물세로 받기 시작하면서 알타이인도 흑담비 사냥에 주력했다. 계속되는 사냥으로 흑담비의 수가 급감한 이후에는 청설모 사냥에 전념했다.

북알타이인은 오래전부터 철 다루는 솜씨가 뛰어났다. 이들이 철을 이용해 만든 것은 주로 무기였다. 그러나 러시아 행정당국의 제재로 이들의 철 수공업 발전은 주춤해졌다. 또한 18세기 말부터 러시아인이 알타이 북부 지역에서 제철 공업을 발전시키면서 알타이인은 철 수공업을 그만 두었다.

북알타이인의 생업에서 가축 사육도 중요한 위치를 차지한다. 이들은 주로 양과 말을 사육했는데, 가끔 소와 같이 뿔 달린 큰 동물을 기르기도 했다. 북알타이인은 철 다루는 솜씨가 뛰어났던 만큼 괭이나 쟁기 등 철제 농기구를 사용해 농사도 지었다. 주요 작물은 보리였다. 여자들은 직물을 제조했고 옷과 신발을 만들었다.

남알타이인은 전통적으로 반半정착생활을 하면서 말과 뿔 달린 동물을 사육했고, 산악 타이가와 초원 지역에서는 사냥과 농경에 종사했다. 남알타이인은 북알타이인 만큼 철 다루는 솜씨가 뛰어나지 않아서 철제 농기구 사용이 서툴렀으며, 이들의 농경은 원시적인 수준이었다.

하지만 사회의 변화와 함께 알타이인의 생업에도 변화가 찾아왔고, 사냥이나 농경에 종사하는 알타이인의 비율은 대폭 감소했다. 그러나 알타이산맥의 오지에는 아직도 꿋꿋이 과거의 풍습을 지키면서 전통 생업에 종사하는 알타이인들이 남아 있다.

말과 스키를 타고 다녔던 알타이인

알타이인의 이동 수단은 지역의 생산양식에 따라 달라진다. 가축 사육에 종사하는 지역에서는 말이 주요한 이동 수단이었다. 타이가 지역에서는 여름에는 걸어 다니고 겨울에는 스키를 타고 다녔다. 썰매는 러시아인과 인접해서 생활하는 알타이 북부와 중부 지역의 알타이인들만 사용했다.

짐을 옮길 때는 바퀴가 2개이고 높이가 낮은 타라타이카(아브라)라고 불리는 썰매를 사용했다. 북알타이인은 겨울에 사냥 도구나 사냥감을 옮길 때 천막을 친 나무 썰매를 이용하거나 말가죽으로 만든 자루에 넣어 눈 위로 끌고 다녔다.

여름에도 모피를 입었던 알타이인

남알타이인과 북알타이인의 의복은 비슷하지만 지역에 따라 차이가 있다. 남알타이인의 남성용, 여성용 웃옷은 모두 소매가 넓고 앞깃에는 여밈 단추가 없다. 바지는 통이 넓은데, 일반적으로 직물로 만들지만 가끔 동물 가죽으로 만들기도 한다. 여기에 발꿈치까지 오는 긴 양털 모피를 겉에 걸치고 천으로 만든 넓은 띠로 허리를 여민다.

모피는 겨울뿐만 아니라 여름에도 입는다. 여름에는 가끔 모피 대신 형형색색의 크고 넓은 깃을 댄 헐렁한 옷을 걸치기도 한다. 이러한 여름용 겉옷은

| 알타이인의 다양한 전통 의상(ⓒ 김선래)

나사 천이나 직물로 만든다. 여자들은 모피나 웃옷 위에 선명한 색의 천으로 가장자리를 장식하고 여밈 단추와 팔 부분이 없는 긴 옷을 걸치기도 한다. 신발은 길고 부드러우며 굽이 없는 장화를 선호한다. 모자는 원추 모양이나 원 모양이며 색깔 있는 부드러운 천으로 만드는데, 검은 색 양털 모피를 가장자리에 덧댄다.

북알타이인의 의복은 재질과 재단법에서 남알타이인의 의복과 다소 차이가 난다. 북알타이인은 직물 만드는 법을 알았고 삼베와 쐐기풀로 만든 실로 옷을 지을 줄 알았다. 북알타이인은 이를 이용해서 긴 웃옷과 바지, 그리고 활동하기 편한 헐렁한 겉옷을 만들었다. 북알타이인은 옷깃과 소매의 가장자리는 색깔 있는 실로 장식했다. 여자들은 머리에 스카프를 둘렀다.

사냥할 때 입는 옷은 평상복과 달랐다. 사냥할 때는 무릎 위까지 내려오는 두꺼운 웃옷과 모피 바지를 입었다. 20세기 초 러시아산 직물이 유입되면서 알타이인은 전통 의복보다는 러시아식 의복을 선호했는데, 이는 러시아인과 가까이 사는 지역의 알타이인에게 더 강하게 나타나는 현상이었다.

육류와 유제품을 선호하는 알타이인

알타이인은 전통적으로 생선, 말린 고기와 생고기, 식물 뿌리와 줄기 등을 식재료로 사용했다. 알타이인은 여전히 육류와 유제품을 선호한다. 고기는 주로 수육으로 먹지만 고기 수프도 자주 끓여 먹는다. 고기 수프는 보통 여러 곡물을 넣어서 만드는데, 가장 널리 이용되는 곡물은 보리이다. 양과 말의 내장으로 다양한 음식을 만들어서 먹기도 한다. 유제품 중에서는 치즈가 가장 사랑받는다. 암말의 젖으로는 쿠미스라는 유제품을 만든다.

과거 알타이인의 식생활 양상은 계층별로 많은 차이가 있었다. 알타이 지역은 농경이 발달하지 않았기 때문에 곡류를 섭취하는 것이 그리 쉬운 일이 아니었다. 부유한 계층은 매일 육류와 곡류를 먹고 다양한 유제품과 단 음식을 먹었다. 그렇지만 빈민층은 그렇지 못했다. 중간계층은 유제품을 즐겨 먹지만 가공하지 않은 우유는 그냥 마시지 않고 차에 넣어서 마셨다. 거기에 보리 가루도 섞어 마셨다. 빈민층은 야생에서 자라는 나무나 풀뿌리로 만든 차를 주로 마셨다.

강 주변 계곡에서 살던 알타이인

알타이인은 전통적으로 강 주변의 계곡에서 마을 단위로 생활했다. 마을은 여러 곳에 흩어져 있다. 마을 안의 집들은 인접해 있는 것이 아니라 서로 상당히 떨어진 곳에 위치해 있었다. 한 마을당 집은 통상 10채를 넘지 않았다.

알타이인의 주거 양식은 지역에 따라 차이가 두드러졌다. 이는 주거 지역의 자연환경, 정착 생활의 정도, 생업이 다르기 때문이다. 남알타이인은 펠트 천으로 만든 격자무늬 이동 천막이나 자작나무나 낙엽송 껍질로 만든 집에서 거주했다. 첼칸 그룹과 아일루 그룹은 통나무와 판자로 정방형의 집을 만들었다. 이들은 집 내부에 수직 기둥을 세우고 겉은 나무껍질

| 알타이 공화국의 카툰강(ⓒ 김선래)

로 덮었다. 그리고 집 중앙에는 개방형 화
덕을 설치했다. 화덕에서 나오는 연기는 지
붕의 틈 사이로 빠져나가게 했다.

19세기 중반부터는 통나무로 틀을 잡
고 자작나무, 나무껍질, 얇은 널빤지를 덮
은 다각형의 집이 유행했다. 20세기 초부
터 전통 생업에 변화가 일어나면서 주거
양식도 바뀌었다. 러시아식 가옥처럼 마
루, 창문, 페치카(벽난로)가 있는 통나무집
이 널리 유행했다. 지역 유지들은 철을 사
용해 만든 이층집에서 거주하기도 했다.
가축우리나 창고도 이와 유사한 형태로 바
뀌어갔다.

| 알타이 지역의 자작나무 가옥(ⓒ 김선래)

알타이인의 가정과 교육

알타이인 가정은 전통적으로 아버지, 어머니, 자녀들로 구성된다. 때때로
아버지나 어머니의 형제자매 혹은 그들의 자녀들이 포함되기도 하며 부모가
없는 고아가 들어가기도 한다. 따라서 알타이인 사회에서 1인 가정은 아주 드
문 현상이다. 결혼 전까지 아이들은 전적으로 부모의 영향 아래 놓이게 되지
만 결혼 후에는 부모로부터 독립하여 독자적인 가정을 꾸린다. 하지만 중요
한 문제를 결정해야 할 경우 가장 먼저 부모의 조언을 구한다.

알타이인은 자녀 교육을 중요시하는데, 특히 정신적·도덕적인 측면을 강조한다. 알타이인이 생각하는 도덕적인 가치란, 명예, 웃어른에 대한 공경, 타인 돕기, 타인의 불행에 대한 연민, 타인의 소유물을 탐내지 않는 마음, 정의, 양심 등을 말한다. 사실 이는 인류 보편적인 가치이지만 알타이인은 이를 생활 속에서 완벽하게 체현하고 이해하여 다음 세대에 전승한다. 바로 이것이 알타이인의 힘이라고 할 수 있을 것이다.

샤머니즘이 뿌리 깊은 알타이 사회

알타이인의 전통 종교는 샤머니즘이다. 러시아인이 시베리아에 출현한 17세기 초부터 러시아인의 영향으로 일부 알타이인이 기독교로 개종했지만 그 비율은 미미했다. 20세기 초부터는 부처라는 의미의 몽골어 부르한에서 차용한 부르하니즘이라는 종교가 널리 전파되었다. 부르하니즘은 샤머니즘의 한 부류로, 기독교, 티베트-몽골 불교가 결합되어 있다. 2008년 조사에 의하면 알타이인의 81%는 부르하니즘을 믿는 것으로 나타났다. 러시아 정교는 10.7%, 샤머니즘은 5.3%, 불교는 2.2%였다. 이처럼 알타이인은 시베리아의 다른 토착민과 비교할 때 전통 신앙을 고수하려는 경향이 더 강하다.

| 알타이 샤먼의 북(ⓒ 김선래)

전통적으로 알타이인은 선을 주관하는 신인 울리겐과 악을 주관하는 신인 에를리크가 관장하는 여러 신이 세계를 다스린다고 믿는다. 알타이인은 이 두 신에게 말을

제물로 바친다. 의식이 끝난 뒤 말고기는 참가자들이 나누어 먹고 가죽은 장대에 펴서 제물을 바쳤던 곳에 놓아둔다. 알타이인은 개인적인 염원보다는 민족 전체 염원에 더 큰 의미를 부여하며 하늘, 산, 물, 상징성이 있는 자작나무를 신성시한다.

| 알타이 샤먼 의상(ⓒ 김선래)

알타이인의 신앙에서 자연의 신인 에에지는 중요한 위치를 차지한다. 알타이인은 물의 신인 수그 에에지는 화를 내지 않지만 이 신을 본 사람은 머지않아 죽음을 맞이한다고 믿는다. 알타이의 신인 알타이 에에지는 노인이나 아가씨의 모습을 하고 있으며 사냥이 잘 되도록 도와준다. 산의 신인 타그 에에지도 성공적인 사냥을 도와준다. 알타이인은 이러한 신들이 노래, 이야기, 시를 듣는 것을 좋아한다고 믿는다. 그래서 최근까지도 알타이인은 사냥에 나설 때 이야기꾼을 대동했다. 이러한 이유에서인지 알타이인에게는 고대부터 무척 다양하고 풍부한 이야기, 노래, 시가 전해지고 있다.

계절에 따라 축제를 즐기는 알타이인

알타이인의 축제는 전통적으로 생산 주기와 사계절의 흐름에 맞추어 거행되었다. 여름이 시작될 무렵 초록 잎이라는 의미의 다아질 뷰르 축제가 열린다. 이 축제는 초여름 만월이 뜰 때 열리는데, 이때쯤 마을은 초록 숲으로 덮인다. 사람들은 목장에 있던 가축들을 들판에 풀어놓고 그 해 첫 우유를 짠다. 알타이인이 이 축제를 개최하는 이유는 겨울을 무사히 지나온 데 대한 감

| 알타이 전통 신앙의 흔적(ⓒ 김선래)

사의 마음을 전하기 위해서이다. 가을에는 황금 잎이라는 의미의 세리 뷰르 축제가 개최되는데, 이 축제의 목적은 봄의 축제와는 반대로 겨울을 무사히 보낼 수 있게 해달라고 기원하기 위한 것이다.

알타이인은 음력으로 새해를 맞이한다. 새해가 되면 알타이인은 곧 다가 올 봄에 대한 기대감으로 들뜬다. 특히 새해는 12, 24, 36, 48, 60, 72세가 되는 사람들에게 중요한 의미를 가진다. 새해맞이 축제인 차가 바이람은 2월 말~3월 초에 열린다. 이른 아침부터 태양과 알타이산맥에 대한 기도 의식이 수행된다. 그리고 특별히 마련된 제단에 유제품을 바치고 모닥불을 피워 무 사 안녕을 기원하는 의식이 이어진다. 의식이 끝나면 다양한 문화 행사와 스 포츠 경기가 진행된다.

'엘 오인' 축제는 고대에 한 곳에 정착하지 못하고 여러 곳을 떠돌아다녔 던 알타이인의 선조들을 기리기 위한 것이다. 엘 오인 축제는 민중 축제로 알 타이 전역에 흩어져 있는 알타이인이 모두 참가해 함께 즐기는데, 이 축제를 통해 알타이인은 잃어버린 알타 이인의 정신적 가치를 되새긴다. 이 축제에는 여러 지역에서 온 알타이인들의 스토리텔링 대회, 가장행렬, 전통 의상 전람회, 수공예품을 전시하고 파는 장터 등 다양한 행사가 열린다. 다양한 스포츠 경기도 펼쳐지는데, 말타기 경주가 하이라이트이며 낙타 경주도 함께 이루어진다.

엘 오인 축제에서 말 경기를 즐기는 사람들
(자료: Национальный акцент http://nazaccent.ru/)

알타이는 여러 민족이 거쳐 간 지역인 만큼, 알타이인도 특정 민족의 특징을 가지고 있다기보다는 여러 민족의 특징을 두루 가지고 있다. 이러한 점에서 알타이인의 기원이나 문화적 특성을 파악하는 일은 무척 힘들지만 이런 식으로 하나하나 파헤쳐 가다보면 언젠가는 알타이인에 대해 온전히 이해하게 되는 날이 올 것이다.

투바인
아시아의 중심에 사는 민족

김태옥

명칭 Tuvans(영어), Тувинцы(러시아어)
인구 러시아 내 263,934명, 투바 공화국 내 249,299명
위치 투바 공화국(바이칼호수 남서부, 몽골 북부)
언어 러시아어, 투바어
문화적 특징 몽골, 부라트, 알타이, 러시아의 다양한 요소가 복합적으로 혼재하고 있다.

투바 공화국은 한반도 면적의 3/4 크기에 해당하지만, 인구는 겨우 30만 명을 웃돌고 있다. 여름 평균 기온 25~35℃, 겨울 평균 기온 -30~-40℃에 이르는 건조한 대륙성 기후대인 투바 공화국은 러시아를 이등분하는 예니세이강의 발원지이자 푸틴 러시아 대통령이 웃옷을 벗어 던지고 건장한 육체미를 뽐내며 낚시를 즐기는 모습이 자주 연출된 곳으로 유명하다. 하지만 드넓은 투바 분지를 둘러싸고 있는 시베리아 최대의 사얀산맥(혹은 소연산맥)이 현재까지도 투바를 외부 세계로부터

| 오벨리스크 '아시아의 중심'(자료: 위키미디어 ⓒ Agilight)

단단히 차단하고 있어 여전히 투바는 많은 사람들에게 21세기의 오지, 미지의 세계로만 존재한다.

작은 예니세이강과 큰 예니세이강이 합류하는 지점인 투바 수도 키질 Кызыл에 소비에트 편입 20주년(1964년)을 기념하여 오벨리스크 '아시아의 중심'이 설치됐다. 러시아 전체 인구의 0.18%밖에 되지 않는 투바인들로 하여금 자신들이 아시아의 심장부에 살고 있다는 세계관을 심어주는 곳, 투바는 그렇게 낯선 이들의 이목을 집중시킨다.

투바인의 기원

과거 우량하이, 소요트, 소욘, 탄누-투바(탄누는 '높은, 높은 산이 있는'이란 의미)
라 불렸던 투바인은 스스로를 티바-키지Тыва кижи라고 불렀다. 자신 이외의
다른 부족들을 가리킬 때는 '다른 뼈로 만들어진 사람들'이라는 용어를 사용
하여 일반화시켰다. 고대로부터 우랄계와 알타이계, 튀르크계, 몽골계, 사모
에드계, 케트계의 다양한 민족들이 섞여 살아온 투바 공화국은 튀르크족 통
치 기간이 길어지면서 점차 튀르크화 되어갔다.

수도 키질에서 북쪽으로 60km가량 떨어진 우육강 계곡과 예니세이강 지
류의 고원 지대에서 거대한 쿠르간(무덤) 지대가 발견됐다. 이 무덤 지대가 가
리키는 '왕가의 계곡'은 화려했던 스키타이 시대(혹자는 스키타이 이전 시기로 추정)
의 황금 문명을 여실히 보여주는 장소로 러시아뿐 아니라 세계 역사학자들과
고고학자들로부터 초미의 관심사로 떠오르고 있다. 왕가의 계곡에서 발굴된
가장 큰 쿠르간은 이 인근 마을 아르쟈안의 이름을 따서 붙여졌다. 아르쟈안
-1과 아르쟈안-2에서 발굴된 유
물들은 투바 고대 문명의 상징으
로 자리하고 있다.

지름이 120m에 이르는 아르
쟈안-1은 기원전 8~9세기에 만
들어진 것으로 추정된다. 1971~
1974년 발굴 당시 부족의 지도자
와 그의 아내를 포함하여 총 17
명에 해당하는 인골과 160마리

| 투바의 아이들(ⓒ 김태옥)

| '왕가의 계곡' - 아르쟈안의 모습(자료: 위키미디어 ⓒ Zamunu45)

의 말 뼈, 다량의 금장식들이 출토되었다. 쿠르간의 길이가 80m에 이르는 아르쟈안-2는 기원전 7세기경의 것으로 2001~2004년 독일과 러시아가 공동으로 발굴을 진행했다. 여기서는 600여 점에 이르는 금 세공품이 출토되었는데, 그 전체 무게만도 20kg을 웃돌았다. 각종 머리 장식, 구슬, 옷과 신발, 활과 화살을 넣었던 통들이 모두 황금으로 장식되어 있었으며, 그 외에 철로 된 무기류, 은 장신구, 동전들이 다량 발굴되었다. 이 유물들은 부유했던 당시 지도자의 재력과 생활상을 보여주는 것으로 대부분 현재 상트페테르부르크의 에르미타시 박물관에 소장되어 있으며, 일부만 투바 국립박물관에 전시되어 있다. 에르미타시 박물관의 지휘 아래 이제 겨우 흙먼지만 털었을 뿐인데도 이 지역에서 발굴되고 있는 유물의 양과 가치가 특별하고 대단하여 러시아 내에서는 이집트 파라오의 무덤을 가리키는 용어 '왕가의 계곡'에서 이름을 빌려 이 쿠르간 지대를 지칭하고 있다.

투바인의 역사

투바인은 기원전 1세기부터 흉노, 선비, 돌궐 등의 지배를 받아왔다. 이후 돌궐을 무너트린 튀르크계 위구르족(744~840년)이 투바에 요새와 요새를 석벽과 토담으로 연결하는 특별 방어 체계를 구축했다. 투바 북서부 사얀 협곡에는 '칭기즈 칸의 길'이라는 인공 제방이 있다. 사실 이것은 명칭이 그럴 뿐 몽골의 칭기즈 칸과는 전혀 관계없다. 위구르족은 이 건축물을 통해 약 15개 요새를 하나의 단일 방어 체계로 구축하여 미누신스크 분지에서 넘어오는 고대 키르기스인들의 공격을 막아냈다.

투바 남부의 테레-홀호수에 있는 요새 포르-바진은 진흙으로 만들어진 건물이란 뜻으로, 1891년 발견되었고 8세기경 축조된 것으로 추정되고 있다. 포르-바진은 앞서 언급한 인공 제방의 구조적 특성을 완벽하게 보여주는 대표적인 유적이라고 할 수 있다. 세계에서 유례를 찾아보기 힘든 고고학적 가치를 지닌 이곳은 투바 출신의 현 러시아 국방부 장관 세르게이 쇼이구의 지원을 받아 러시아연방 문화유산으로 지정되었다.

이 시기에 만들어졌던 또 하나의 대표적인 유물로는 키지-코제Кижи-кожээ라 불리는 석인상이 있다. 양손으로 그릇을 붙들고 의식을 행하고 있는 전사의 모습을 한 이 유물은 투바의 초원 지대와 여러 계곡에서 약 200여 개 정도가 발견되었다. 투바인은 키지-코제가 악으로부터 자신을 보호하고 이로움을 가져다주는 존재라고 믿는다. 그중에서도 키질 서남부 300km 거리의 비직티그-하야라는 마을의 키지-코제는 칭기즈 칸이라 불리며, 관리 상태가 양호하여 투바와 관련된 각종 책자의 표지에 등장하기도 한다. 물론 앞서 언급했듯이 몽골의 칭기즈 칸과는 무관하다.

| 투바 공화국 수도 키질의 모습(자료: 위키미디어 ⓒ Валерий Иргит)

　　투바는 1207년 칭기즈 칸의 장남 주치가 등장하면서 몽골 제국의 지배를 받았고, 14세기 몽골 제국 붕괴 이후 1758년까지 북원, 중가르한국 등에 편입되었다. 이후 청나라의 지배를 받아오던 투바는 1912년 청 왕조가 붕괴되면서 청의 압박에서 벗어났다. 당시 투바를 다스리던 지역 지도자들은 독립의 길을 갈 것인가, 몽골 제국으로 들어갈 것인가, 아니면 러시아의 일원이 될 것인가를 두고 논쟁을 벌였다. 결국, 투바는 1914년 4월 17일부터 예니세이현 우랑하이 변강이라는 행정단위로 러시아의 보호를 받게 되었고, 1918~1921년 사이 러시아 차르 군대와 격돌한 소비에트 적군의 승리로 러시아 제국으로부터 독립하여 '탄누-투바 인민 공화국'으로 다시 태어났다. 이후 1944년 10월 러시아 내 자치주로 편입되었고, 1961년 10월에 투바 자치공화국으로 승격되었다가, 1992년 러시아연방 투바 공화국이 되어 현재에 이르고 있다.

라마승이 샤먼과 혼인하는 곳

투바의 공식적인 종교는 17세기경에 들어온 라마교지만, 투바에는 애니미즘, 토테미즘, 샤머니즘, 조상 숭배, 러시아 정교 등이 혼재되어 있다. 투바에 라마교가 처음 보급되었을 당시 투바인은 라마교를 황색 신앙이라 칭하며 천대했고, 자신의 샤머니즘을 라마교와 구분 짓기 위해 검은 신앙이라고 불렀다. 19세기 말~20세기 초에 들어온 러시아 정교는 흰색 신앙으로 불린다.

투바인이 정령들과의 접촉이 가능한 장소라고 믿는 예니세이강 우측 도게에산 정상에는 세계에서 가장 큰 120m 길이의 '옴 마니 파드메 훔'이라는 라마교 만트라가 새겨져 있다. 투바인들은 하루에도 몇 번씩 그곳을 바라다본다. 1992년에는 달라이 라마 14세가 직접 투바를 방문하기도 했다. 라마승들이 샤먼들과 함께 투바의 각종 전통 의식을 집전한다는 사실을 고려한다면, 라마교 또한 이제는 투바의 토착 종교 중 하나가 되었다고 볼 수 있다.

투바인의 전통 신앙이라고 할 수 있는 샤머니즘은 소비에트 시기 정부로부터 정치적 탄압을 받았으며, 1950년대 들어 유목에서 정착으로 삶의 방식이 전환되면서 샤먼의 수가 급격히 줄어드는 경향마저 보였다. 그러나 최근에는 투바 정부의 지원으로 샤먼에 대한 관심이 집중되면서 21세기 현대 투바 사회에서 샤먼이 갖는 사회적 위상이 점차 높아지고 있다. 샤머니즘과 더불어 돌무더기 오보오ОBOO 숭

| 도게에산의 만트라(자료: 위키미디어 ⓒ Mongushalash)

배, 태양 숭배 등 다양한 형태의
민간 신앙도 투바 곳곳에서 쉽게
접할 수 있다.

이렇게 다양한 민간 신앙과
종교가 혼합된 가운데서도 현재
투바인들 사이에 어떠한 종교적
갈등이나 대립, 반목도 나타나지
않는다는 것은 특기할 만하다.

| 오보오와 소녀(ⓒ 김태옥)

투바에서 종종 있는 '라마승과 샤먼의 결혼'은 상대 종교와 삶에 대한 투바인
의 인식을 한 마디로 설명할 수 있는 좋은 예라고 할 수 있다.

투바인의 음력 설 - 샤가아

투바인들의 새해 명절 샤가아는 양력이 아
닌 음력 1월 1일을 따른다. 샤가아 전날 밤부터
샤먼들은 장작을 쌓고 거기에 노간주나무를 넣
어 불을 피우고 성스러운 흰 우유를 불길에 뿌
리며 주문을 외운다. 불은 내적 세계의 정화를
의미하며, 거기에 바쳐지는 제물은 불과 신령

| 태양 숭배 의식을 엿볼 수 있는 투바 공화국 문장

들에게 평안과 안녕을 기원하는 투바인의 염원
을 상징한다. 이 의식을 산 살리르라고 하며 남자들만 참석한다. 이 의식은
주로 예니세이강변이나 도게에산 정상에서 행해졌다.

새해 첫 태양이 떠오를 때쯤 투바인들은 전통 의상을 갖춰 입고 삶은 양

가슴살을 비롯하여 다양한 음식을 나무 접시와 쟁반에 담아 산살리르가 행해지는 장소로 올라간다. 이들은 우유, 버터, 치즈 등 가장 신성하게 여기는 흰빛깔의 음식만을 모닥불 속에 던져 넣는다. 음식을 던져 넣고 나서 정화의 의미로 아직 사람들의 발길이 닿지 않는 깨끗한 눈 위에 엎드려 미끄럼을 타며 모자를 벗고 눈에 몸을 씻는다.

산 살리르가 끝나면 사람들은 새해 인사 촐룩슈우루를 행한다. 이때 손바닥이 위로 가도록 하여 양손을 앞으로 펼쳐 만나는 사람에게 인사를 건넨다. 이는 '내겐 무기가 없으며 내 마음 전부를 보여주는 것'이라는 의미가 있다. 그러면 나이가 더 많은 사람이 더 어린 사람의 손바닥을 위에서 감싸듯 덮어준다. 만일 동년배일 경우에는 각자 펼친 손을 더 아래로 내리는데, 더 낮게 내릴수록 교양 있고 우아한 사람으로 인정받는다.

투바 최고의 축제 - 나아딤

목축업자의 축제이자 투바의 대표적인 전통 축제인 나아딤(몽골의 나담 축제와 유사)은 부족 거주지의 신령들과 선조들의 영혼을 기리고 부족 구성원 및 목동들의 단합을 위한 행사로, 유제품이 어느 정도 풍부하며 축제를 지내기에 시간적 여유가 생기는 한여름에 행해졌다. 나아딤 축제에서는 최고의 전통 유르타 선발 대회를 비롯하여 전통 의상, 말 장구류 경연, 무거운 돌 들어 올리기 등의 다양한 행사가 펼쳐지는데, 축제의 하이라이트는 우리의 씨름과 유사한 후레시, 말타기, 활쏘기 세 가지 경기다.

후레시는 나아딤 축제의 꽃으로 투바인뿐 아니라 인근 부랴트와 몽골, 내몽골에서 내로라하는 선수들이 대거 참여한다. 경기 시작에 앞서 후레시에

| 후레시(자료: 위키미디어 ⓒ Dmitriy Stepanov)

참가하는 선수들 모두 독수리 춤을 추고, 경기가 끝난 후에는 승자가 또다시 관중들 앞에서 독수리의 비행을 모사한 춤을 춘다. 종종 심판이 승자에게 한 줌의 치즈를 주기도 하는데, 그러면 승자는 그 치즈를 한 입 먹고 남은 조각들을 관객들을 향해 사방으로 흩뿌린다.

후레시에 버금가는 경기는 말타기로 5세에서 13세까지의 아이들로 구성된 기수들이 말의 연령대에 따라 15~40km의 다양한 거리를 질주하는 방식으로 경기가 진행된다. 활쏘기 대회에서는 종종 표적으로 작고 동그란 빵을 사용하기도 하지만, 200~300보의 거리에 흰 염소 가죽을 매달아 표적으로 사용하는 것이 일반적이다.

전통 의상 - 톤과 쿠르

투바인은 모피 외투, 일반 외투, 길고 품이 넓은 상의, 일반 상의를 총칭하여 톤이라 부른다. 혹독한 겨울 날씨에 투바인에게 가장 적합한 옷은 양가

| 전통 축제 의상을 입은 투바인(자료: 위키미디어 ⓒ Agilight)

죽으로 만든 모피 외투이다. 특히 사냥꾼들은 산양이나 순록의 가죽으로 만든 짧은 모피 외투를 걸치고 다녔다.

천을 구입해 직접 옷을 지어 입기도 했는데, 러시아 상인들로부터 거친 옥양목, 단색의 꽃무늬 천, 면 직물과 같은 비교적 싼 직물을, 중국 상인들로부터는 재력이나 지위가 있는 사람들이 값비싼 비단을 구입하여 옷을 만들어 입었다. 여름에는 일반적으로 몽골에서 입는 형태의 길고 품이 넓은 단색 상의를 입었다.

모피 외투를 비롯하여 모든 '톤'을 입을 때는 반드시 가죽으로 만든 허리띠 쿠르를 차야 한다. 쿠르의 길이는 보통 3~4m에 이른다. 투바 남성은 쿠르에 칼집과 칼, 부싯돌, 담뱃대, 담배쌈지 등을, 여성은 열쇠나 바늘꽂이, 은이나 동, 철로 된 장신구들을 꽂고 다녔다. 남성은 주로 파란색 쿠르를 사용했는데, 사냥을 비롯한 모든 일에서 행운을 바라는 의미가 담겨 있다. 여성이 주로 사용하는 빨간색 쿠르에도 행운을 바라는 의미와 더불어 자녀들의 건강을 기원하는 의미가 담겨 있다.

말과 양고기를 좋아하는 투바인

투바인의 음식은 다른 유목 민족들의 음식과 유사하다. 주로 가축과 사냥한 야생동물의 고기를 삶아 먹는데, 그중에서 양과 말고기를 특히 좋아한다.

투바 북부 지방에선 순록을 주식으로 하지만, 투바 동부의 사냥꾼과 순록 사육자는 집에서 기르는 순록을 잡아먹지 않는다.

투바인은 고기를 최대한 장기간 보관하기 위해 건조하거나 삶거나 소금에 절이거나 냉동한다. 고기뿐 아니라 집에서 기르는 가축의 피도 식품으로 사용한다. 볶은 보리, 밀, 수수 가루를 이용해 달간이라 불리는 일종의 빵을 만들어 먹는다. 투바인의 대표적인 요리로는 이지그 한, 소가쟈, 부우자를 들 수 있다.

이지그 한은 양 피로 만든 순대와 유사한 음식이다. 투바어로 이지그는 뜨거운, 한은 피를 의미한다. 여기에 우유를 섞어 만드는 것이 특징이라고 할 수 있다. 신선한 피로 만들어야 하는 음식이라 양을 잡으면 으레 바로 만들어 먹는 음식이다.

소가쟈는 동물의 간을 비계로 감싸 센 불에 익혀 먹는 음식이다. 뜨거울 때 제맛이 나는 음식이므로 소가쟈를 먹을 때는 혀를 데지 않도록 주의해야 한다. 부우자는 부랴트인이나 몽골인이 먹는 만두와 유사하다.

투바인의 음료는 모두 가축의 젖으로 만들며, 끓여서 먹거나 발효시켜 신맛이 나는 상태로 마셨다. 계절의 특성상 봄과 여름에는 충분한 유제품을 확보할 수 있었으나, 겨울에는 그 양이 현저히 줄었다. 그럴 경우에는 뿔 달린 가축, 말, 낙타의 젖을 마시기도 했다.

일반 가축의 젖으로 마유주와 유사

고기를 넣은 **투바 국수**(달간-우스켄)(자료: 위키미디어 ⓒ Agilight)

한 히미스를 만들었고, 이를 발효·증류시켜 아라카(또는 아라가)를 만들어 마시기도 했다. 동물의 젖으로는 다양한 종류의 치즈와 크림을 만들었다. 순록의 젖은 차와 함께 마시기도 한다. 숫투그 샤이라는 우유 차도 있다.

투바의 전통 가옥 - 외그

투바인의 전통 가옥은 외그이다. 투바인의 외그는 부랴트인의 게르와 동일하다. 외그의 크기와 색깔만 보아도 집주인의 부를 가늠할 수 있었는데, 크고 흰 펠트 천으로 만든 것은 부자의 것, 작고 어두운 색의 펠트 천으로 만든 것은 가난한 이의 것이다. 투바인의 외그와 관련해서는 다음과 같은 금기가 있다.

문지방을 사이에 두고 주인과 인사를 나누어서는 안 된다. 반드시 외그로 들어간 후, 혹은 그 앞에서 인사를 나눠야 한다. 문지방은 외그에 거하는 이들의 축복과 평안을 의미한다. 들어갈 때 문지방을 밟거나 그 위에 앉아서는 안 되며, 이를 어기는 것은 주인을 모독하는 것으로 간주된다. 화로의 불은 다른 외그에 건네서도 낯선 이에게서 빌려와서도 안 된다. 이를 어기면 행복을 빼앗기거나 사악한 영혼을 불러들이게 된다.

스텝에 울려 퍼지는 투바인의 영혼 호오메이

투바의 자연은 아시아의 중심부에 사는 유목민에게 호오메이라는 특별한 선물을 안겨다 주었다. 목구멍 창법이라 불리는 투바의 호오메이는 1957년 막심 닥파이가 모스크바에서 개최된 세계 청년학생축전에서 금상을 받은 이후부터 세계적인 주목을 받기 시작했다. 투바인 다섯 중 하나는 호오메이를 할 줄 안다고 말할 정도로 현재 투바의 모든 축제와 공연, 그리고 투바와 관련된 다큐멘터리나 영화에서 빠짐없이 등장하는 호오메이는 투바를 대표하는 문화유산으로 자리매김했다.

투바의 가장 유명한 호오메이지(호오메이 가수)로 알려진 인물은 오오르작 후나시타르-오올 수룬-오올로비치(1932~1991년)다. 목동 출신이었던 그는 33세에 처음으로 무대에 나가 전 세계에 투바 호오메이의 아름다움을 알렸다. 1979년 바그다드에서 가장 재능 있고 독창적인 음악가 중 한 사람으로 선정되기도 한 그는 '백 년에나 한번 나올까 말까 한 호오메이 가수'로 평가받고 있다.

오늘의 투바인

다른 여타 소수민족들과 마찬가지로 21세기 현대 도시 문명을 살아가는 투바인의 삶 역시 녹록치 않다. 말을 타고 초원을 누비던 유목민의 후예 대신, 오토바이를 타고 스텝을 질주하는 투바 청년들의 모습은 이제 누구에게도 낯설지가 않다. 하지만 수천 년 이어온 전통적인 삶의 방식 대신 정착을 택한(혹은 강요받은) 지 한 세기가 채 되지 않은 투바인의 삶이 자본주의에 익숙해지는 데는 앞으로도 한참의 시간이 더 걸릴 것으로 보인다.

투바에는 산업 시설이 거의 없다. 수도인 키질의 광장은 이른 아침부터 일자리 없이 방황하는 청년들과 중년 남성들로 가득하다. 이제 기댈 곳이 없어진 청년들은 낡은 배낭을 꾸려 사얀산맥을 넘어 하카스 공화국으로, 또 모스크바로 떠난다. 러시아 정부는 1만 개 이상의 투바인을 위한 일자리 창출과

| **투바인**(자료: 위키미디어 ⓒ 自游自在)

자유로운 외부 왕래를 위해 2009년에 크라스노야르스크 변강에 위치한 도시
쿠라기노와 키질(총거리 411.7km)을 잇는 대규모 철도 건설 계획을 발표했다.
러시아 철도 건설사에서 하나의 커다란 획이 될 이 건설 계획은 향후 몽골 서
부와 중국까지도 연결될 수 있다. 러시아 재정 위기로 인해 공사가 더디게 진
행되고 있지만, 사얀산맥을 뚫고 기차가 키질 시내로 들어오게 되는 날, 투바
인의 삶의 질이 진정 향상될 것인지, 아니면 그들이 지키고자 했던 전통적인
가치들이 사얀산맥 저 너머로 기차와 함께 흩어져 사라져 버리는 것은 아닌
지 앞으로 지켜봐야 할 것이다.

3부 캅카스 북부의 민족들

체첸인
자유를 갈구하는 민족

방송도

명칭 Chechens(영어), Чеченцы(러시아어)
인구 러시아 내 1,431,360명, 체첸 공화국 내 1,206,551명
위치 체첸 공화국(또는 체치냐, 흑해와 카스피해 사이 캅카스산맥 북쪽)
언어 러시아어, 체첸어
문화적 특징 이슬람에 바탕을 둔 문화를 가지고 있으며, 인구시인, 조지아인 등 캅카스
이웃 민족들과 오랫동안 교류해왔다.

스타브로폴주

체첸 공화국

다게스탄

인구세티야   그로즈니

조지아

19세기 체첸 전사의 모습(왼쪽)(Bernhard August von Lan gkavel, 1825-1826년)
19세기 말 체첸 남성의 모습(오른쪽)(작가 미상, 19세기 말)

    1991년 소련 붕괴 이후 러시아 체첸 공화국에서 벌어진 일련의 사건들이 우리 언론의 국제 뉴스를 장식하기 전까지만 해도 체첸인은 머나먼 아프리카 땅의 소수민족만큼이나 낯선 존재였다. 체첸인 관련 뉴스에서 밝고 훈훈한 이야기는 찾아보기 어렵고 피로 얼룩진 사건들이 대부분이다. 체첸인 하면 가장 먼저 떠오르는 단어들도 전쟁과 테러, 게릴라, 마피아 등으로 죄다 부정적인 색채가 짙다. 매우 안타깝게도 세계에 이름을 남긴 체첸인도 수 세기에 걸친 체첸 민족의 저항에서 어떤 식으로든 죽어갈 수밖에 없었던 사람들이 대다수였다. 하지만 체첸인은 자민족 고유의 문화와 전통을 보존하고 영토를 수호하기 위해서라면 불굴의 용기를 보였고 죽음마저도 두려워하지 않았다.

체첸의 유래

현재 러시아연방에 속해 있는 체첸 공화국은 서쪽으로는 흑해, 동쪽으로는 카스피해를 끼고 있는 캅카스산맥 북쪽의 험준한 산악지대에 걸쳐 있다. 서쪽의 인구셰티야 공화국과 동쪽의 다게스탄 공화국, 북쪽의 스타브로폴 변강주와 남쪽의 조지아가 이곳을 둘러싸고 있다. 체첸인은 숲이 짙고 강과 계곡이 깊은 천혜의 캅카스 자연 속에서 조상 대대로 전통과 문화를 유지하며 살아왔다. 캅카스산맥을 굽이쳐 흐르는 테레크강은 5000여 년 역사를 자랑하는 체첸 민족의 젖줄로 풍부한 농업 생산 활동의 원천이었다.

체첸인은 나흐족에서 나왔다. 이들은 노흐치로 칭하며 자신들이 사는 땅을 노흐치초로 부른다. 노흐치가 역사에 처음 등장한 것은 8세기 아랍 문헌들에서였다. 노흐치를 가리켜 체첸인이라고 부르게 된 것은 1732년 노흐치족이 아르군강에 있던 체첸-아울(마을)에서 러시아군을 격퇴한 작은 전투 이후

| 테레크강 위치

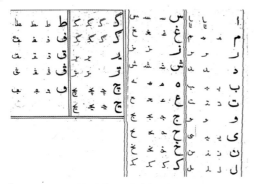
1925년 아랍 문자를 기반으로 한 체첸 문자
(자료: Чеченская азбука. Буйнакск, 1925)

부터였다. 하지만 체첸인은 이보다 훨씬 전인 1692년 러시아 문헌들에서 이미 언급됐고 체첸인 거주지를 가리키는 체치냐도 1719년 북캅카스 지도에 표기돼 있었다. 체첸이라는 말은 1708년 러시아인과 칼미크인이 체결한 조약에서 처음 등장했다는 설도 있다.

오늘날 러시아 사람들은 체첸인을 가리켜 체체네츠(단수형), 체첸치(복수형)로 부른다. 하지만 체첸인은 조상 대대로 살아온 자신의 땅을 가리켜 러시아 사람들처럼 체치냐로 부르지 않고 체체니야나 체체냐로 부른다. 한편 캅카스 남쪽 이웃 조지아인은 체첸인을 가리켜 체체네비라고 부르고, 오세트인은 차찬이라고 부르기도 한다.

체첸의 표준어는 나흐어족에 속하는 체첸어다. 체첸어는 수 세기에 걸쳐 아랍과 조지아, 라틴, 키릴 문자를 번갈아 사용해왔다. 현재 사용하고 있는 키릴 문자는 2008년에 채택했다. 2010년 기준으로 러시아에서 체첸어를 사용하는 인구는 약 135만 명이며 러시아 내 체첸어 보급률은 러시아어, 영어, 타타르어, 독일어 다음으로 높다. 체첸어는 인근 다게스탄에서 사용하는 문어 중 하나이기도 하다. 체첸인은 이웃 인구시인의 언어도 거의 알아들을 만큼 두 민족은 예로부터 수월하게 의사소통을 해왔다.

지배와 저항의 역사

체첸인은 중세 시대 초부터 이민족의 침략
과 지배를 받기 시작했다. 8세기경에는 캅카
스산맥 북부에서 오늘날 러시아 남부 지역에
걸쳐 활동했던 튀르크계 유목민 하자르족과
흑해 연안 북동쪽 초원 지대의 이란계 유목민
알란족의 지배를 받았다. 이후 비잔틴 제국과
조지아의 영향권 아래 놓였다. 이때 일부 체첸
인이 동방정교로 개종하기도 했다. 하지만 10
세기경 셀주크튀르크족이 이슬람 세계를 제패
하고 캅카스 지역까지 진출하면서 이슬람 문
화가 이곳으로 서서히 파고들기 시작했다.

| '체첸의 심장' 이슬람 사원(ⓒ 김선래)

캅카스 지역은 13세기에 몽골 제국의 침략을 받았다. 이때 체첸인은 몽골
에 저항하면서 민족 존립의 근간이 흔들릴 정도로 많은 희생을 치렀지만, 그
들의 용기와 무예는 이후 체첸인의 민족성 형성에서 중요한 요소가 되었다.
16~17세기에는 캅카스 지역이 오스만튀르크 제국과 크림 타타르 왕국의 지
배를 잇달아 받는 과정에서 이슬람 문화가 이 지역으로 급속히 확산했다. 특
히 체첸인은 17세기 말~19세기 초에 걸쳐 하나피 계열의 수니 이슬람교로 개
종했고 18세기 초에는 체첸인 대부분이 이슬람교도가 됐다.

18세기 말 러시아가 팽창 정책을 본격적으로 펼치며 캅카스 정복에 나서
자 체첸인은 인구시인 등 다른 캅카스 민족들과 함께 러시아에 맞서 격렬하
게 저항했다. 이때 체첸 저항운동을 이끈 지도자 셰이흐 만수르는 체첸의 전

설적인 민족 영웅으로 남았다. 19세기 초 러시아는 캅카스 남부 지역까지 영토를 확장하기 위해 북캅카스 완전 정복에 나섰다. 이때 러시아의 캅카스 군사 원정을 이끈 사람은 예르몰로프 장군이었다. 체첸인을 특히 증오했던 그는 체첸인이 "대담하고 위험한 민족"이라고 말하기도 했다. 러시아에 맞선 체첸의 저항운동은 끈질겼지만, 1861년 결국 완전히 진압됐다. 반세기 넘게 이어진 러시아와의 전쟁으로 수많은 체첸인이 죽고 난민과 이주민이 무수히 발생하여 체첸인은 민족 소멸의 위기를 겪었다.

20세기 초 러시아에 공산주의 정권이 들어섰다. 이때도 체첸인의 시련과 수난은 계속됐다. 특히 1944년 2월 23일 스탈린의 강제 이주 정책으로 체첸인 약 24만 명이 다른 캅카스 민족들과 함께 중앙아시아와 시베리아로 이주하면서 이들의 자치공화국도 해체됐다. 이 과정에서 체첸인의 절반가량이 줄어들었고 이들의 문화유산도 큰 타격을 받았다. 이후 1956년 흐루쇼프의 스탈린 격하 운동이 진행되면서 강제 이주한 체첸인들이 복권되고 고향으로 돌아오게 됐지만, 이들에 대한 차별은 계속됐다.

1991년 소련 해체 과정에서 체첸이 러시아연방으로부터 독립을 선언하고

이츠케리야 공화국 수립을 선포하자 러시아는 이를 저지하기 위해 체첸을 상대로 두 번에 걸쳐 잔인한 전쟁을 벌여 체첸 공화국을 다시 러시아연방에 잔류시켰다. 이 과정에서 체첸 공화국의 수도 그로즈니가 초토화됐고 많은 체첸 이슬람 지도자와 전사가 목숨을 잃었다. 러시아의

| 그로즈니에 있는 1944년 강제이주 희생자 묘비(ⓒ 김선래)

제1차 체첸 전쟁 시(1994~1996) 타버린 체첸 대통령궁(왼쪽)(자료: 위키미디어 ⓒ Фото: Михаил Евстафьев)
수도 그로즈니의 현재 모습(오른쪽)(ⓒ 김선래)

피해도 컸다. 러시아군 전사자도 많았지만, 러시아 수도 모스크바와 지방에서 체첸 반군의 테러가 잇따르면서 민간인 피해자도 속출했다. 하지만 지금은 끔찍한 전쟁과 테러가 언제 있었느냐는 듯이 그로즈니가 과거의 모습을 회복하고 여느 현대적인 대도시처럼 화려한 자태를 뽐내고 있다.

녹찰라, 진정한 체첸인이 되는 길

체첸은 7~13세기까지 조지아의 영향을 받아 동방정교를 일부 수용했다. 하지만 이미 8세기부터 아랍과 긴밀한 관계였던 다게스탄의 영향을 받아 16~18세기에 걸쳐 이슬람교로 완전히 개종했다. 체첸인이 이슬람교의 수피즘에 쉽게 동화될 수 있었던 데에는 굳건한 유대감을 자랑하는 체첸인의 씨족제도가 큰 몫을 차지했다. 수피 이슬람은 코란의 율법도 중요하게 생각했

| 사원을 오가는 체첸인들(ⓒ 김선래)

지만, 무엇보다도 씨족 중심으로 신자들 사이의 형제애를 강조했기 때문이다. 또 형제애와 함께 씨족 공동체와 지도자에 대한 절대복종을 강조하는 수피즘은 체첸인이 18세기 말에서 19세기까지 러시아 제국의 침략과 지배에 맞서 싸울 수 있었던 원동력이었다. 이러한 구심점은 소련 시절과 그 이후에 체첸인이 똘똘 뭉쳐 외부의 간섭이나 침입에 강력히 맞설 수 있게 해주었다.

물론 체첸인은 한때 부분적으로나마 동방정교를 받아들였고 나중에 이슬람교로 완전히 개종했지만, 그 전에는 농경사회에 특징적인 토착 신앙이 존재했다. 체첸 사회는 전통적으로 약 130개의 씨족(테이프)으로 구성된 연합체 '툭홈'을 중심으로 이루어져 있다. 각 씨족은 '가르'라는 소단위로 분화되고, 가르는 다시 부계 중심의 개별 가정으로 세분된다.

수 세기에 걸쳐 이어져 온 체첸인의 관습과 전통은 체첸 사회를 떠받쳐 온 고유한 행동 규범이자 윤리 체계인 '녹찰라'에 의해 형성됐다. 녹찰라는 체첸인의 개인적, 사회적 행동을 규정하고 법률까지도 제정해놓은 일종의 율법서다. 녹찰라는 체첸인을 가리키는 '녹초'에서 파생된 데서 알 수 있듯이 '체첸인다움' 또는 '체첸인의 품성'을 뜻한다. 이에 따라 모든 체첸인은 남녀노소 막론하고 어떤 상황에서도 체첸인의 명예를 더럽히는 행동을 해서는 안 된다.

체첸인은 자유의 가치를 매우 소중히 여겨왔다. 자유는 수세기에 걸쳐 많은 이민족의 침략과 지배를 받으면서 자연스럽게 형성된 가치였다. 따라서 체첸인에게 자유란 곧 독립을 의미했다. 그들은 자유와 독립을 위한 투쟁에서 피를 무서워하지 않았고 언제든지 목숨을 바칠 각오가 되어 있었다.

신부 납치 풍습과 피의 복수

체첸인 사이에서 옛날부터 자자손손 전해져 내려오는 전통 중에는 다른 캅카스 민족들에게서도 흔히 볼 수 있는 '신부 납치' 관습이 있다. 이 풍습은 여자 쪽에서 결혼을 거절하거나 반대하면 남자 쪽에서 여자를 납치한 뒤 양가가 만나 남녀에게 결혼에 합의하도록 하는 것이다. 하지만 몇 년 전 람잔 카디로프 체첸 대통령이 이 풍습은 악습이라며 공식적으로 금지하여 우리나라에서 해외토픽으로 소개되기도 했다.

이 밖에도 체첸인의 관습 중에서 유명한 것으로는 '피의 복수'를 들 수 있다. 체첸 사회에서 '피의 복수'는 철저하게 지켜졌다. 살인 등의 범죄가 단죄되지 않는다면, 세상이 혼란에 휩싸이고 생명도 경시된다는 확고한 믿음 때문이었다. 피의 복수는 한 씨족에 속하는 구성원이 다른 씨족의 구성원을 죽이거나 그에게 상해를 끼치면 가해자 본인에게, 더 나아가 그가 속한 씨족 전

| 19세기 말 체첸 남성

체에게 복수하는 것이다. 통상 피의 복수가 이뤄지기 전에 가해자에 대한 징벌을 최대한 줄이고 가해자의 가족이나 씨족에게까지 불똥이 튀지 않도록 제삼자가 나서 중재를 시도하기도 한다. 하지만 피의 복수가 극심할 때는 가해자 본인은 물론이고 씨족 전체를 몰살하는 사례도 적지 않았다.

기록에 따르면 1917년에는 피의 복수로 몇 개 마을이 전멸하는 사례도 있었다. 그래서 1923년 소련에서는 피의 복수를 금지하여 그로 인한 사고 건수가 다소 줄어들기도 했다. 하지만 정부의 가해자 처벌이 피해자 가족이나 친척들이 만족할 만한 수준으로 이뤄지지 않으면 체첸식으로 복수해야 한다는 주장을 굽히지 않았다.

2002년 가장 최근에도 피의 복수 관습을 공식적으로 부활해야 한다는 요구가 나오자 소련 시절처럼 중재 위원회가 설치되기도 했다. 피의 복수는 흔히 마피아로 불리는 범죄조직 간에도 일어났는데, 한 조직의 구성원이나 우두머리가 다른 조직에 살해되면 그에 대해 잔인하게 보복하는 일이 종종 벌어졌다. 또 타민족 출신이 체첸인을 공격하여 죽이거나 피해를 입혔을 때도 가해자를 반드시 찾아내 죽이는 일도 있었다.

체첸인의 전통 의식주

체첸 남성 의상은 기본적으로 목깃이 세워진 셔츠 베시메트, 체르케스카로 불리는 겉옷과 바지로 구성된다. 여기에 윗면이 평평하고 높은 양털 모자 파파하를 쓰고 허리띠를 두르고 가벼운 부츠를 신고 단검을 차면 전형적인 체첸 남성 복장이 완성된다. 체르케스카의 양쪽 가슴 위로는 탄약대를 덧대어 차고 다니기도 한다.

체첸 여성의 전통 복장은 옷감과 색상, 디자인 면에서 다양하다. 이런 다양성은 나이와 사회적 신분을 가리키는 지표가 되기도 했다. 여성 의상은 기본적으로 속치마와 치마, 허리띠, 스카프로 구성된다. 치마는 발목까지 내려와야 한다. 여기에 여성의 계급이나 신분을 강조하는 다양한 장식이 추가될

| 체첸 전통 남녀 의상과 외투의 일종인 부르카(오른쪽 흰색 의상)(ⓒ 김선래)

수 있다.

하지만 요즘에는 남자나 여자 모두 결혼식이나 축일 등 특별한 행사가 아니면 전통 의상을 잘 입지 않는다. 최근 체첸에서는 여성에게 이슬람 의상을 착용하라고 강제하여 논란을 빚기도 했다. 몇 년 전 그로즈니에서 머리에 두건을 쓰지 않은 여성이 남자들의 페인트 발사 총에 맞는 일이 벌어져 국제 인권 단체의 강력한 항의를 받았다.

이슬람교 신자인 체첸인은 돼지고기를 먹지 않는다. 하지만 고기는 체첸의 전통 음식에서 중요한 부분이다. 고기를 사용해 만드는 가장 대표적인 체첸 전통 음식은 양고기와 라비올리, 마늘 양념을 사용해 요리하는 지지그 갈나시다. 이러한 전통 음식은 체첸인이 19세기 전쟁의 참화와 20세기 이주의 아픔을 겪는 동안 위급한 상황에서 생존을 위해 만들어냈다는 점이 특징이다.

한편 체첸인의 전통 가옥은 여느 캅카스 민족들의 가옥처럼 주로 돌을 사용하여 지으며 지붕 모양은 평평하다. 단층 가옥이 일반적이지만 간혹 이층집을 짓기도 한다. 한 가족의 집은 안채와 별채, 탑으로 구성된다.

| 닭을 곁들인 지지그 갈나시(왼쪽)(자료: 위키미디어 ⓒ Rocky Jaguar), 캅카스식 만두(오른쪽)(ⓒ 김선래)

왼쪽 위부터 체첸 공화국 수도 그로즈니 시청사, 아흐마트-하지 카디로프(공화국 1대 대통령) 박물관, 그로즈니 문화센터
체첸 공화국 국립박물관, 그로즈니 풍경(ⓒ 김선래)

자유를 향한 긴 여정

체첸인은 지난 수 세기 동안 끊임없이 외세의 침략과 지배를 받고도 고유한 민족문화 전통과 정체성을 잃지 않았다. 체첸인은 탄압을 심하게 받으면 받을수록 오히려 그만큼 더 강해졌다. 이들에게는 오랜 세월 동안 이루지 못한 자유와 독립을 향한 꿈이 가슴 속 깊이 간직되어 있기 때문이다.

오늘날 체첸 사람들은 어느 때보다도 더 많은 물질적 풍요를 구가하고 있을지 모른다. 하지만 이들에게 자유 없는 세상은 화려한 도시의 불빛으로도 풍부한 석유 자원으로도 보상되기 어렵다. 자유를 향한 체첸인의 염원은 그만큼 간절했다. 이들 앞에 놓인 자유를 향한 긴 여정이 앞으로 어떻게 펼쳐질지 자못 궁금해진다.

인구시인
이산의 아픔을 견딘 사람들

명칭 Ingush(영어), Ингуши(러시아어)
인구 러시아 내 444,833명, 인구셰티야 공화국 내 385,537명
위치 인구셰티야 공화국
언어 러시아어, 인구시어
문화적 특징 해외에 사는 인구시인이 약 70만 명에 이를 정도로 이산의 아픔을 겪었으며
가족 유대와 이슬람 전통이 강한 문화를 가지고 있다.

인구시인, 탑에 사는 사람들

인구시인은 기원전 3세기 전부터 북캅카스 지역에 살기 시작한 바이나흐 Вайнах 종족에서 나왔다. 러시아어 명칭 인구시는 북캅카스 산록 지대의 한 마을인 안구시트(현재 북오세티야 남부의 타르스코예 마을)에서 유래했다. 하지만 인구시인은 갈가이이라는 자체 명칭을 갖고 있다. 인구시어로 갈가이는 '탑을 쌓는 사람' 또는 '탑에 사는 사람'을 가리킨다. 지금도 인구시인은 탑을 쌓는 전통을 소중하게 여긴다.

이 밖에도 인구시인은 자신을 사람을 뜻하는 나흐 또는 우리 사람을 뜻하는 바이나흐로 부르기도 한다. 이웃 민족인 조지아인은 이들을 키스트, 오세트인은 마크-알로니로 부르기도 한다. 19세기 미국인 지도 제작자 조셉 콜튼은 인구시인을 겔리야라고 지칭했고, 독일 지리학자 조셉 그라셀과 조셉 메이어는 인구시인을 체치나로 불렀다.

여러 곳에 흩어져 사는 사람들

현재 인구시인의 수는 전 세계에 걸쳐 약 70만 명에 달한다. 이 중에서 45만 명이 러시아연방에 거주하는데, 절대다수가 인구세티야 공화국과 이웃 지역인 체첸, 북오세티야 공화국 등 캅카스 지역에 살고 있다. 나머지 사람들은 수도 모스크바와 다른 지방 도시에 흩어져 산다. 캅카스에서 멀리 떨어진 러시아 극동의 마가단에도 적지 않은 인구시 사람들이 거주한다. 소련 시절 이곳으로 와 자리 잡은 인구시인들은 주로 금 채굴업과 목재 가공업에 종사하고 있다.

러시아를 제외하고 인구시인이 가장 많이 모여 사는 나라로는 터키(8만 5000명)를 꼽을 수 있다. 이 밖에 시리아, 요르단, 카자흐스탄에도 인구시인이 많이 살고 있다. 유럽 국가 중에서는 벨기에가 인구시인 최대 거주국이다. 해외에 거주하고 있는 인구시인들은 19세기 후반 제정 러시아 정부의 결정으로 고향 마을이 파괴되자 오스만 제국을 비롯한 중동으로 이주한 사람들의 후손이거나, 20세기 격동의 역사를 거치면서 러시아를 떠난 사람들이다.

인구세티야, 탑의 나라

북캅카스산맥 중심부에 자리 잡은 인구세티야 공화국은 서쪽으로는 북오세티야 공화국과 맞닿아 있고, 동쪽으로는 체첸 공화국과 접경하고 있다. 또

| 수도 마가스에 있는 '합의의 탑'(자료: 위키미디어 ⓒ Zastara)

남쪽으로는 조지아(그루지야)와 국경선을 맞대고 있다.

인구셰티야의 면적은 4,000m²로, 현재 러시아연방을 구성하는 85개의 행정 주체 중에서 모스크바, 상트페테르부르크, 세바스토폴과 같은 연방시를 제외하면 최소 규모에 속한다. 특히 '태양의 도시'를 뜻하는 공화국 수도 마가스는 인구 6800명으로, 러시아에서 가장 작은 행정 주체 수도이다.

인구시인이 '탑에 사는 사람'을 뜻한다면, 인구셰티야는 '탑의 나라'를 의미한다. 인구셰티야의 험준한 북부 산악 지대에는 중세 시대부터 지어진 독특한 형태의 탑과 성이 즐비하다. 하지만 오늘날에는 넓게 펼쳐진 평지에서도 탑을 쉽게 찾아볼 수 있다. 2013년에는 평원 지대인 수도 마가스에 100m 높이의 '합의의 탑'이 건설됐다. 이 탑은 인구시인의 민족 정체성과 건축미를 보여주는 대표 상징물 가운데 하나이다.

체첸어와 비슷한 인구시어

인구셰티야 공화국에서는 러시아어와 함께 인구시어를 공식 언어로 사용한다. 2010년 기준으로 러시아 전역에 걸쳐 30만 명 이상이 인구시어를 사용하는 것으로 파악됐다. 인구시 문자는 20세기 초에 아랍 문자를 기반으로 만들어졌다. 이후 인구시 문자는 몇 차례 바뀌었는데, 1917년 혁명 이후에는 라틴 문자를 기반으로 하는 인구시 문자가 개발됐다. 하지만 1938년에 또 한 번 키릴 문자로 바뀌어 현재에 이르고 있다.

인구시어는 같은 나흐어족에서 나온 체첸어와 매우 비슷하여 인구시인과 체첸인은 상대방의 언어를 거의 다 알아들을 수 있다.

| 인구셰티야에서 본 캅카스산(자료: 위키미디어 ⓒ Тимур Агиров)

외세 침략과 산으로의 이주

오늘날의 인구셰티야와 체첸, 북오세티야 지역에서 아주 오래전부터 살았던 인구시인의 조상은 중세 초기에 형성된 알란족(이란계 유목민) 연합 세력의 일부였다. 하지만 1238~1240년 알란족과 북캅카스 전체가 몽골 타타르의 침략을 받으면서 인구시인의 조상도 두 세기 동안 외세의 지배 아래 놓이게 됐다. 특히 1395년에는 티무르가 북캅카스를 원정하면서 알란족 연합 세력은 완전히 와해됐다. 이후 인구시인의 조상은 남은 세력과 함께 티무르의 압제를 피해 험준한 산악 지대로 이주할 수밖에 없었다.

이 무렵 오늘날 인구시인으로 불리는 사람들이 샤하르라는 영토 공동체 다섯 개를 바탕으로 민족 공동체를 형성하기 시작했다. 인구시인이 갈가이라고 자신을 부른 것도, 탑을 쌓아 집을 짓는 전통도 바로 이때 생겼다.

외세의 침략과 지배를 피해 산악 지대로 이주해 탑과 성을 쌓아 살았던 인구시인은 15~16세기에 걸쳐 평원 지대로 돌아오려고 몇 번 시도했지만, 외세의 압박으로 번번이 좌절됐다. 예를 들면, 16세기 후반 노가이인과 러시아 이반 뇌제(이반 4세)의 지지를 등에 업은 카바르다 왕국(카바르딘인)의 군사 원정으로 인구시인은 평원으로 되돌아오지 못하고, 16세기 말까지 산악 지대에 계속 남을 수밖에 없었다.

러시아의 지배와 평원으로의 이주

이들은 17세기 초에야 평원 지대로 돌아오기 시작했다. 17세기 말에는 북오세티야 타르스카야 계곡을 중심으로 '안구시트'라는 정착촌이 형성됐는데, 인구시라는 명칭도 바로 이 마을 이름에서 나왔다. 19세기 말 이들은 이슬람교를 완전히 받아들였으며, 이와 함께 평원으로의 이주가 끝났다.

이 과정에서 일어난 가장 중요한 역사적 사건으로는 인구셰티야 지역 대부분이 러시아로 통합된 것을 들 수 있다. 인구시인과 러시아인은 이미 16세기부터 서로의 존재에 대해 알고 있었지만, 인구셰티야가 러시아의 일부가 된 것은 1770년에 양측 대표자들이 만나 '인구셰티야 주요 부분과 러시아 국가의 통합 협정'에 서명하면서부터였다.

양측의 통합은 40년 후인 1810년에 다시 마련된 '인구셰티야와 러시아의

통합 법령'을 통해 더욱 공고해
졌다. 이를 통해 러시아는 캅카
스 남부를 정복할 목적으로 인구
셰티야 주요 지역에 요새와 도로
를 건설했고, 이때 적지 않은 인
구시인이 새로 지은 군사 요새로
이주해 살았다. 1810년 이후에
는 인구셰티야 남부의 순지 지역

| 나즈란 요새(Floriant Gille, 1859년)

에 살던 인구시인들이 요새가 들어선 북부의 나즈란 지역으로 강제 이주됐
다. 1858년에는 이곳의 인구시인 5000명이 반란을 일으키기도 했다.

러시아의 정복에 대한 끈질긴 저항

이처럼 러시아 제국에 통합된 이후 인구시인은 본인의 의지와 상관없이
기존 거주지를 버리고 다른 곳으로 이주해야만 했다. 특히 러시아가 캅카스
를 정복하는 과정에서 인구셰티야 평원 지대에 카자크(코사크) 군대를 위한 마
을이 연이어 조성됐다. 많은 인구시인이 자신의 마을을 카자크에게 내주고
산으로 돌아가야 했으며, 카자크가 차지한 인구시 마을들은 러시아어 이름으
로 불리게 됐다. 예를 들어 1867년 숄히 마을은 타르스키 마을로 바뀌었다.

사실 모든 인구시인이 러시아로의 통합을 찬성한 것은 아니었다. 양측의
통합은 일부 씨족 대표와 러시아의 협정으로 이뤄졌기 때문에, 이에 동의하
지 않은 인구시인들은 러시아의 캅카스 정복에 끈질기게 저항했다. 끝까지
저항한 인구시인 중 많은 사람이 주변 이슬람 국가들로 이주했다. 일부 자료

에 따르면, 1865년 인구시인의 80%가 고향을 떠나 중동 각지로 이주한 것으로 나타났다.

강제 이주와 집단 학살

인구세티야는 1917년 사회주의 혁명 직후 체첸, 다게스탄과 함께 독립을 선언하고 '북캅카스 산악민족 공화국'을 수립했다. 이 공화국은 주변 여러 국가에서 인정받고 내각도 구성하며 명실상부한 주권국가로 발돋움하고자 했다. 그러나 1921년 이 공화국은 러시아 혁명 세력의 공격을 받고 소비에트연방으로 강제 통합됐다.

소련 시절에도 인구시인은 이주와 이산의 아픔을 견뎌야만 했다. 이 시기 인구시인에게 닥친 최대 위기는 1944년 제2차 세계대전이 끝나갈 무렵 나치에 협력했다는 혐의를 뒤집어쓰고 카자흐스탄 등 중앙아시아 지역으로 강제 이주된 것이다.

당시 인구시인 9만 2120명 중에서 9만 1250명이 카자흐스탄과 키르기스스탄으로 이주됐는데, 이 과정에서 1/3가량이 굶주림과 혹독한 날씨, 질병으로 사망했다. 이로부터 60년 후인 2004년 유럽의회가 이를 '집단 학살'로 분류했을 정도로 당시 이주로 인한 인구시인의 인명 피해는 상상을 초월했다.

인구시인이 형제 민족인 체첸인과 함께 속해 있던 '체첸-인구시 소비에트 사회주의 자치주'도 강제 이주와 함께 해체됐고, 이들이 떠난 후 이들의 인구세티야 땅은 오세트인과 조지아인이 차지했다. 인구시인은 1957년 니키타 흐루쇼프 소련 공산당 서기장 치하에서 고향으로 돌아올 수 있었지만, 본래 살던 땅으로는 돌아가지 못했다. 그 땅은 이미 오세트인이 차지하고 있었기 때문이다. 그래서 고향에 돌아온 인구시인 중에는 오세트인에게서 자신의 땅을 되사야만 하는 사람들이 적지 않았다.

| 강제 이주 희생자 추도비(자료: 위키미디어)

결국, 인구시 사람들은 귀향 이후 곤경과 불평등을 견디다 못해 1973년 1월 16일 체첸 그로즈니에서 평화 시위를 벌였다. 그러나 이 시위는 소련 군대에 의해 곧 진압되고 말았다. 강제 이주와 그로 인해 박해와 불이익을 계속해서 받은 인구시인의 명예와 권리는 1989년 소련 해체 직전에야 공식적으로 회복되었다.

또 한 번의 분쟁

1991년 소련 해체 직전 체첸인은 소련으로부터의 독립을 선언하고 '이시체리야 체첸 공화국' 수립을 선포했지만, 인구시인은 '체첸-인구시 공화국'에서 탈퇴하고 이듬해인 1992년 새로 탄생한 러시아연방에 합류했다. 이들이 러시아의 일원이 된 것은 연방 안에서 오세트인과의 갈등을 해소하고 잃어버린 땅을 정상적으로 되돌려 받기 위해서였다.

인구시인의 바람과는 달리 오세트 민족주의자들이 부추긴 북오세티야 인종 갈등으로 1992년 10월 양측의 무력 분쟁이 일어났다. 이로 인해 약 2000명의 사상자와 실종자가 나왔지만, 피해는 인구시인이 훨씬 더 많이 입었다.

북오세티야에 살던 수만 명의 인구시인은 끔찍한 인종 청소의 조짐을 느끼고 인구세티야 공화국으로 들어왔다. 이후 분쟁은 러시아연방 정부의 적극적인 개입으로 수면 아래로 가라앉았다.

독특한 석탑 건축 전통

인구시인은 아주 오래전부터 외세의 침략과 지배를 피해 산으로 들어가 돌탑을 쌓으며 독특한 석탑 건축 전통을 발전시켰다. 이들은 주로 계곡 경사면에 주거용 탑을 지어 살았으며, 외적의 침입에 맞서 싸울 수 있는 전투용 탑도 만들었다.

주거용 탑은 보통 2~4층으로 사면의 돌벽을 쌓고 그 위에 진흙을 이겨 지붕을 얹었다. 탑의 평면은 대개 직사각형 모양으로 가로세로 길이가 8~10m이다. 탑은 사면의 벽이 위로 올라갈수록 좁아져 첨탑 형태를 띤다.

벽의 두께는 아래쪽 0.9~1.2m, 위쪽 0.5~0.7m로 다양하다. 벽을 쌓을 때 사용하는 돌 크기와 종류도 안팎, 상하 위치에 따라 가지각색이다. 주거용 탑에는 서까래를 떠받치는 중앙 돌기둥이 있다. 중앙 기둥은 탑의 중심을 잡아주는 기능도 하지만, 지상과 천상을 이어주는 상징적 의미도 갖고 있다.

주거용 탑의 1층은 보통 가축우리로 사용했다. 여기에 분리대를 두고 곡식도 보관했다. 다시 말해, 주거용 탑의 1층은 외양간과 함께 곳간으로도 사용됐다. 어떤 탑은 1층에 구덩이를 파고 거기에 곡식을 보관했다. 4층짜리 탑에서는 2층을 양과 염소 우리로 사용했다.

사람들은 3층에 거주했다. 집 안 가재도구도 여기에 보관했는데, 벽을 따라 설치한 선반 위에 식기나 살림 도구 등을 올려놓았다. 옷장을 따로 만들지

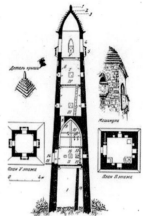

인구셰티야 에기칼 석탑 단지(왼쪽)(자료: 위키미디어 ⓒ Тимур Агиров).
전투용 탑 평면도(오른쪽)(Щеблыкин И.П., 1928년).

않았기 때문에 벽에 갈고리를 달아 옷을 걸어 두었다. 가장의 침대 위쪽 벽에
는 무기를 걸어두기도 했는데, 이것은 전쟁이 나면 바로 사용할 수 있게 하기
위해서였다.

　보통 5~6층인 전투용 탑은 20~25m 높이로 꼭대기 층에 감시용과 신호용
창문이 나 있다. 이처럼 전투용 석탑은 주로 적군의 움직임을 감시하고 아군
에게 신호를 보내는 용도로 사용됐지만, 마을 주민들이 대피할 수 있는 곳으
로도 쓰였다.

　현재 인구셰티야에는 오래전에 지은 주거용과 전투용 석탑 약 2000개가
분포해 있다. 그러나 오늘날 이 탑들은 주거용으로도, 전투용으로도 사용되
지 않고 고대 석탑 단지로 지정되어 보존되고 있다. 이 석탑 단지는 인구셰티
야의 중요한 관광 자원으로 이곳을 방문하는 관광객이라면 꼭 한 번은 봐야
하는 인구시 전통 유산 중 하나이다.

머리쓰개 쿠르하르스(오른쪽)(자료: 위키미디어 ⓒ Якуб Гогиев)
다양한 색상의 전통 여성 의상(왼쪽)(자료: 위키미디어 ⓒ Евгений Шивцов)

다양한 색상이 돋보이는 전통 의상

인구시 남자의 전통 의상은 이웃 민족인 체첸 남자의 의상과 거의 비슷하
다. 이들은 목깃을 세운 셔츠인 베시메트에 바지를 입고 긴 겉옷인 체르케스
카를 걸친다. 여기에 윗면이 평평하고 높이가 있는 양털 모자 파파하를 쓰고
허리띠를 차고 부츠를 신는다. 겉옷의 양 가슴에는 탄약대를 덧대어 꿰고 허
리에는 단도나 장검을 찬다.

인구시 여성은 가슴이 깊게 파이지 않고 발목까지 완전히 덮을 정도의 긴
치마를 입는다. 치마는 비단으로 만드는데, 붉은색에서 파란색, 오렌지색에
이르기까지 색상이 매우 다양하고 화려하다. 여기에 면사포를 두른 모자 등
을 쓰고 귀걸이, 목걸이 등 여러 가지 장신구를 걸친다.

캅카스에 사는 여러 민족 중에서 산악 지대에 사는 인구시인 여성에게서
만 볼 수 있는 독특한 머리쓰개가 있다. 이것은 인구시 말로 쿠르하르스라고

한다. 머리를 가리면서 동시에 머리카락을 단정하게 하는 쿠르하르스는 인구시 여성들이 축제에 참석하거나 바깥나들이를 나갈 때 주로 착용한다. 쿠르하르스는 17세기 초반 인구세티야 산악 지대를 방문한 러시아인들을 통해 세상에 처음 알려졌다.

오래된 역사와 훌륭한 맛을 지닌 전통 음식

인구시 음식은 세계에서 가장 오래된 음식 가운데 하나로 조리법이 매우 단순하면서도 맛깔나다. 음식 재료는 주변에서 누구나 쉽게 구할 수 있고 극히 평범하지만, 영양과 맛은 일품이다. 인구시 사람들은 주로 양고기와 소고기, 닭고기를 사용하여 음식을 요리한다.

누구나 맛있게 먹을 수 있는 가장 대표적인 인구시 전통 음식은 둘흐 할탐이다. 둘흐 할탐은 밀가루나 옥수수 반죽으로 만든 부드러운 경단 형태의 할루시카를 약한 소금물에 몇 분간 삶은 다음 넓은 접시에 담고 그 사이에 큼지막하게 썬 삶은 소고기나 양고기를 얹은 요리이다. 이렇게 만든 둘흐 할탐은 마늘이나 감자를 으깨 만든 양념에 찍어 먹는다.

경로사상과 피의 복수

인구시 사람들이 옛날부터 지금까지 철저하게 지키고 있는 가장 중요한 전통은 부모님을 비롯한 연장자를 존중하고 존경하는 경로사상이다. 언제 어디서 무엇을 하든지 자신보다 나이가 많은 사람을 만나면 양보하는 전통이 아주 강하다. 이들은 길을 걷다가 윗사람과 마주치면 공손히 인사하고 길을 비켜주는 등 매사에 연장자를 고려하는 습관이 몸에 깊이 배어 있다. 특히 자식이나 어린 사람이 부모와 연장자를 존경하지 않을 경우 큰 죄악으로 간주된다.

조상 대대로 내려오는 대표적인 풍습 가운데 한 가지는 체첸인 등 다른 캅카스 민족에게서도 찾아볼 수 있는 '피의 복수'이다. '피의 복수'는 한 가족이나 씨족 구성원이 다른 가족이나 씨족의 사람에게 상해나 살인 등 피해를 입으면 가해자뿐만 아니라 더 나아가 가해자의 소속 집단 전체에 가하는 철저한 보복을 가리킨다. 잔인하고 야만적인 '피의 복수'는 종족의 생존과 보호 차원에서, 그리고 사회 질서 유지 차원에서 오늘날에도 엄격하게 지켜진다.

죽음을 두려워하지 않는 인구시인

죽음의 세계를 두려워하지 않는 인구시인의 태도는 캅카스의 다른 민족에게서는 볼 수 없는 독특한 문화다. 인구시 사람들은 예나 지금이나 시신이나 묘지를 봐도 무서워하지 않는다. 이들은 먼 길을 떠나는 나그네가 마땅한 잠자리가 없어 근처 공동묘지에서 하룻밤 묵는 것쯤은 아무 일도 아니라고 생각한다.

산악 지대의 석탑들 가까이에 묘지가 조성돼 있는 이유도 이들이 산자와 망자의 세계를 엄격하게 분리하지 않는 데서 찾을 수 있다. 인구시 사람들은 죽음을 인간 세계의 일부이자 자연스러운 현상으로 생각하기 때문에 시신을 보거나 만져도 두려움이나 거부감을 느끼지 않는다.

오늘날의 인구시인

옛날 인구시인이 겪은 이주와 이산의 역사는 오늘날에도 이어지고 있다. 그러나 외세의 침략이나 정부의 강제 이주, 이웃 민족과의 분쟁으로 고향을 등졌던 과거와 달리, 현재 이들은 주로 생활고에 시달리다 일자리를 찾아 대도시나 외국으로 떠나고 있다.

인구셰티야의 실업률은 30% 이상으로 러시아연방에서 가장 높은 반면 임금은 최저 수준이어서, 타지로 떠나는 사람들이 계속 늘고 있다. 게다가 인구시인이 전통적으로 농사를 짓다보니 수공업이나 무역업에 서툰 것도 이곳 사람들이 더 나은 생계 수단을 찾아 타지로 빠져나가는 주요 원인이다.

생활수준과 환경이 전반적으로 매우 낮고 열악하지만, 인구셰티야를 떠나지 않고 사는 사람들은 요즘 관광산업을 통해 활로를 모색하고 있다. 특히, 해발 1200~2000m에 달하는 제이라흐스키 산악 지대는 200개 이상의 중세 석탑이 집중돼 있고 빼어난 경치를 뽐내고 있어 관광객들의 발길이 끊이지 않는다. 이에 발맞춰 최근에는 스키 리조트와 함께 관광호텔 10여 개가 문을 열어 관광산업이 더욱 활기를 띠기 시작했다. 2016년에는 이곳을 방문한 관광객이 전년 대비 24% 늘어 3만 9400명을 기록했다.

하지만 이곳의 관광업 활성화를 가로막는 걸림돌도 존재한다. 인구시 사람들은 수공업이나 제조업, 무역업에만 서툰 것이 아니라 서비스 분야에도 익숙하지 않다. 인구시 사람들은 이런 종류의 일을 좋아하지 않아 다른 지역 사람들이 이곳의 서비스 분야를 차지하고 있다. 예를 들면, 종업원들은 주로 오세트 여자들이며 요리사들은 대개 아제르바이잔 남자들이다.

이런 상황에서 고향을 떠난 인구시 사람들이 다시 돌아오기는 만무하겠

| 인구세티야 스키장(자료: 인구세티야 공화국 사이트 http://www.ingushetia.ru/)

지만, 이곳에 남아 있는 사람들이 앞으로 더는 고향을 등지지 않고 민족 전통
과 정체성을 유지하며 살 수 있으려면 공화국뿐만 아니라 러시아연방 차원에
서도 더 많은 관심과 지원이 필요할 것이다.

오세트인
캅카스의 은둔자

김은희

명칭 Ossetians, Ossetes(영어), Осетины(러시아어)
인구 러시아 내 528,515명, 북오세티야 공화국 내 459,688명,
남오세티야 내 48,146명(2015년 남오세티야 인구조사 자료)
지역 캅카스산맥을 경계로 러시아연방의 북오세티야와 조지아 내 남오세티야
언어 러시아어, 오세트어, 조지아어
문화적 특성 오세트인 대부분이 러시아 정교를 믿지만, 하위 민족인 디고르인(전체
오세트인의 약 30~40%)은 이슬람교를, 또 일부는 토속신앙을 따른다.

카바르디노-
발카리야
공화국

인구세티야

블라디캅카스 •

북오세티야 공화국

조지아

조지아

남오세티야

'오세티야'는 낯선 이름이다. 문명의 거대한 물결이 이르지 못한 오지의 어느 종족을 떠올리는 사람도 있을 것이다. 그러나 전 세계인을 경악하게 했던 러시아의 후미진 어느 마을 학교에서 일어난 폭탄 테러를 기억하는 사람들은 꽤 있을 것이다. 그곳이 바로 북오세티야의 베슬란 제1학교이다. 세계 테러 진압의 역사에서도 오점으로 남는 그 사건으로 오세티야는 한때 우리에게 성큼 다가왔다가 어느 틈엔가 기억의 한 구석으로 사라져 버렸다.

그러나 오세트인이 인류 최초의 유목 민족이자 한민족과의 연관성도 자주 거론되곤 하는 스키타이족의 후예라는 사실을 알면 오세트 민족에 대한 궁금증이 다시금 고개를 든다.

오세트인의 과거: 스키타이족의 후예

오세트인은 예로부터 이론 아담, 즉 이론 민족이라고 자칭했다. 그리고 자신들의 나라를 이리스톤이라 명명했다. 조지아인은 그들을 오시, 또는 옵시라고 불렀으며 이들의 나라를 오세티라고 지칭했다. 체르케스인은 오세트인을 아스라 했다. 러시아 연대기에는 알란과 야스라는 이름으로 등장한다.

알란족은 기원상 BC 4세기경, 스키타이족에 이어서 러시아 남부를 지배한 사르마트족에 속한다. 따라서 오세트인의 기원은 스키타이족까지 거슬러 올라간다. 헤로도토스에 의하면, 스키타이는 왕의 이름인 스콜로토이에서 유래했으며 그리스인은 그들을 스키타이인으로 불렀다. 스키타이족은 러시아 역사를 이야기할 때도 자주 언급된다. 이들이 오늘날의 러시아 영토에 살았던 민족 가운데 역사책에 언급된 최초의 민족이기 때문이다. 기원전 8~9세기경 동부 유럽에 도착한 스키타이족은 서쪽으로 도나우강, 동쪽으로 돈강, 북

| 10세기에 지어져 오늘날까지 보존되어 있는 알라니야 왕국의 젤렌축스키 교회(자료: 위키미디어)

쪽으로 드네프르강에 걸친 강력한 제국을 러시아 남쪽에 건설했다. 스키타이족의 기마 전사들은 훌륭한 궁술을 갖고 있었고, 바지를 입어 기동력을 높였다. 헤로도토스에 따르면, 스키타이족은 점령지를 가혹하게 다뤘는데, 반란을 미리 예방하기 위해서였다.

오세트인이 세운 알라니야 왕국은 10세기 무렵 화려한 번영기를 구가했다. 그러나 13~14세기에 몽골 타타르의 침입으로 주민 대다수가 사망하면서 알라니야의 경제적 기반이 흔들리고 왕국은 붕괴됐다. 겨우 살아남은 1만~1만 2000명의 오세트인은 약 500년간 캅카스산맥의 깊은 협곡에 고립된 채 살았다. 이 때문에 오세트인의 대외 관계는 인접 지역으로 제한되었다. 다른 한편으로는 이러한 '고립' 덕분에 오세트인은 자신의 문화와 언어, 전통, 종교를 원형에 가깝게 보존할 수 있었다.

오세트 민족의 분단

몽골 타타르의 침입으로 캅카스 협곡으로 숨어들어 간 오세트인들은 수세기에 걸쳐 점진적으로 예전의 인구수를 회복해갔다. 1768~1774년 러시아-터키 전쟁에서 터키가 패배하면서 오스만 제국의 지배 아래 있던 북캅카스의 오세트인 거주지는 1774년 러시아-터키 평화협정을 계기로 러시아 제국에 합병된다. 1921년 북오세티야는 '고르스카야 소비에트 사회주의 자치공화국'에 편입된 다음, 1924년에는 자치주로 되었다가 1936년 북오세티야 소비에트 사회주의 자치공화국이 성립되면서 어느 정도 독립성을 보장받았다.

그러나 남오세티야 자치주는 소련 당국의 일방적 결정으로 1922년 당시 소련의 일부였던 그루지야(오늘날 조지아) 소비에트 사회주의 공화국으로 편입된다. 이렇게 오세트 민족은 남과 북으로 원치 않는 분단을 맞게 된다. 오늘날 북오세티야는 러시아연방, 남오세티야는 조지아에 소속되어 있다.

북오세티야와 인구세티야의 반목과 대립

캅카스 지역에 거주하는 다른 민족들과는 달리 오세트인은 제2차 세계대전 동안 나치에 격렬하게 대항했다. 오세트인의 변함없는 충성심에 감복한 소련은 나치 독일에 협력했던 인구시인의 영토를 빼앗아 오세트인에게 나누어 주었다. 일부 인구시 땅이 북오세티야에 편입된 것이다. 그러나 1991년 12월 소련이 붕괴하고 독립국가연합이 결성된 이후 소련의 강력한 지배력이

베슬란 제1학교 인질극 희생자들의 사진(왼쪽), 추모객들이 가져온 꽃과 물이 놓인 체육관(오른쪽)
(자료: 위키미디어 ⓒ Leon)

약해지면서 인구시인들은 소련이 강제로 빼앗아 북오세티야에 넘겨준 자신들의 옛 영토를 되찾자는 운동을 강력하게 추진했다. 그 결과 1992~1994년 북오세티야와 인구세티야 사이에 무력 충돌이 발생했고 이 과정에서 수백 명이 목숨을 잃었다.

북오세티야-인구세티야의 갈등은 체첸의 가세로 더욱 복잡하고 첨예한 양상으로 번져갔다. 체첸은 러시아로부터의 분리, 독립 열망이 다른 공화국보다 거세다. 반대로 북오세티야는 친(親)러시아 성향이 강하다. 북오세티야와 인구세티야의 갈등에 체첸이 가세했다. 인구세티야의 편에서 북오세티야를 압박하는 전략을 구사하는 체첸의 정치 노선은 어쩌면 당연하다. 베슬란 제1학교의 비극은 바로 여기서 출발한다.

2004년 9월 1일 입학식 겸 개학식에 북오세티야의 베슬란 제1학교가 러시아로부터의 분리, 독립을 주창하는 체첸 강경파들에 의해 3일간 점령당하는 사건이 발생했다. 체육관에 갇혀 있던 1100여 명의 사람이 좁은 공간에서 갈증과 더위에 고통 받으며 쓰러져 갔다. 아이들은 갈증과 허기를 채우려고 선생님들에게 입학 선물로 가져갔던 꽃까지 먹고 자신의 오줌을 마시며 버텼지만, 탈수를 피할 수는 없었다. 그 와중에 테러범들이 학교 건물에 설치했던 폭탄 가운데 2개가 터지면서 입학식 참석자 중 341명이 사망(1~16세까지의 미성년이 186명)하고 700여 명이 부상하는 초유의 참사를 낳았다. 사건의 주모자는 체첸 무장 세력의 지도자인 샤밀 바사예프로 밝혀졌으며, 범인 중 유일한 생존자인 누르파시 쿨라예프는 종신형을 선고받았다.

남오세티야와 조지아의 분쟁

1991년 4월 조지아가 소련으로부터 독립을 선언하자 다음 해 7월 남오세티야도 조지아로부터 독립을 선포했다. 이후 남오세티야와 조지아 사이에 유혈충돌이 발생했다.

계속된 긴장 속에서 2004년 7월 조지아의 미하일 사카시빌리 대통령이 남오세티야 지역을 통과하던 러시아 평화유지군 트럭과 미사일 등 군사 장비를 압류하자, 남오세티야는 조지아 정부가 남오세티야를 무력 통합하기 위해 불법으로 군인을 파견하고 있다고 비난했다. 남오세티야는 민병대를 투입하여 조지아 경찰관 40명을 무장 해제했다.

그렇게 시작된 남오세티야와 조지아의 분쟁은 2008년 8월 7일 조지아군이 남오세티야의 수도 츠힌발리에 진군하면서 전쟁으로 비화한다. 푸틴은 자국민 보호를 이유로 남오세티야에 파병했고, 조지아 정부는 러시아의 조치가 조지아를 폭격하기 위한 눈가림수라고 맹비난했다. 8월 16일 유럽연합 의장국인 프랑스의 중재로 러시아는 조지아의 독립국가연합 탈퇴를 담은 평화협정에 서명했다.

조지아는 남오세티야의 자치를 부분적으로 인정할 수 있지만, 영토 보존 원칙에 따라 독립이나 이탈은 허용할 수 없다는 태도를 고수하고 있다. 그러나 남오세티야는 러시아연방에 소속된 북오세티야 자치공화국과 통합하거나, 단일 자치공화국으

독일 베를린 주재 러시아대사관 앞에서 전쟁에 항의하는 사람들
(자료: 위키미디어 ⓒ eyec@cher)

로서 러시아연방의 일원이 되기를 희망한다. 러시아는 조지아를 견제하는 동시에 흑해 연안의 전략적 요충지에 대한 영향력을 확보하기 위해 남오세티야 자치공화국을 지원하는 한편, 대화를 통해 분쟁을 해결해야 한다는 원칙을 표명하고 있다.

오세티야의 자연: 러시아 문학의 마르지 않는 샘

절벽 사이를 테레크강이 내달리며,
야생의 강변을 물살로 벼르고,
거대한 벼랑 주변에서 들끓어 오르고,
여기저기서 길을 마구 파헤치고,
살아 있는 짐승처럼 울부짖고 짖어대다가
갑자기 잠잠해지고 온순해지네.

| 푸시킨의 초상(Orest Kiprensky, 1827년)

계속 아래로 아래로 내려가다가,
겨우 살아서 도망쳐가네.
그렇게 폭풍 이후에 쇠잔해져서,
빗물 흐르듯 흘러가네.

- 알렉산드르 푸시킨

앞서 인용한 시는 '테레크강'을 묘사한 푸시킨의 1829년 작 「절벽 사이를 테레크강이 내달리며」이다. 푸시킨은 생전에 1820년과 1829년 캅카스를 두 번 여행했다. 캅카스의 자연과 그 지역에 거주하는 민족들의 삶은 푸시킨의 문학 세계에 커다란 영향을 끼쳤다. 「캅카스의 포로」, 「타지트」, 「낭떠러지」, 「카즈베크의 수도원」, 「캅카스」, 「그루지야의 언덕에서」 등의 작품들은 캅카스와 연관되어 있다.

또 러시아의 대문호 레프 톨스토이에게는 현재 북오세티야의 수도 블라디캅카스가 특별한 의미를 가진다. 장교였던 톨스토이의 형 니콜라이는 그에게 블라디캅카스로 함께 가자고 설득했고, 1851년 10월 29일 젊은 백작 톨스토이는 군복무를 위해 티플리스로 가는 도중 블라디캅카스를 방문한다. 그리고 블라디캅카스의 테레크강변에서 3년을 복무한다. 바로 이곳에서 미래의 대문호 톨스토이는 처녀작 『유년시절』을 발표하면서 작품 활동을 시작했고 이후 캅카스를 배경으로 자전적 중편소설 『카자크인들』(1852~1863)을 집필했으며, 『습격』(1853), 『벌목』(1855), 『하지 무라트』(1912) 등에는 캅카스에 대한 인상이 녹아 있다.

이렇듯 캅카스산맥 오세티야 지역의 자연과 사람들은 러시아 시인과 작가들에게 강한 영향을 미치며 그들의 창작 활동 속에서 당당히 한 자리를 차지하고 있다.

오세트인의 가풍: 조상 숭배와 노인 공경

스키타이 원정에 나섰던 페르시아의 왕 다레이오스가 스키타이의 왕 이단티르소스에게 도망만 치지 말고 싸우거나 아니면 땅과 물을 바치고 항복하라고 서신을 보낸다. 그러자 스키타이 왕은 즉시 싸움에 나서지 않는 이유를 다음과 같이 밝혔다.

> 이 나라에는 점령하거나 약탈당하는 것을 두려워해 그대들과 싸움을 서둘러야 할 도시도 과수원도 없소. 아무래도 시급히 싸워야 하는 것이라면 우리에겐 선조의 묘가 있소. 이 묘를 찾아내 파괴를 시도해보는 편이 좋을 것이오. 그때야말로 과연 우리가 이 묘를 위해 그대들과 싸울지, 또는 그래도 싸우지 않을지 알게 될 것이오. 싸움에 대해서는 이 정도로 해두는데, 내가 주군으로서 떠받드는 것은 나의 선조 제우스와 스키타이의 여왕 헤스티아(화덕의 신)밖에 없소.
>
> — 페르시아 다리우스 황제에게 보낸 스키타이족의 서한 중에서(헤로도토스, 369)

스키타이인의 맹세는 '조상의 이름'을 걸고 시작된다. 조상을 두고 하는 맹세는 깨뜨려서는 안 되며, 그 맹세를 깨뜨리는 행위는 사형으로 다스렸다. 헤로도토스는 "맹세를 깨뜨린 사람은 참수형에 처했고 그의 아들은 죽였고 재산은 몰수했다"고 말했다. 오세트인도 조상을 걸고 하는 맹세를 신성한 것으로 여겼다. 이를 모욕하는 일은 피의 복수를 불렀다.

노인과 연장자에 대한 공경이 오세트인에게는 깊숙이 내재한 가풍이다. 어른이 집 안에 들어오면, 신분의 고하를 따지지 않고, 바로 일어서서 인사를 해야 한다. 이것이 가장 엄격하게 지켜야 할 규율이었다. 동생은 형의 말을 들어야만 하고, 형 앞에 앉아서도 안 된다. 만약 노인과 함께 길을 걸을 일이 있다면, 나이가 어린 사람이 노인의 왼편에 선다. 만약 길을 걷는 사람이 세 명이라면 노인은 가운데에, 그다음 연배의 사람이 노인의 왼편에, 가장 어린 사람이 노인의 오른편에 선다. 이러한 규칙은 말을 타고 갈 때도 같았다.

오세트인의 불 숭배: 성물로서의 '아궁이와 아궁이 사슬'

19세기 말 활동했던 오세트 시인이자 화가
코스타 헤타구로프

오세트인들이 가장 존경하는 시인이자 화가인 코스타 헤타구로프는 "아궁이와 아궁이 사슬은 오세트인에게 위대한 성물이다"고 말했다. 오세트인이 아궁이와 아궁이 사슬을 얼마나 숭배하는가를 단적으로 보여주는 말이다. 아궁이 숭배는 고대의 불 숭배에서 유래하며, 아궁이는 화합과 단합을 상징하는 씨족사회의 유산이다. 고대 불의 여신 타비티는 스키타이인에게는 아궁이의 여신이자 가족과 씨족의 번영을 관장하는 여신이었고 최고의 여신으로 숭배됐다고 헤로도토스는 전한다.

스키타이인은 신성한 맹세를 할 때면

으레 황제의 아궁이 신들을 언급했다. 결혼을 앞둔 여성은 친정집의 아궁이와 작별했고, 시댁은 신부가 아궁이 주위를 돌고 난 다음에야 식구로 받아들였다. 반면 아궁이 사슬을 훔치거나 던져버리는 행위는 씨족 전체를 모욕하는 것으로 여겨져 피의 복수를 불러왔다.

평야로 이주한 후에도 오세트인은 아궁이 사슬을 새로운 거주지로 그대로 옮겨왔다. 아궁이가 집의 난방에 매우 불편한 구조임에도 아궁이와 아궁이 사슬에 대한 숭배 사상은 산악지대 오세트인뿐만 아니라 평야에 정착한 오세트인에게서도 20세기 초까지 이어졌다.

아궁이 사슬에 대한 숭배는 캅카스 지역의 다른 민족들에게서는 찾아볼 수 없다. 사슬이 걸려 있는 하에드자르 근처에서는 욕설이 금지된다. 가장 심한 모욕은 아궁이 사슬에 대한 것이었는데, "네 아궁이 사슬에 내 개나 묶어라"가 가장 심한 욕설 중 하나였다. 그러나 아궁이 사슬을 만지면, 비록 적이라 하더라도, 그 사람은 이제 친구가 되었다.

오세트인의 풍속: 여성 존중

오세트인은 여자를 존중한다. 오세트인의 예법에 따르면, 말을 타고 가다가 여성을 만나면 말에서 내려 여성이 지나간 다음에야 말에 올라탈 수 있다. 만약 남자들이 앉아 있는 곳에 여성이 지나간다면 남자들은 무조건 자리에서 일어나야 한다. 아무리 나이가 많은 노인이라도 예외일 수 없다. 남녀가 길을 걸을 때는 남자는 여자의 왼편에 선다. 만약 길을 걷는 사람이 세 명이라면 여성은 가운데에 선다. 이것은 여성에 대한 존경의 표현이다. 반면 오세트인은 여성을 모욕하는 것을 가장 큰 범죄로 여겼다. 그래서 오세트인은 전투에서

| 19세기 오세트 여성

도 결코 적의 여성들을 죽이지 않았다.

보통 북동 캅카스 지역의 민족들은 여성을 열등하게 여겼다. 이 지역 여성들은 가정에서도, 지역사회에서도 발언권이 없었다. 캅카스 지역의 다른 민족들의 풍습과 비교해보면 오세트 사회에서 여성의 지위가 얼마나 높았는지 확인할 수 있다. 오세트 사회가 보여주는 여성 존중은 알란족, 그 이전에는 사르마트족의 풍습에서 유래했다. 사르마트 여성은 남성들과 동등한 권리를 가졌으며, 특히 처녀들은 남자들과 함께 전투에 참여했다. 바로 여기서 북캅카스 지역에 산다는 아마존 여전사들에 대한 그리스 신화가 유래한다. 오세트 여성은 남자와 자유롭게 사귀었다. 물론 처녀성은 매우 엄격하게 지켰다. 또 오세트 여자은 캅카스의 다른 민족 남자들에게 인기가 많았는데, 아름다우면서도 부지런하고 정절을 지키기로 유명하기 때문이다.

남녀 구분 없는 오세트 전통 의상

오세트인의 전통 의상은 주변 북캅카스 민족들의 의상과 많은 점에서 유사하다. 그러나 전통 의상의 형태, 옷을 만들고 입는 방법 등에서 남녀 사이에 거의 차이가 없다는 점은 오세트 전통 의상의 뚜렷한 특징이다. 이는 오세트인이 걸어온 역사의 질곡, 즉 수많은 전투에 남녀가 구별 없이 동등하게 참

| 18세기 오세트 남성(왼쪽), 전통 의상을 입은 오세트 여성(오른쪽)

여했다는 역사에서 비롯된다. 남녀 복식에 차이가 없다는 특징은 스키타이족과 알란족의 고고학적 유물들에서도 똑같이 나타난다.

　남성 의상은 속옷, 샤로바리(장화 속에 넣어 입는 승마용 바지), 베시메트(무릎까지 오는 윗옷), 체르케스카(깃 없는 겉옷), 파파하(높고 위가 평평한 양털 모자), 신발, 모피 외투, 부르카(산양 가죽이나 펠트 천으로 만든 망토나 소매 없는 외투) 등으로 이루어진다.

　여성의 전통 의상은 위에서 언급했듯이 남자 의상과 본질상 차이가 없다. 알란족의 카타콤(지하묘지)에서 발견된 여성과 남성의 가죽 투구도 똑같은 모양새를 하고 있다. 남성과 마찬가지로 여성도 베시메트, 추뱌키(굽 없는 슬리

퍼), 체르케스카, 모자를 썼다. 유일한 차이점이라면 여성용 모자에는 머리장식이 있다는 것이다.

몽골 타타르의 침입 이후 여성과 남성의 복식에서 차이가 조금씩 나타나기 시작했다. 그럼에도 "오세트족 젊은 여인들은 남자들처럼 둥근 모자를 쓰고 다닌다"는 19세기 초의 기록에서 보듯이, 남녀 복식의 동일성은 근자에 이를 때까지 여전히 유지됐다.

고기 파이 ‒ 오세트 전통 음식의 명함

오세트인이 즐겨 먹는 대표적 전통 음식은 고기가 들어간 파이 츠리테다. 반죽은 흔히 밀가루로 만들었으며, 속에는 양고기와 쇠고기, 닭고기 등 반드시 고기류를 넣어야 한다. 오세트식 추레크(캅카스 지방의 넓적하고 큼직한 빵)도 유명한데 추레크를 만들 때는 밀가루와 옥수수 가루를 섞어서 반죽한다.

파이용 반죽 핏진Фыдджин은 원래 밀가루에 우유나 물만 섞어 만들었다. 하지만 요즘에는 마가린이나 달걀을 넣는 것이 일반적이다. 지금은 고기만으로 속을 채우거나, 둥근 호박과 비트 잎, 감자, 양배추 등을 이용해서 속을 만들기도 한다. 집에서 만들어 먹던 전통 치즈 우앨리바흐를 파이 속으로 넣기도 한다.

파이 만들기는 여성만의 전유물이었으며, 파이 맛으로 여주인의 살림 솜씨를 평가하기도 했다. 파이 반죽을 이기는 일이나 파이의 모양을 잡는 일에는 남성이 절대로 참여할 수 없었고, 도와주는 것조차 창피하게 여겼다.

피가 얇을수록, 그리고 터질 정도로 속이 꽉 찰수록 잘 만든 파이라고 생각했다. 그래서 파이 속이 터졌다 해도 흉이 되기는커녕 여주인의 인심이 후

오세트 전통 파이 핏진(왼쪽)(자료: 위키미디어 ⓒ Georgia About)
오세트 잔칫상(오른쪽)(자료: 위키미디어 ⓒ Геор сотник)

하다는 표시로 여겼다. 그리고 손님에게는 파이를 세 개 이상 대접하는 것이 오세트인의 전통이다. 그래야만 손님에게 존경과 호의를 나타냈다고 여겼다. 파이는 지름이 약 30~35cm 정도로 둥글게 빚는 것이 원칙이다. 하지만 종교 축일에는 번영과 다산을 상징하는 대지의 모양새대로 삼각형으로 빚는다.

유목 생활을 접고 정착생활을 시작했지만, 스키타이인, 알란족 등 유목인의 전통을 물려받은 오세트인에게 고기는 기본 음식이라고 할 수 있다. 흔히 오세트인은 큰 솥에 향신료를 넣고 스메타나(시큼한 유제품)를 주원료로 한 '차흐돈' 소스에 고기를 요리한다. 오세트인은 육류 가운데서 양고기나 소고기를 주로 먹는데, 고기를 통째로 삶아서 큼직큼직하게 썰어 먹는다. 여주인은 보통 채소나 파를 곁들인 매운 마늘 소스에 재워 요리한 고기를 손님들에게 대접한다.

맥주 - 오세트인의 제례주이자 잔칫술

오세트인의 식단은 주로 고기와 빵이었다. 반면 음료는 다채롭지 않았다. 오세트인의 전통 마실 거리로는 론크(홉을 원료로 한 술로 꿀을 넣어 단맛이 강함), 크바스(밀이나 보리를 주원료로 한 시큼한 발효 음료), 아라크(회향풀로 향을 낸 독주), 맥주 등을 꼽을 수 있다. 가축을 키웠으므로 우유도 마셨다.

오세트인을 대표하는 술은 홉을 원료로 한 론크와 맥주다. 연구에 따르면, 이들은 기원전 8~7세기에 술을 만들기 시작했고 기원후 13~14세기의 영웅 서사시인 「나르트 서사시」에도 맥주를 만드는 방법이 기술되어 있으니 맥주의 역사가 얼마나 깊은지 알 수 있다.

나르트 서사시에 따르면, 맛의 비밀을 발견한 사람은 여주인공 '샤타나'라고 한다. 전설은 이렇다. 나르트 서사시의 주인공 우리즈마크는 숲에서 홉을 쪼아 먹다가 땅으로 곤두박질치는 새를 우연히 발견한다. 집으로 돌아온 우리즈마크는 아내 샤타나에게 자기가 본 것을 이야기하고 그 증거로 잡아온 새를 보여준다. 샤타나는 숲으로 가서 새가 쪼아 먹던 홉을 주어다가 발효시켜서 걸쭉한 흑맥주를 만들었다. 그 이후로 맥주는 오세트인의 전통주로 자리 잡는다.

오세트인에게 맥주는 제례, 결혼식, 잔치 등에서 빠질 수 없다. 보통 잔치가 있기 사흘 전부터 모닥불 위에 커다란 구리 솥을 걸고 맥주를 끓이기 시작한다. 세 개의 둥근 파이가 놓인 탁자 앞에서 어른이 손에 맥주를 들고 신에 대한 기도를 드린 다음에 잔치나 예식이 시작된다. 기도가 끝나면 식탁 옆에 서 있던 가장 나이 어린 사람이 어른에게 다가가 맨 위에 놓인 파이에서 한 조각을 떼어먹고는 어른의 손에 들려 있던 맥주를 조금 마신다. 그런 다음 맥주

오세트 전통 맥주를 담는 의례용 잔(왼쪽)(자료: 위키미디어 ⓒ Геор сотник)
아라크 제조(오른쪽)(코스타 헤타구로프, 년도 미상)

잔을 돌려가며 모든 참가자가 몇 모금씩 마신 후에 다시 자신에게 돌아온 맥주잔을 받아 어른이 다 마시면 잔치는 본격적으로 시작된다.

꿀이 들어가 달콤한 맛이 나는 오세트인의 전통술 론크도 샤타나가 그 비법을 알아냈다고 전해진다. 론크는 오세트인의 신화에서 천둥과 폭풍의 신 우아칠라가 처음 만들어 마셨고, 샤타나가 그 비법을 알아내서 고대 영웅들이 즐겨 마셨다고 알려져 있다.

오세트인의 결혼: 중매쟁이와 중매결혼

오세트인은 아직도 중매결혼 풍습을 유지하고 있다. 반드시 세 명 이상으로 중매쟁이 팀을 구성한다. 한 명은 총각 측 친척, 다른 한 명은 이웃 중에서 가장 존경받는 연장자, 마지막 한 명은 신부 가족을 잘 아는 사람이다. 결혼 날짜가 정해지면, 총각 측 부모는 중매쟁이를 통해 신부네 집에 약조금을 지급하는데, 이를 '피디드'라고 한다.

Осетинки за работой.

| 집안일을 하고 있는 오세트 여성들(19세기)

　피디드를 지불한 이후 결혼식 전날이 되면 신랑은 친구들과 함께 처가를 방문한다. 예비 신부는 가장 친한 여자 친구들만 조용히 불러서 신랑 측을 맞이한다. 이때 예비 신랑의 필수 준비물은 사탕이다. 예비 신랑은 가져온 사탕을 모여 있는 모든 여자에게 나누어준다. 여자들은 사탕을 받으며 "삶이 이 사탕처럼 달콤하기를"이라고 축복의 말을 건넨다. 이후 예비 신랑은 신부에게 결혼반지를 전달하고 젊은이들의 잔치가 시작된다.

　결혼식 날에 신랑은 의형제, 손님들과 함께 신부 측 집으로 향한다. 예비 신랑의 부모가 미리 정해놓은 의형제는 신부를 신랑 측 집으로 데려오는 일부터 손님맞이 등 결혼식 관련 제반 사항을 점검하고 집행한다. 의형제는 신랑의 집뿐만 아니라 신부네 집에서도 결혼식 절차를 이끌어간다. 결혼식에 참석할 사람에게는 미리 통보한다. 그들 중 가장 존경받는 연장자가 결혼식이 절차대로 잘 진행되고 있는지 감독하는 역할을 맡는다. 신랑이 신부를 데

리러 신부네 집으로 떠나기 전에 결혼식을 도와주는 사람들에게 음식을 대접한다.

신부의 친척들과 가문의 연장자들이 신부를 데리러 온 신랑 측 사람들을 맞이한다. 환영의 표시로 신부 측 젊은이들은 세 개의 둥근 고기 파이와 맥주 등을 가져온다. 신랑 측 연장자는 신을 찬양하고 신부네 집을 축복하면서 환대에 감사를 표한다. 결혼식이 끝난 후 신부는 자기 집 아궁이에서 작별을 고하고 친정을 떠나 시댁으로 간다. 캅카스의 다른 민족들과 비교하면 여자들이 존중받는 전통을 유지하고 있지만, 그런 오세트 여자들에게도 시집살이는 비껴가지 않는다.

오세트인의 장례식: 잔치처럼 성대하게, 그리고 모두가 함께

요람이 있는 그 곳에 관도 놓이게 될 것이다　_ 오세트인의 속담

상주나 고인의 친척은 직접 장례에 관여하지 않는 것이 오세트인의 관습이다. 장례 절차는 가장 책임감 있고 존경받는 노인이나 장례 풍습을 잘 아는 어른 한 명에게 위임된다. 그는 발인을 언제 할지, 장례식에는 누구를 초대할지, 그리고 누가 묘를 파고, 가축을 누가 잡고, 어떻게 손님들에게 대접할지 결정한다.

오세트인은 보통 이일장이나 삼일장을 치른다. 고인을 집에 모시는 동안 그와 가까웠던 사람들이나 남자 이웃들이 문 옆에 서서 조문을 받는다. 조문은 남자들만 할 수 있으며, 혼자는 안 되고, 두 명씩 하거나 네 명씩 짝을 이루는 것이 관례다. 두 명일 때는 오른쪽에 서 있는 사람이, 네 명일 때는 오른쪽

| 북오세티야 다르갑스 마을의 묘지

에서 두 번째 사람이 애도를 표한다. 다리가 불편하더라도 지팡이를 짚고는 조문하지 않는 것이 예의다. 고인의 여자 가족들과 가까운 여자 친척들은 관 옆에서 곡을 해야 한다.

오세트인은 최근 들어서야 매장에 관을 사용하기 시작했다. 보통은 관 뚜껑을 덮지 않거나 관 뚜껑 자체가 없다. 시신을 매장할 때에는 조문객들이 고인에게 추모의 말을 건네는 시간(대략 14시간 정도)을 가진다. 그리고 나서야 시신을 무덤에 안장한다. 이후 사람들은 다시 고인의 집으로 돌아가 고인의 명복을 빈다.

오세트인의 매장 풍습은 인구시인이나 발카르인처럼 여러 형태가 공존한다. 산악지대에서 흔히 보이는 석함 무덤이나 분묘, 평야 지대에서 볼 수 있는 카타콤 형태의 매장 풍습이 그것이다. 오세트인은 19세기 중반까지 석함 무덤 방식을 취했다. 이후에는 러시아의 매장 풍습에서 차용한 관을 사용했다. 북오세트인은 알란족의 카타콤에서 유래한 분묘 형식의 매장 풍습을 17세기까지 유지했다. 일부 지역을 제외하고는 18세기에 들어서면서 분묘는 소멸했다. 고대 오세트인은 무덤에 일상용품, 장신구, 무기 등을 시신과 함께 묻었다. 고대 코반 문화 시대 무덤들이 이 점을 보여주는 좋은 증거다. 근대에 와서는 그런 전통이 사라졌지만, 이 관습은 남아서 비석에 물건을 그려 넣는 풍습으로 이어졌다.

앞서 언급했듯이, 이일장과 삼일장이 일반적이다. 그러나 추도식을 더 성대하게 치르기 위해 발인을 하루나 이틀 더 연기하기도 한다. 추도식 기간에 사람들은 곡을 멈추지 않고 그 장소를 떠나지도 않는다. 바쁜 농번기에도 하던 일을 멈추고 고인의 집을 방문하여 고인의 마지막 길을 함께 한다.

오세트인의 장례식과 추도식 식탁은 모든 것이 쌍으로 차려진다. 연장자가 식탁을 주관하고 두 번째 상석에는 멀리서 온 손님 가운데서 연장자가, 세 번째 자리에는 가족 대표자나 친척 가운데서 한 명이 앉는다. 가장 큰 어른 앞에 세 개의 고기 파이와 잡은 고기의 머리와 목을 내놓는다. 3이란 숫자는 오세트인의 신화 체계에서 중요한 의미가 있다. 세 개의 둥근 파이와 세 개의 삼각형 파이, 세 개의 잔은 각각 태양과 대지, 물을 상징한다. 오세트인의 가정과 집 안에 항상 태양과 대지와 물의 수호신이 깃들게 하라는 뜻으로 세 개를 준비한다.

오세트인은 장례식 날과 1주기 추도식을 가장 성대하게 치른다. 오세트인 사이에 "왜 그가 부자인지 아나? 아직 아무도 안 죽었기 때문이지!"라는 말이 있을 정도로 장례식과 추도식을 거하게 하는 것으로 유명하다.

오세트인의 기질: 근면과 예의, 단합

즉흥적이고 적응이 빠르고 변덕스럽다는 말은 오세트인에 대한 흔한 평가다. '사람은 돌보다 강하고 꽃보다 약하다'는 속담은 그러한 오세트인의 특징을 잘 보여준다. 고대의 전투적 기질과 약탈 생활, 단조롭고 안정적인 정착 생활이 결합하여 형성된 것일 터이다.

오세트인은 여성의 명예를 존중하고 부부간의 정절을 지키며 연장자를 공경하는 것을 기본 덕목으로 여긴다. 또 검소와 청렴을 중시한다. 이것이 오

| 북오세티야의 알라기르 협곡(자료: 위키미디어 ⓒ Скампецкий)

세트인 사회에서 사람을 평가하는 잣대다. 오세트인은 실제적인 도움이 필요
한 사람이나 가난한 사람을 물심양면으로 돕는다. 여기에 혈연이나 친분 관
계는 개입되지 않는다. '지우'로 불리며 면면히 이어져 온 자원봉사자들은 이
들의 협동과 화합을 중시하는 전통을 말해준다. 젊은이들은 노동 능력이 없
는 가난한 가족을 위해 몇 시간씩 풀을 베어주는 일을 대신 해주기도 하며, 여
자들은 빵을 나눠주는 등 먹거리를 제공했다. 자연재해나 사고를 당해 노동
을 할 수 없는 사람들에게는 힘이 닿는 한에서 도움을 아끼지 않았다.

　훌륭한 전통을 가진 예의범절의 민족 오세트인이 지금은 남북으로 분단
되고 중앙아시아를 비롯한 옛 소련 지역과 터키 등 세계 곳곳으로 흩어져 있
지만, 고향땅에 모여 화합을 이루며 살기를 바라본다. '타향은 계모, 고향은
어머니'라는 오세트 속담처럼, 캅카스산맥의 고향땅 오세티야는 어머니의 품
이 흩어진 자식들을 하나로 품어주듯이 오세트인들을 다시 하나로 이어줄 것
이다.

칼미크인
러시아 남서부에 남아 있는 몽골의 후예들

권기배

명칭 Kalmyks(영어), Калмыки(러시아어)
인구 러시아 내 183,372명, 칼미크 공화국 내 162,740명
위치 칼미크 공화국(또는 칼미키야, 카스피해 북쪽 연안)
언어 러시아어, 칼미크어
문화적 특징 몽골 민족의 후손으로 유럽에서 유일하게 동양 문화의 전통을 유지하면서
　　　　　　　불교를 믿는다.

러시아 문학, 푸시킨 그리고 칼미크 민족

러시아 문학 속의 칼미크 민족은 '러시아의 작은 동양'으로 형상화되었다. 특히 러시아 남부 스텝 지역에 거주하는 칼미크인의 자연 친화적이고 야생적인 이미지는 다수의 시인들에 의해서 러시아 독자들에게 알려져 왔다. 특히 알렉산드르 푸시킨, 바실리 주콥스키, 세르게이 예세닌, 벨리미르 흘레브니코프 등의 시에서 칼미크인의 모습이 생생하게 표현되었다.

특히 카스피해, 더 넓게는 캅카스 지역에 거주하고 있는 칼미크 민족은 몽골의 상징적 존재로서 러시아 대문호 푸시킨의 관심의 대상이었다. 푸시킨은 자신의 평론, 소설, 시를 통해서 러시아 독자들에게 칼미크 민족을 '러시아에서 동양의 문화를 유지하고 있는 몽골족의 후예'로 소개하고 있다. 훗날 푸시킨의 부인이 된 나탈리아 곤차로바를 향한 사랑의 좌절감에서 시작한 1829년 남부로의 여행길에서 만난 칼미크 여성은 푸시킨에게 강렬한 느낌을 심어주었다. 이러한 작가적 인상은 그의 시 「칼미크 여인」에서 다음과 같이 표현되어 있다.

안녕! 친절한 칼미크 여인이여!/
당신의 눈은 물론 동양적이고/
코도 평평하고, 이마도 넓고,
/〈…〉
당신의 시선과 야생적인 아름다움이/
나의 이성과 가슴을 매혹하는 구나.

칼미크 민족은 누구인가?

푸시킨 문학에 동양의 상징
으로 등장한 칼미크 민족은 오래
전부터 카스피해 북쪽 연안 저지
대에 거주하고 있으며 현재 러시
아연방의 일원으로서 칼미크 공
화국을 구성하여 살고 있다. 칼
미크의 의미는 '남아 있는 자들'

| 칼미크인들(자료: 위키미디어 ⓒ Rartat)

로서, 18세기 중엽 제정 러시아로부터 집단 탈주 과정에서 얻은 용어로 역사
에 기록되어 있다.

칼미크 공화국은 유럽 유일의 불교 국가로 동양 문화를 고스란히 간직하
고 있어 신비의 공화국이라 불리고 있다. 국토의 면적은 7만 6100km²로서 한
반도보다 약간 작으며, 인구는 2015년 기준 28만여 명이다. 칼미크 공화국 인
구는 매년 줄어들고 있다. 2002년도 칼미크 공화국의 인구는 30만 명, 2010
년 29만 명이었다.

칼미크 공화국의 민족 구성 중 몽골족의 후예인 칼미크인은 전체 인구의
절반 이상을 차지한다. 다른 러시아의 공화국들에 비해 인종적 단일성이 두
드러진다. 러시아인이 공화국에서 두 번째로 인구가 많아, 두 주요 민족이 인
구의 절대다수인 89% 정도를 차지하고 있다. 칼미크 공화국의 민족 구성 중
특이한 점은 고려인들이 다수 거주하고 있다는 것이다. 2010년 기준 고려인
의 수는 1500여 명으로, 전체 인구의 0.5%를 차지하고 있다. 이는 10년 전보
다 300여 명 정도 늘어난 것이다.

칼미크 공화국의 수도는 엘리스타이다. 엘리스타는 칼미크어로 '모래로 만든 도시'라는 뜻이다. 140여 년 전 광활한 초원지대에 세워진 엘리스타의 현재 인구는 10만여 명이다. 엘리스타를 '스텝의 진주'라고도 부른다.

칼미크인의 역사: 중국에서 러시아로

칼미크인의 역사는 15세기 전반에 시작된다. 원래 몽골 유목민이었던 칼미크인의 조상인 '오이라트'는 몽골 제국이 동서로 분열된 이후 독립 국가를 형성함으로써 역사에 등장한다. 16세기 후반 오이라트는 현재의 중국 신장 지역을 떠나 러시아로 향한다. 그들은 16세기 말엽 캅카스산맥 북쪽 볼가강과 돈강 유역의 스텝 지역에 정착하여 제정 러시아 정부의 허락하에 칼미크한국

노가이인과 칼미크인(1800년대 작품)

을 건설한다. 17세기 초 제정 러시아 황제에게 충성을 맹세한 칼미크한국은 유목 생활양식, 인종적 단일성, 불교 신앙을 보존하게 된다. 이들은 러시아 제국에 속박되었고 러시아 남부 국경선을 지켜주는 용병 역할을 맡게 됐다.

제정 러시아는 칼미크 민족의 높은 전투성을 높이 평가하면서 러시아의 영토 확장 과정에 '몽골족의 용맹성'을 이용한다. 그리고 러시아 정부의 필요에 의해서 17세기 중엽부터 러시아와 칼미크인과의 관계가 더욱 밀접해졌고 칼미크 민족은 18세기 중엽까지 자치권을 보장 받으면서 자유롭게 생활했다.

러시아로부터의 탈주와 집단 학살

제정 러시아 정부의 학대가 심해지자 칼미크인들은 민족 지도자 우부슈

ÉMIGRATION FORCÉE DE KALMOUKS EN CHINE.

신장 지역으로 돌아가는 칼미크인(Charles M. Geoffroy, 1845)

의 지도하에 볼가강 유역의 정착지를 버리고 고향인 중국 신장 지역으로 돌아가기로 결정한다. 『15세기부터 현대까지의 오이라트 또는 칼미크의 역사적 평론』(나키타 비추린, 1834)에 따르면, 1771년 러시아로부터 칼미크인들의 대규모 도주가 시작된다. 제정 러시아 정부에 의해서 공식적으로 도망자의 신분으로 전락한 칼미크인의 탈주는 비극적인 결과를 초래한다.

카자흐스탄의 초원을 통해 중국으로 귀환하는 1년 동안 칼미크인 10만 명이 학살당한다. 이러한 칼미크인의 비극은 러시아 시인 예세닌의 장시 「푸가초프」의 2장 '칼미크인들의 탈주'에서 그려진다. 탄압과 학살 결과, 극소수만이 중국으로의 귀환에 성공한다. 결과적으로 탈주에 실패한 칼미크인은 제정 러시아 정부에 더욱 예속된다.

또 다른 이주와 귀환

| 칼미크 공화국 깃발

칼미크인은 제정 러시아 시기보다 독자성을 더욱 상실한 채로 사회주의 혁명을 맞이하게 되었다. 이들의 거주지는 소비에트 정부에 의해서 1917년 칼미크 자치주, 1935년 칼미크 소비에트 사회주의 자치공화국으로 개편된다. 그러나 1943년에 나치와 연합하려 한다는 이유로 스탈린에 의해 시베리아로 강제 추방당하면서 칼미크 땅은 사라지게 된다.

13년간 계속된 혹독한 추방의 시련이 끝난 후 다시 카스피해 지역으로 돌아온 칼미크인은 1957년 2월 소비에트 정부의 '칼미크 자치주의 구성'에 관한

법령에 의하여 러시아 남부 스타브로폴 지역에 속한 자치주를 만들게 된다. 1958년 7월 29일에는 소비에트 정부의 결정에 의하여 자치주는 자치공화국으로 변경되어 소비에트 연방 붕괴 전까지 유지된다. 소련 붕괴 후 칼미크 자치공화국은 현재의 러시아연방 칼미크 공화국으로 바뀌었다.

몽골어의 방언, 칼미크어

칼미크인의 공식적인 통용어는 러시아어와 칼미크어이다. 칼미크 정부의 공식 문서는 러시아어로 통일되어 있다. 초·중·고등학교에서 필수 과목으로 칼미크어를 가르치고 있고, 고등학교 졸업시험에는 러시아어와 함께 칼미크어가 필수 시험 과목이다. 시골에서 할아버지, 할머니들과 대화할 때는 젊은이라도 러시아어보다는 칼미크어를 더 자연스럽게 사용한다.

칼미크어는 알타이어족에 속하는 언어이다. 좀 더 세부적으로 나누면 볼가강 유역의 오이라트 언어로 몽골어의 서쪽 방언에 속한다. 칼미크어는 터키어, 러시아어, 티베트어 등에서 영향을 많이 받았는데, 특히 불교 용어들이 많이 차용되었다. 17세기 칼미크 민족이 볼가강으로 이전한 이후, 캅카스 등지에 사는 타타르인과 접촉하면서 터키어가 칼미크어에 영향을 미쳤다. 러시아어는 주로 행정 언어에서 많이 차용됐고 다른 영역에서는 그 영향이 매우 적다고 할 수 있다.

칼미크인이 자신의 문자를 사용하기 시작한 것은 17세기 중엽부터이다. 그전까지 그들은 위구르-몽골 문자를 사용했다. 1648년에 오이라트-칼미크의 계몽학자인 자야판지타(1599-1662) 승려가 몽골 문자를 근간으로 새로운 문자를 창제했다. 이 문자는 완벽한 것으로 간주되어 칼미크어로 토도비치그

(완벽한 문자)라고 불리었다. 칼미크 민족은 키릴 문자를 받아들이는 1924년까지 이 문자를 사용했다.

1924년부터는 키릴 문자를 바탕으로 만들어진 새 문자를 사용했는데, 이때 몇 개의 새로운 글자가 첨가되었다. 1928년 또다시 문자 개혁을 단행했고 2년 후 칼미크 민족은 라틴 문자를 자신의 언어에 도입했다. 그러나 1930년의 문자 개혁은 오래가지 못했다. 다시 키릴 문자를 사용하는 개혁이 1938년에 단행되었는데, 전에 이용했던 두 가지의 문자(1924년의 키릴 문자와 1930년의 라틴 문자)와는 다른 것이었다. 많은 문자 개혁에 마침표를 찍는 개혁이 1941년에 실시되어, 현재까지 이어오고 있다.

전통 음식 - 양고기와 유제품, 그리고 칼미크 차

칼미크인은 오랜 유목 생활을 하면서 네 종류의 가축(양, 말, 낙타와 소)을 주로 길렀다. 칼미크인은 기르는 가축에서 얻은 고기를 즐겨 먹었다. 그중에서도 양고기를 음식에 자주 사용했다. 중요한 손님이 오면 양의 머리를 대접했다. 칼미크 민족은 고기를 보통 삶아서 먹었다.부드럽게 삶은 고기를 얇게 썰어 고기 국물과 함께 식탁에 내놓았다. 칼미크인은 얇게 썬 고기를 태양 아래에서 말려서 먹거나, 훈제하여 콜바사(고기 순대)를 만들어 먹었다. 현재 러시아에서 가장 인기 있는 고기와 콜바사는 칼미크에서 생산되는 것이다.

고기와 함께 칼미크 민족의 주식은 유제품이다. 칼미크 민족은 예로부터 우유를 직접 마시기보다는 우유를 가공한 유제품을 많이 먹었다. 전통적으로 칼미크 민족이 자주 먹었던 유제품은 20여 개가 넘는다. 그중에서 스메타나(사워크림), 버터, 치겐(발효 우유), 쿠미스를 즐겼다. 특히 마유를 발효시킨 낮은 도수의 알코올 음료인 '쿠미스'는 칼미크 민족이 가장 즐겨 마시는 전통 음료이다. 하얀색의 쿠미스는 보통 4살에서 10살까지의 암말에서 얻은 신선한 마유에 효모를 첨가한 후, 나무로 만든 특별 용기에서 막대기로 천천히 젓는 과정을 거쳐서 만들어지는 강한 신맛의 음료이다. 예로부터 칼미크 민족은 이 음료를

칼미크 차, 그리고 칼미크식 만두인 뵤리크와 빵 보르초크 (자료: 위키미디어)

폐결핵 환자나 위장 질환이 있는 환자를 치료하는 약으로도 사용했다. 현재 쿠미스는 건강을 위해서 사람들이 많이 찾는 전문 요양소에서만 제작된다.

칼미크 민족의 전통 음식문화에서 가장 중요한 것은 차다. 붉은 색의 칼미크 차는 독특한 맛으로 세계적으로 유명하다. 먼저 찻잎을 통속에서 압착한 후, 우유와 함께 넣어 팔팔 끓인다. 여기에 버터와 소금을 첨가해서 맛을 낸다. 그리고 향기를 강하게 내기 위하여 녹나무에서 나온 잎을 넣는다. 이 칼미크 차는 칼미크인뿐만 아니라 현재 북캅카스 민족과 러시아 남부에 거주하는 러시아인들도 즐겨 마신다.

고기나 유제품처럼 전통적인 주식은 아니지만 생선과 빵도 칼미크 민족이 일상생활에서 자주 먹는 음식이다. 특히 카스피해 연안이나 볼가강 연안에 거주하는 칼미크인은 다양한 종류의 생선 요리를 자주 먹는다. 밀로 만드는 러시아 빵과는 달리, 칼미크 민족의 빵은 누룩이나 효모를 원료로 하여 가정에서 직접 구워서 만든다.

전통 의상 - 남성의 푸른색 옷과 여성의 조끼

칼미크 남성이 입는 전통 의상의 상의는 목둘레를 원형으로 도려낸 긴 소매 셔츠이다. 이 셔츠는 하의 위로 내어서 단추로 채우거나, 노끈으로 묶고 다녔다. 칼미크 남성은 여기에 허리춤을 끈으로 묶는 푸른색이나 줄무늬의 면바지를 주로 입었다.

칼미크 여성의 전통적인 의상은 상당히 다양했다. 그중에서 미혼과 기혼의 여성을 구별하는 의상이 있는데, 바로 조끼이다. 12~13살의 소녀들은 속옷 위에 양모로 만든 조끼를 입고 다녀야 했다. 이 조끼는 가슴과 허리를 졸라매는 역할을 하는 것으로, 가슴을 평평하게 보이게 했다. 미혼의 소녀들은 머

| 19세기 전통 의복을 입은 칼미크인들

리를 땋아, 그 위에 모자를 쓰고 다녀야 했다. 이것은 결혼하기 전까지 머리를 보여주지 않아야 한다는 관습에서 유래되었다. 기혼 여성들은 미혼 여성에 비해 통이 넓은 편한 옷을 일상복으로 입었다. 겨울에는 남녀노소 모두 양가죽으로 만든 외투를 입고 다녔다. 칼미크인은 두꺼운 겨울옷의 재봉을 위해 양가죽으로 만든 특별한 기구를 이용했다. 외투의 깃과 소매에는 새끼 양에서 얻은 털로 장식했다.

전통 의상의 우아함과 화려함은 사회적 지위와 빈부의 차이에 따라서 달랐다. 그러나 그 차이가 계층 간 위화감을 조성하여

| 칼미크 전통 예술단(자료: 위키미디어 ⓒ Rartat)

큰 사회적인 문제가 되었다는 역사적인 기록은 없다. 1950년대까지만 하더라도 칼미크인은 전통 의상을 입고 다녔다. 그러나 러시아인의 영향을 받아 지금은 현대적인 의상을 입는다.

전통 가옥 - 이동성이 뛰어난 게르

유목 생활을 주로 했던 칼미크인의 전통 가옥은 이동할 때 용이한 몽골식 게르이다. 이 전통 가옥은 천으로 만들어서 가벼울 뿐만 아니라 설치가 간편하다. 출입구가 남쪽 방향으로 나 있는 칼미크 게르는 가옥 내부에 나무 기둥

| 19세기 이전의 칼미크 전통 가옥

이 없고 출입구의 문이 두 쪽이라는 점에서 몽골의 전통 가옥과 차이를 보인다. 현대에 들어와서 칼미크인의 주거문화는 바뀌었다. 농촌에서는 일반 목조 주택, 도시에서는 아파트에서 거주한다.

유럽 유일의 불교 민족

칼미크인은 불교에 대한 신앙심이 매우 깊은 민족으로 100여 개가 넘는 불교 사찰을 중심으로 주민의 대다수가 불교를 믿고 있다. 티베트 불교의 강력한 영향을 받은 칼미크 민족은 중국을 떠나 러시아에 정착할 때 티베트 불교 전통도 함께 가지고 온 것이다.

칼미크 불교의 특징 중 하나는 유목민 특유의 샤머니즘과 불교가 융합된 것이다. 현재는 법으로 금지되었지만 샤머니즘적인 치료 행위는 아직도 칼미크 불교의 주요한 부분을 차지하고 있다. 현재에도 티베트 불교의 영향력은 강하여 수도 엘리스타에는 티베트 불교의 상징인 기와지붕 사원이 여러 곳에 있고 대부분 티베트에서 온 스님들이 티베트어로 독경을 한다.

티베트 불교의 영향은 공화국 최고의 불교 지도자를 선택하는 과정에서도 나타난다. 티베트의 달라이 라마처럼, 칼미크 공화국의 최고 불교 지도자는 과거에 살았던 고승의 환생으로 태어난 어린이 중에서 선택된다. 최고 불교 지도자의 공식 명칭은 샤진-라마 텔로 툴쿠 린포체Шажин-лама Тэло Тулку Ринпоче로 보통 린포체라고 부른다. 현재 칼미크인의 불교 지도자인 린포체는 미국에서 태어났지만 환생 스님으로 인정받은 뒤, 칼미크 민족의 정신적 지주로서 칼미크 공화국 수도인 엘리스타에 거주하고 있다.

현재 린포체인 에르드니 옴바디코프(자료: 위키미디어)

칼미크 민족은 티베트의 정신적 지주 달라이 라마의 엘리스타 방문(2004년 11월), 한국 불교와의 교류 등 세계 여러 불교국과 깊은 신뢰 관계를 맺고 있다. 특히 칼미크 불교는 한국 불교 최대 종단인 조계종과 긴밀한 관계를 유지하고 있다. 2011년 5월 부처님 오신 날에 맞추어 칼미크 린포체가 방한하여, 조계종 총무원장인 자승 스님과 양국의 불교 교류 방안에 대하여 협의했다. 또한 2015년 5월 15일~18일 조계종이 개최한 '광복 70주년, 한반도 통일과 세계 평화를 위한 기원대회 및 세계 간화선 무차대회'에 또다시 린포체가 초청받아 19개국 불교 고승 등 종교 지도자 300여 명과 함께 남북통일과 세계 평화를 위한 공동 발원문을 채택했다.

그러나 오늘날 칼미크 불교와 불교 지도자의 역동적인 모습은 사회주의 혁명 이후 형성된 소비에트 시대만 해도 상상할 수가 없었다. 사실 1917년 러시아 혁명이 일어나기 전까지 칼미크에는 대규모 불교 사찰만 150여 개 넘게

| 19세기 칼미크인의 예불 모습(왼쪽), 18세기 이동사원의 모습(오른쪽)

있었으며, 칼미크인은 그 불교 사원에서 자유롭게 종교 생활을 했다. 심지어
유목 생활을 하면서도 불상을 휴대용 천막인 유르트 정중앙에 모시고 승려와
일반인들이 자유롭게 모여 불교 의식을 거행하기도 했다.

그러나 소비에트 시대를 거치면서 칼미크 불교 사원은 대부분 파괴되었
고 승려는 탄압의 대상이 되었다. 1920년대 말부터 소비에트 정부는 종교를
대대적으로 탄압하기 시작했다. 1929년 4월 8일 '종교 통합' 법령을 통하여
공산당 지도부와 청년 당원들에 의해서 불교 사원의 폐쇄 운동이 일어났다.
이렇게 해서 대부분의 칼미크 마을에서 사원이 닫혔다. 종교 정책에 대한 대
중적인 불만을 '악적인 요소'로 규정한 소비에트 정부의 강력한 대처로 시위
는 약해졌고, 실제로 탄압은 계속되었다. 특히 1929년부터 칼미크에서는 불
교 승려들에 대한 체포가 시작되었는데, 1930년에만 23명의 승려들이 체포
되어 투옥되었다. 그리고 1931년에는 승려들의 체포에 반발하는 칼미크 최
고 불교 지도자를 포함한 53명의 승려들이 반혁명단체 '일몰(자카트)'을 조직
하고 활동한 혐의로 체포되었다. 이렇게 시작된 탄압은 1980년대 말까지 계
속되었고, 그 결과 1990년대 초 칼미크 불교는 거의 말살되었다.

칼미크 공화국에서 불교를 포함한 종교의 자유가 도래한 것은 1990년대 초반이다. 수도 엘리스타에 불교 말살 이후 처음으로 불교 집단이 구성되었다. 그리고 불교에 대한 주민들의 관심이 커지면서, 예불에 참여하는 사람이 늘었다. 1993년 러시아 연방 및 칼미크 공화국 법률로 신앙의 자유에 대한 시민의 권리를 명문화한 이후, 칼미크 불교는 혁명 이전의 유럽 최대 불교

| 칼미크 공화국의 황금 사원(자료: 위키미디어)

민족의 지위를 되찾아가고 있다. 엘리스타에 복원된 유럽 최대의 불교 사찰 '황금 사원'은 현재 칼미크 불교의 제2의 부흥기를 알려주는 상징으로 자리매김 하고 있다.

칼미크 민족과 체스

칼미크 민족의 체스에 대한 사랑은 유별하다. 칼미크 공화국은 체스를 국기國技로 도입하면서, 체스 공화국으로 국제사회에 부각되고 있다. 초등학생들이 학교에서 체스 수업을 받고, 체스 챔피언이 되겠다는 학생들을 정부가 지원해주고 있다.

체스 열풍은 바로 칼미크 공화국의 초대 대통령을 지낸 키르산 일륨지노

| 칼미크 공화국의 체스 마을(자료: 위키미디어)　| 수도 엘리스타의 레닌광장에 있는 체스판(자료: 위키미디어)

프 덕분이다. 현재 세계체스연맹 총재인 그는 1998년 세계 체스 올림피아드를 엘리스타에 유치하며 칼미크가 체스 공화국임을 세계에 알린 인물이기도 하다. 올림피아드 이후 엘리스타에 '체스 마을'이 형성되어 시민들이 거주하고 있다.

키르산 일륨지노프는 2015년 7월에 '2015 세계 청소년 마인드스포츠 대회'와 '2015 아시아 유소년 체스 선수권대회'와 관련하여 한국을 방문했다. 그는 판문점에서 북한 측과 남북한 어린이의 친선 체스대회를 논의했으나, 실행되지는 못했다. 그의 뒤를 이어 2010년 이후 현재까지 칼미크 공화국을 이끌고 있는 알렉세이 오를로프 대통령도 세계체스기금에서 활동한 독특한 경력을 가지고 있다. 그 역시 공화국의 체스 발전에 상당히 기여하고 있어 앞으로도 체스 공화국으로서의 명성은 계속될 것으로 보인다.

아디게인
동계 올림픽 개최지 소치의 원주민

박미령

명칭 Adyghe, Adygeans(영어), Адыгейцы(러시아어)
인구 러시아 내 124,835명, 아디게야 공화국 내 107,048명
위치 아디게야 공화국과 크라스노다르주를 비롯한 북캅카스 전역
언어 러시아어, 아디게어, 카바르디노-체르케스어, 터키어
문화적 특징 '체르케스'라는 명칭으로도 잘 알려져 있으며, 과거 카바르딘인, 샵수그인
　　　　　　등도 아디게인으로 불렸다. '아디게 합제'라는 관습법은 아디게 전통의 핵심이자
　　　　　　이들의 철학이며 세계관이다.

아디게야
공화국

크라스노다르주　　　•마이코프

흑해

2014년 러시아 소치에 열린 동계 올림픽은 우리에게도 의미가 있는 대회였다. 피겨스케이팅에서 김연아 선수는 금메달 2연패를 노리며 완벽한 연기를 펼쳤지만, 러시아의 소트니코바에게 밀려 은메달에 그쳤다. 여기에는 여러 논란이 존재하지만, 우리보다 더 억울한 사람들이 있다. 그들은 바로 화려한 동계 올림픽 뒤에 은폐된 소치의 원주민인 아디게인(체르케스인)이다. 2014년에 동계 올림픽이 열리는 소치는 아디게인의 오랜 삶의 터전이며 그들의 나라였던 체르케스카야의 수도였고, 러시아와 아디게인 간에 벌어진 전쟁의 최후 항전 지역이었다. 소치 올림픽 알파인 스키장이 위치한 크라스나야 폴랴나는 원래 아름다운 들이지만, 다른 의미로는 붉은 들이란 뜻도 지닌다. 이곳은 마지막 아디게 전사들이 결국 러시아 제국에 무릎을 꿇었던 역사적 장소이기도 하다.

러시아 정부는 올림픽 당시는 물론이고 올림픽 전과 후에도 이 지역 원주민인 아디게인에 대한 언급을 전혀 하지 않았을 뿐만 아니라 원래부터 러시아 땅인 것 같은 태도를 보였다. 이에 아디게인은 분노했다. 더구나 러시아 정부는 자신의 존재를 알리려는 아디게인의 어떤 시도에도 강경한 태도를 보이며 아디게인 대표자인 아스케르 소흐트를 체포하고 시위자들을 잡아들여, 이들을 마치 올림픽을 위협하려는 위험 세력으로 취급했다. 그러나 아디게인은 선조의 땅, 자신들의 터전이었던 소치의 원주인이었음을, 자신들이 고대부터 현재까지 캅카스에 현존하는 민족임을 세상에 알리려고 노력하고 있다.

바다 근처 산에 사는 사람들, 아디게인

아디게인은 체르케스인이라고도 불린다.
아디게라는 민족 명칭은 자신들이 부르는 명
칭이고, 타민족들이 이 민족을 부르는 이름은
체르케스이다. 아디게라는 명칭은 산악인, '높
은 땅에 사는 사람'이라는 뜻을 지닌 atté(높은)
란 말에서 파생했으며 ghéi는 바다라는 의미
를 지니고 있어, 두 의미를 합치면 '바다 연안
의 산에 사는 사람들'이란 뜻을 지니게 된다.

전통 의상을 입은 아디게인
(자료: 위키미디어 ⓒ Ragim West)

터키인과 러시아인은 아디게인을 체르케
스라고 불렀다. 체르케스라는 이름은 터키어로 '군인이면서 자르는 사람'이
란 뜻을 지닌다. 주로 칼을 휘두르면서 전쟁에 나가 싸웠던 옛 군인들을 이렇
게 표현했던 것이다.

체르케스의 민족명과 체르케스카야라는 국가명은 18세기부터 아디게 민
족과 북캅카스에 있는 이들의 나라를 지칭하는 말이었다. 19세기 러시아 제
국과 이후 소련이 행정 개혁을 하면서 샵수그인, 아디게인, 카바르딘인을 모
두 아디게인으로 불렀다.

체르케스카야 왕국을 이뤘던 아디게인

아디게인 선조는 흑해 연안의 캅카스에 터를 잡은 가장 오래된 민족에 속
한다. 그들은 석기 시대에 북캅카스 지역에 거주했으며 기원전 8000년 이전

에도 존재했다. 청동기 시대에 이 지역에서 활약하던 아디게인의 선조로 일컬어지는 종족들은 메오트족, 신도족과 지흐족이 있다. '지흐'라는 민족 명칭은 아디게와 압하즈인의 연합을 이 당시 고대 그리스와 라틴어로 부른 이름이었다. 지흐족은 지금 아디게 민족의 선조 중 하나인데, 주변의 소수민족들, 압하즈인, 아바진인, 우비흐인을 병합하면서 지금의 아디게 민족을 형성했다. 이 종족들은 청동기 시대에 철을 이용해 사냥과 농경, 목축업에 종사하면서 여기서 얻은 물건을 이웃 나라에 파는 등 경제적 기반을 바탕으로 왕국을 세웠으며 흑해 연안에 영향력을 행사했다.

그러나 아디게인이 정착해서 살던 흑해 연안은 아시아와 유럽의 경계로 국가와 제국의 이익에 따라 침략의 대상이 되어왔던 곳이다. 이 지역은 사르마트족, 스키타이족과 훈족, 그리스인, 슬라브인 등의 영토 확장을 위한 발판

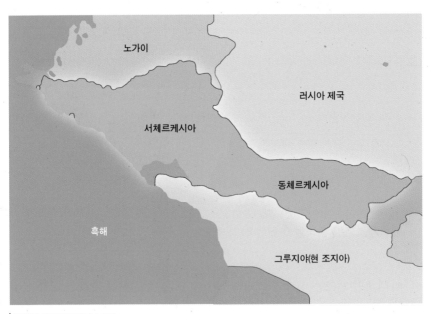

| 18세기 중반의 체르케스카야

| 오늘날의 소치항(자료: 위키미디어 ⓒ Alexxx1979)

이 되어왔다. 이러한 상황에서 아디게인 선조가 세운 공국들은 큰 나라로 성장하지는 못했다.

10세기에 북서 캅카스에 지히야 또는 체르케스카야라는 강력한 부족 연맹이 타만에서 네쳅수호강에 이르는 공간을 차지했다. 이 체르케스카야의 수도가 2014년 동계 올림픽 개최지로 유명한 소치이다.

아디게인은 4세기에서 6세기에 걸쳐 그리스 비잔틴 영향 아래에서 기독교를 받아들였으나 기독교가 아디게인 사이에 깊이 뿌리내리지는 못했다. 15세기에 크림 타타르와 오스만튀르크의 영향 아래 아디게인은 기독교에서 이슬람교로 개종했다.

러시아와 아디게의 전쟁

18세기와 19세기 러시아 문학에서 캅카스는 자주 등장한다. 문명이 닿지

| 알렉세이 예르몰로프 장군(George Dawe, 1825 이전)

않은 원시적인 자연과 그 속에서 더불어 사는 칍카스 민족들은 대도시 페테르부르크와 모스크바의 화려하면서 속물로 가득한 상류사회와 비교되면서 러시아 작가들의 관심을 끌었다. 그러나 이건 어디까지나 러시아 작가들이 칍카스를 낭만적 공간으로 여겼기 때문이었고 실상은 실로 참혹했다.

아디게인의 역사에서 가장 비극적인 사건은 러시아와 아디게인이 벌인 101년간 (1763~1864년)의 전쟁이다. 이 전쟁으로 아디게인은 총 400만 명이 목숨을 잃었다. 아디게인이 살고 있던 북칍카스는 러시아 제국에는 중요한 정치적 요충 지대였다. 터키, 이란과 전쟁을 벌이던 러시아 제국으로서는 결코 내줄 수 없는 지역이었다. 더구나 이 지역의 주민들은 이슬람교를 믿고 있어 터키와 깊은 유대 관계를 맺고 있었다.

러시아 제국은 1804~1813년, 1826~1828년에 벌인 페르시아(이란)와의 전쟁으로 지금의 조지아, 다게스탄, 아르메니아, 아제르바이잔을 포함해서 광활한 칍카스 지역을 차지하게 된다. 1817년 예르몰로프 장군이 칍카스 총사령관으로 부임하면서 칍카스 지역의 식민지화가 가속화된다. 칍카스 지역에서 행한 억압과 잔인한 행위들은 칍카스 민족에 대한 증오로밖에는 볼 수 없었으며 여기에는 종교적인 이유도 포함되었다. 즉 이슬람교를 믿는 아디게인에 대한 정교를 믿는 러시아의 반감도 포함된 것이다.

18세기 말~19세기 중반 사이에 러시아는 아디게인을 간헐적으로 침략했다. 러시아 제국이 본격적으로 북칍카스 민족들에 대한 박해를 시작한 것은

│ 러시아 화가 프란츠 루보(Франц Алексеевич Рубо)가 그린 캅카스 전쟁

Tribu de Circassiens quittant leurs montagnes pour se rendre en Turquie, à la suite de l'occupation de leur pays par les troupes russes. (D'après un croquis de M. Rioux.)

│ 추방당하는 아디게인(작자 미상, 17~19세기)

크림 전쟁(1853~1856년) 이후였다. 1859년에 러시아는 동캅카스에서 러시아 제국에 저항했던 체첸 지도자였던 이맘 샤밀을 패배시키고 서부로 관심을 돌렸다. 각 나라의 각축장이었지만 나름의 균형을 갖고 살아가던 아디게인은 러시아 군인들에 쫓겨 오스만튀르크 제국으로 추방되었다. 이로 인해 적어도 60만 명이 대량 학살과 기아로 목숨을 잃었다. 당연히 아디게인은 강한 저항을 했지만, 러시아 군대를 이기기에는 역부족이었다.

일부 역사가들은 이 지역에서 행한 러시아 제국의 행위를 놓고 '아디게인의 대량 학살'이라고 표현한다. 1864년까지 인구의 3/4이 전멸했고 오래 계속되던 러시아와 아디게인의 전쟁은 아디게인의 패배로 끝났다. 일부 아디게 지도자들은 1864년 6월 2일에 충성 서약에 서명했다. 아디게인은 근대 역사에서 최초로 국가가 없는 민족 중의 하나가 되었다.

아디게인의 관습법이자 생활 철학, 아디게 합제

아디게인의 가족 공동체는 아디게 말로 우네그오시호(대가족), 또는 비니시후(큰 둥지)라고 한다. 아디게인은 전통적으로 농사, 목축업, 사냥, 어업, 가죽 제조에 종사해왔는데, 가족 공동체를 중심으로 생산과 소비가 같이 이루어진다는 점이 특징이다. 가장이 공동체를 이끌며 그가 죽은 후에는 장남이 그 자리를 대신한다. 아버지는 아이들에 대한 권력을 지니며 남편은 아내 위에 있고 남자 형제는 여자 형제 위에 있다. 그러나 가장이 폭군이라는 의미는 아니다. 그는 객관성, 정의, 가족 모든 구성원의 평등을 보장하며 그들을 돌본다.

자유롭고 용맹하며 가족 공동체를 이루는 아디게인에는 나름대로 공동체

를 유지하기 위해 철저하게 지켜온 법칙들이 있었다. 그
것은 구전으로 내려오는 관습법 '아디게 합제'Адыгэ Хабзэ
였다. 아디게 합제는 관습법이면서 개인의 행동과 사회
전반적인 삶의 규범을 결정하는 도덕 원칙이고, 더 나아
가 국가적으로 중요한 결정을 내리는 데 기준이 되고 있
다. 이 관습법은 기록되는 것이 아니라 구전으로 전해 내
려오는데, 속담에 "합제는 혀끝에 있지 않다. 즉, 그에 대

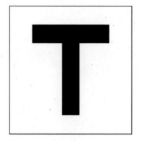

최고의 신 '타'를 나타내는
아디게 합제의 망치모양 상징

해 말하지 않고 준수할 뿐이다"란 말이 있을 정도로 변함없이 지켜져 내려오
는 그들만의 철저한 법칙이다.

아디게 합제의 주요 부분은 명예, 단정한 품행, 정직, 올바른 행동과 정신,
배려, 노인 공경, 여성, 또는 남성에 대한 존중 등 기본 예의에 대한 것이다. 아
디게 합제는 아디게인의 종교, 철학과 세계관이며 윤리적 가치를 정해놓은 아
디게 문화 전통의 핵심이다. 그들은 명예를 지킬 줄 알며 상호 간의 존경을 근
간으로 책임감, 규율과 자제를 요구한다. 아디게 합제는 모든 아디게인에게 용
기, 정직함과 관대함을 가르쳤으며 소유, 부와 허식에 대한 갈망은 수치라고
지적한다. 오랜 세월 이들이 지켜온 합제는 지금까지도 이들의 중요한 관습
법이며 이는 아디게인이 캅카스에 사는 미개인이 아닌 문화인임을 말해준다.

친지들이 모여 사는 아디게 마을

아디게인은 산기슭, 강기슭, 들과 숲 가운데 아름다운 장소에 아울(마을)을
이루며 살았다. 마을은 정방형이거나 직사각형의 형태로 이루어져 있다. 마
을 중앙에는 이슬람 사원과 시장이 있으며 외곽에는 곡물 탈곡장, 곡물 더미,

| 이스라엘의 아디게 아울(자료: 위키미디어 ⓒ sesetsik'u)

가축에게 먹일 풀을 말리는 장소와 묘지가 있다. 10채, 20채씩의 집들이 마을을 이루며 때때로 40가구가 되기도 한다. 가깝고 먼 친지들이 이웃해 살며 가족의 형태는 대가족이고 가족 구성원은 10~12명에 이른다.

아디게인의 집은 사클리라고 하며 단층으로 되어 있고 긴 형태다. 집은 특이한 방법으로 지어진다. 필요한 높이의 말뚝을 땅에 박고 굽어지는 가는 나무들을 엮는다. 그런 형식으로 마련된 뼈대에 짚을 섞은 진흙을 발랐고 지붕에는 짚이나 갈대를 얹었다. 이런 집의 형태를 투를룩이라고 하는데 '흙벽집'이란 의미이다. 공후나 귀족의 집도 동일한 재료로 건축되지만, 일반인의 집보다 더 넓고 더 높았다.

아디게인 집 내부는 남자의 공간과 여자의 공간 부분으로 나뉜다. 집의 오른쪽 반은 남자가 거주하고 왼쪽은 여자의 공간이다. 남자 방은 보통 여자 방보다 더 크다. 남자의 공간 가까운 곳에 바깥 대문이 있고 헛간으로 나가는 입구가 있다. 여성의 공간에는 부엌과 닭장, 곡물 창고와 가축우리로 나가는 입구가 있다. 내부 세간은 단순하며 정갈하고 깔끔하게 질서가 잘 잡혀 있는 것이 특

| 캅카스 지역의 사클리

징이다. 각 세간은 제자리가 있어서 세간을 찾기 위해서 뒤질 필요가 없었다. 이렇게 엄격한 질서는 대가족(8~15명)을 이루는 살림에서는 필요한 일이다.

응접실은 나머지 공간보다 더 잘 정돈되어 있다. 거기에는 가장 값나가는 물건이 배치된다. 벽에는 가장 좋은 무기들이 걸려 있는데, 이 무기는 아디게 남성의 자존심이었다. 방구석의 나무 소파는 가장 존경받는 자리이다. 방석, 모포, 매트리스 등이 가족의 재산 정도를 말해주며 그 수는 가족 구성원의 수와 일치했다. 아디게인은 금실로 수놓은 물건들, 예를 들면, 시계 받침대, 부채, 빗 씌우개, 수건걸이, 벽 장식물로 응접실을 꾸민다.

남성다움과 여성스러움을 드러내는 전통 의상

아디게인의 남성 의복은 세련됨과 엄격함을 나타낸다. 아디게인은 몸에 가슴을 조이는 셔츠인 잔джан을 입고 위에 종종 금실로 수놓은 베시메트를

| 전통 의상을 입은 아디게 예술단(자료: 위키미디어)

입는다. 베시메트는 안감을 넣고 세운 깃과 긴 소매가 달린 겉옷이다. 베시메트는 목에서 허리까지 촘촘하게 달린 단추로 잠근다. 아디게어로 치에шие라고도 불리는 체르케스카는 무릎까지 내려오고 안감과 깃이 없으며 가슴 일부분이 열려 있고 가슴 부분에 탄약통을 넣을 수 있게 되어 있다. 체르케스카는 아주 값나가는 옷이어서 주로 축제 때 입는다.

웃옷은 부르카라고 한다. 부르카는 양가죽, 양털, 펠트로 만들며 목에 달린 끈으로 묶었다. 아디게인이 길을 떠날 때 부르카는 꼭 챙겨가는 필수품이며 여행에서 침낭으로 사용되기도 한다. 부르카는 화살, 총알, 검의 공격으로부터 방어하는 역할도 한다.

아디게인 남자의 신발 중 가장 널리 알려진 것은 추아케цуакъэ이다. 이 신발은 신발 바닥 밑에서 양말로 이어지는 하나의 봉합선이 있다. 그 외에 아디게인은 장화와 짚신같이 생긴 가죽신을 신고 다녔다.

아디게 여성의 옷은 남자 옷과 같으며 아름답고 우아하고 편하게 만들어졌다. 여성의 웃옷은 체르케스카와 재단법이 유사하며 사이라고 불렀다. 여성이 갖춰 입어야 하는 것들로는 꼭 끼는 셔츠, 통이 넓은 바지, 겉에 입는 드레스, 신발, 머리 장식, 스카프나 모자가 있다. 집에서는 소매가 있는 긴 드레스를 입고 그 위에 천이나 가죽으로 만든 허리띠를 맨다.

높은 계층의 미혼 여성과 기혼 여성은 집에서도 완전한 정장 차림으로 있었다. 그 위에 다양한 형태의 모자를 썼다. 서민들의 정장은 축제 때에만 허용되었다. 단추를 달지 않는 드레스는 15~18세기에 출현했으며, 팔꿈치에서 접을 수 있는 소매가 달린 겉옷도 자리를 잡았다.

이방인에게도 후했던 음식 문화

아디게인들의 식탁은 모든 사람들에게 늘 후하다. 여행객들은 "체르케스카야에서는 주머니에 돈 없이 다니는 날은 있어도 사람을 굶어 죽게 두지는 않는다"라고 말한다. 타인이 적일지라도 아디게인이 남에게 음식을 주지 않는 일이 없을 정도로 후했다.

아디게 음식은 다양한 곡물로 만들어진다. 아디게인이 가장 애용하는 것은 옥수수이다. 옥수수는 16세기에 북미에서 전파되었으며, 나르티후라고 불렀다. 아디게인은 기본적으로 발효 우유와 양 기름을 이용해서 음식을 만들었다.

결혼식과 장례식, 추모식에 내놓는 음식은 엄격하게 구분되어 있다. 여름에는 기본적으로 유제품과 양고기로 음식을 만들고 겨울과 봄에는 곡물 가루

| 감자 히치니(자료: 위키미디어 ⓒ Inalcho)

와 기름으로 만들었다. 가장 널리 알려진 음식은 발효시키지 않은 반죽으로 만든 여러 겹의 빵이다. 이 빵은 차와 함께 먹는다.

전통 음식으로는 립자либжа가 있다. 이 음식은 빻은 마늘과 고추로 만든 양념을 곁들인 닭고기나 칠면조 요리이다. 오리와 거위와 같은 새의 고기는 주로 구워 먹는다. 삶은 양고기와 쇠고기는 보통 빻은 마늘과 소금을 넣은 요구르트에 찍어서 먹는다. 삶은 고기 다음에는 반드시 고기 국물을 내놓고 구운 고기 다음에는 요구르트를 내놓는다.

기장과 옥수수 가루에 꿀을 섞어서 만든 음식인 메흐시메는 결혼식이나 큰 명절에 내놓는다. 이 음식은 알코올 도수가 낮은 전통 음료이다. 명절마다 시럽에 구운 밀가루로 할바를 만들며 달콤한 라쿰, 델렌과 히치니 등을 굽는다.

아디게인의 '지금 그리고 여기'

1992년 2월 7일에 카바르디노-발카리야 공화국 최고회의는 '러시아-캅카스 전쟁 시기의 아디게인 집단 대학살 규탄'이라는 결의문을 내렸다. 이 결의문은 1760~1864년 동안 러시아 제국이 아디게인을 대학살함으로써 아디게인의 파멸을 초래했다는 것을 인정하는 것이며 그로 인해 5월 21일은 "러시아-캅카스 전쟁 희생자 아디게인 추모의 날"이 되었다.

러시아 제국이 아디게인에 행한 잔인한 행위의 증거는 이미 존재한다. 1864년 4월 ≪페테르부르크 신문≫에 "체르케스카야는 더는 존재하지 않는다. 우리 군인들이 이제 곧 산에 남아 있는 사람들을 쓸어버릴 것이며 전쟁은 단기간에 끝날 것이다"라는 기사가 실렸다. 또한, 러시아의 역사가 펠리신은 "이것은 실상이며 잔인한 전쟁이다. 수백만 명의 아디게인 마을은 불길에 휩싸였다. 우리는 아디게인을 없애기 위해 우리의 말들이 그들의 곡물과 밭을 짓밟도록 했으며 결국 폐허로 만들었다"라고 밝혔다.

러시아 대문호 레프 톨스토이 역시 이날에 대해 "어둠을 틈타 마을로 들어가는 것은 우리가 흔히 사용하는 방법이다. 러시아 군인들은 밤의 어둠 속에서 차례로 말을 타고 들어갔다. 이것과 다음 장면들은 (전쟁의) 기록자 중 그 누구도 기록할 용기를 내지 못할 정도로 끔찍한 것이었다."

| 2011년 터키 이스탄불에서 아디게인 희생자를 추모하며 행진하는 아디게 디아스포라(자료: 위키미디어 ⓒ own)

2006년 10월에 여러 나라에 퍼져 존재하는 20개의 아디게 사회단체는 유럽의회에 캅카스 전쟁 시기와 그 이후 러시아 제국에 의한 아디게 민족의 대학살을 인정해 달라는 청원서를 제출했다. 유럽의회에 제출한 청원서에는 "러시아는 지역을 점령하는 것은 물론이고 토착민인 우리를 우리의 역사적 땅에서 이주시키고 전멸할 목적을 세웠다"고, 또한 "북서 캅카스에서 행한 러시아 군대의 비인간적인 잔인함에 이유는 없었다"고 언급되어 있었다.

한 달 후에 아디게야, 카라차예보-체르케스카야와 카바르디노-발카리야 공화국의 사회단체연합은 러시아의 푸틴 대통령에게 아디게인 대학살을 인정하라는 청원을 했다. 그리고 2010년 유사한 청원을 들고 아디게 사절단은 조지아로 향했다. 2011년 5월 20일에 조지아 의회는 캅카스 전쟁 동안 러시아 제국이 행한 아디게인 대학살을 인정하는 결의안을 채택했다.

역사 속으로, 또는 러시아라는 국가 뒤로 밀려나 잊혀가는 민족 아디게인은 오늘날 자신의 존재를 세계에 알리려고 시도하고 있다. 작고 미약한 움직임이지만 그들은 이제 러시아의 소수민족이 아니라 캅카스 대자연의 불멸 민족임을 알리려 하고 있다.

카바르딘인
'다섯 산'의 용맹한 전사

김혜진

명칭 Kabardians, Kabardinians(영어), Кабардинцы(러시아어)
인구 러시아 내 516,826명, 카바르디노-발카리야 공화국 내 490,458명
위치 카바르디노-발카리야 공화국(북캅카스의 남서부)
언어 러시아어, 카바르디노-체르케스어
문화적 특징 아디게인의 하부 그룹으로, 아디게인과 오랜 기간 역사를 공유했으며
의식주와 종교를 비롯한 문화의 상당 부분이 이들과 유사하다.

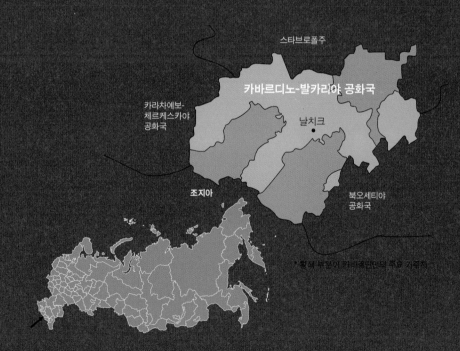

* 황색 부분이 카바르딘인의 주요 거주지

카바르딘인은 러시아의 북캅카스에 있는 카바르디노-발카리야 공화국에서 발카르인과 함께 살고 있다. 2010년 러시아 인구조사 결과, 러시아에는 약 50만 명의 카바르딘인이 살고 있었으며, 이 중 49만 453명이 이 공화국에 사는 것으로 나타났다. 공화국 인구의 57%를 카바르딘인이 차지하고 있다. 이들은 카바르디노-발카리야 공화국 외에 크라스노다르주와 스타브로폴주, 북오세티야와 아디게야 공화국 등 북캅카스 지역에 퍼져 살고 있다.

다양한 이름으로 불렸던 민족

| 카바르딘인(미하일 미세킨, 1876년)

카바르딘인은 아디게인(체르케스인)의 하부 그룹이다. 그러므로 카바르딘인은 아디게인 역사의 상당 부분을 공유하고 있다. 또한, 이들은 아디게인처럼 북캅카스어족 압하스-아디게 그룹에 속하는 카바르딘-체르케스어를 사용한다. 이들은 오랫동안 아디게인이라고도 불렸다.

다른 민족이 카바르딘인을 부르던 이름은 그밖에도 다양했다. 9세기부터는 카소그 또는 코소그라고 불렸다. 18세기에는 아디게인, 카바르딘인, 샵수그인 등이 모두 체르케스인으로 불리기 시작했으며, 19세기 북캅카스 지역을 지배한 러시아 제국 역시 이들을 체르케스인이라 통칭했다.

여러 민족의 침입에 시달리던 민족

많은 학자들은 기원전 1000년경 흑해 동쪽 연안에 자리 잡은 고대 인도유럽 종족들을 카바르딘인의 직계 조상이라고 본다. 이 종족 중 하나인 신디족은 기원전 5세기경 신디카라는 국가를 세웠고, 흑해의 고대 그리스 식민지들과 교역 관계를 맺었다. 이후 아디게인의 조상 중 하나인 지흐족은 북서 캅카스의 많은 종족을 통합했다.

그러나 카바르딘인의 주거지인 흑해 연안은 오래전부터 스키타이족, 사르마트족과 같은 유목 민족부터 그리스인, 슬라브인 등 여러 민족이 노리던 곳으로, 카바르딘인(아디게인)의 조상이 세운 나라들은 크게 성장하지 못하고, 타민족의 침입을 받아왔다.

러시아와의 애증 관계

역사적으로 볼 때 카바르딘인은 러시아와 손을 잡기도 했다가, 지배를 받기도 했다. 16세기 카바르딘인은 크림 영주들의 침입에 시달려왔으며, 비슷한 시기 모스크바 공국도 크림차크인(크림반도의 튀르크계 토착 민족)의 침략을 받았으며 크림 타타르인에게 조공을 바쳐야 했다.

공동의 적을 둔 두 민족은 가까워졌으며, 1552년에는 카바르딘인을 포함한 아디게 종족의 첫 번째 사절단이 모스크바를 방문하기도 했다. 모스크바 공국에게 아디게 종족과의 연합은 크림한국과 싸우는 데 있어 중요했다. 같은 해에 카바르딘인은 러시아 군대와 함께 카잔한국 함락에 나섰다. 이후 계속된 이들의 연합 공격으로 아스트라한한국 역시 러시아의 지배를 받게 됐다.

| 이반 4세와 마리야 템류코브나에 대한 연대기 삽화

| 마리야 템류코브나의 인장 반지

1561년에는 '폭군 이반'이라고도 불렸던 이반 4세가 카바르딘 공후 템류크 이다로프의 딸 마리야와 혼인했다. 러시아 사료에서는 이반 4세의 두 번째 부인이 된 마리야 템류코브나를 '퍄티고르스크 아가씨'라 표현했다. 여기서 '퍄티고르스크'는 '다섯 개의 산'이란 뜻으로, 현재 카바르디노-발카리야 공화국과 스타브로폴주의 경계선에 있는 도시이다. 이곳은 과거 카바르딘인의 영토로, 여전히 많은 카바르딘인이 살고 있다. 든든한 사돈을 얻게 된 템류크 이다로프 공후는 카바르딘인뿐만 아니라, 이웃 산악 민족들, 예를 들면, 인구시인, 오세트인 등에 대해 강력한 권력을 가질 수 있게 됐다. 그러나 그는 1570년 크림 한의 공격을 받아 죽게 된다.

16~18세기 카바르다(카바르딘 영토)는 여러 봉건 지역으로 나뉘게 됐다. 크림 영주들이 다시 세력을 키워가면서, 러시아는 100년 이상 이 지역에서 영향력을 행사할 수 없었다. 이러한 가운데 카바르딘인과 러시아와의 협력 관계는 계속 유지됐다. 1722년에는 크림 한의 위협에도 불구하고 카바르딘인은 러시아의 편에 서서 러시아의 원정에 참여했다. 그러나 1739년 카바르딘인이 독자적인 노선을 택하면서 러시아와의 우호적인 관계는 중단됐다.

제국으로 성장하던 러시아는 터키, 페르시아로의 진출을 위해 전략적으로 중요한 캅카스를 침략하기 시작했다. 1763년부터 1864년까지 101년간 러시아는 카바르딘인을 포함한 북캅카스 민족들과 전쟁을 벌였다. 1864년 이 전쟁이 러시아의 승리로 끝날 때까지 수많은 카바르딘인이 죽었으며, 생존자 중 많은 사람이 오스만 제국으로 이주했다.

이슬람을 종교로 삼고 있는 카바르딘인

4~6세기에 비잔틴 제국으로부터 기독교가 들어왔다. 그러나 기독교가 카바르딘 사회에 깊게 뿌리내리지는 못했다. 1453년 비잔틴 제국이 멸망하고,

| 수도 날치크에 있는 중앙이슬람사원(자료: 위키미디어 ⓒ Nalchick)

오스만튀르크 제국의 세력이 커가면서 이슬람이 전파되기 시작했다. 당시 크림반도에는 오스만튀르크의 가장 강력한 연맹이자 가신국인 크림한국이 있었다. 크림한국의 영향으로 카바르딘인을 비롯한 아디게인은 이슬람을 받아들이기 시작했으며, 18세기 초에는 카바르딘인 사회에 이슬람이 깊숙이 자리 잡게 됐다.

소비에트 시기 모든 종교가 탄압받았지만, 카바르딘인은 라마단과 같은 일부 이슬람 의식을 비밀스럽게 지켜나갔다. 오늘날 카바르딘인 대부분은 이슬람을 믿지만, 북오세티야의 모즈독스키 지역에 사는 소수의 카바르딘인은 정교를 믿고 있다.

세계적으로 유명한 카바르딘 말

| 카바르딘 말 기념우표

카바르딘인은 오래전부터 농사를 짓고 과일을 재배하고 가축을 길러왔다. 가축 중에서도 말이 가장 중요했으며, '카바르딘 품종'은 세계적으로 명성이 높다. 이외에도 소, 양, 염소 등과 같은 가축과 가금류를 키웠다.

축산업 외에도 수공업이 발달했다. 카바르딘 남성은 무기를 잘 만들었으며, 이들 중에는 뛰어난 대장장이와 보석세공업자들이 많았다. 카바르딘 여성은 나사 천과 펠트로 질 좋은 직물을 잘 만들었으며, 금실 자수에 뛰어났다.

남성 의상의 필수품, 단검

카바르딘 전통 의상은 다른 북캅카스 민족들의 의상과 유사하다. 카바르딘 남성 의상에서 빼놓을 수 없는 것은 체르케스카다. 체르케스카는 무릎까지 내려오는 겉옷으로, 앞면이 V자로 깊숙이 파여 있으면서 깃이 없다. 체르케스카를 입을 때는 은으로 장식된 허리띠와 허리띠에 매다는 단검을 반드시 착용해야 한다. 높은 원통 모양의 모자인 파파하, 종아리를 감싸면서 굽이 없는 구두가 카바르딘 남성의 전통 의상을 구성한다. 보통 카바르딘 남성의 구두는 고급 염소 가죽으로 만든다.

겉옷으로는 체르케스카 외에도 양모피 외투와 망토처럼 생긴 부르카 등이 있다. 부르카는 양가죽, 양털, 펠트 천으로 만들며, 윗부분에는 끈이 달려 있어 흘러내리지 않게 묶을 수 있다.

카바르딘 귀족 남성의 필수품은 무기이다. 대표적인 것이 단검이지만, 장검도 있다. 남성 상의인 체르케스카와 체르케스카보다 짧은 베시메트에는 은이나 동으로 장식된 가죽 허리띠를 하고, 이 허리띠에 칼을 매단다. 의상에 매다는 칼은 무기로 쓰이기도 하지만,

| 19세기 말 카바르딘 남녀(작자 미상, 19세기 말)

부적의 의미도 가지고 있다. 전통 의식이나 제례를 올릴 때 이 칼은 다양하게 사용된다. 카바르딘 남성은 화려한 장식용 칼 외에도 일상생활에서 여러 용도로 쓰기 위해 크지 않은 칼을 항상 몸에 지니고 다녔다.

카바르딘 여성 의상은 뒤꿈치까지 내려오는 긴 원피스와 폭이 풍성하고 아랫단은 좁은 형태의 바지인 샤로바리, 길고 헐렁한 블라우스, 은이나 금으로 장식된 허리띠와 가슴 장식, 금실자수가 들어간 슬리퍼 형태의 신발, 염소 가죽으로 만든 구두로 이뤄진다.

육류를 즐기는 카바르딘인

북캅카스뿐만 아니라 러시아 전역에서 즐겨 먹는 다양한 샤슬릭(ⓒ김혜진)

카바르딘인은 오래전부터 여러 가축을 길러왔으며, 이는 이들의 식생활에 막대한 영향을 끼쳤다. 이들의 전통 음식은 삶거나 구운 양고기, 쇠고기, 칠면조, 닭고기, 그리고 이 고기로 우려낸 각종 수프, 가축에서 얻은 젖과 이를 이용해 만든 다양한 유제품(발효하여 신맛이 나는 우유, 발효한 우유를 응고시킨 트보로크) 등이다. 이 중에서도 말리거나 훈제한 양고기가 가장 대중적이며, 이것으로 꼬치구이인 샤슬릭을 만들어 먹는다.

카바르딘인은 다양한 고기와 함께 여러 반죽으로 만든 넓적한 빵과 자연환경이 뛰어난 캅카스 지역에서 자란 신선한 채소를 곁들어 먹는다.

이들은 우유를 활용하여 다양한 음료를 만들어 먹는다. 축제 때 빠질 수 없는 것이 술인데, 이때 마시는 술로는 적당한 도수의 마흐시마가 있다. 이것은 호밀 가루에 엿기름을 섞어 만든 것이다.

손님은 '신의 사절'

19세기까지 카바르딘 사회에서는 대가족 형태가 많았다. 이후 소가족 형태가 퍼졌으나, 오늘날에도 여전히 가부장적인 특징이 많이 남아 있다. 아버지의 권한은 절대적이며, 연장자와 남성에 대한 존경과 예우는 이들의 다양한 관습에서 찾아볼 수 있다. 이웃 공동체, 그리고 친인척 간의 상호 협조도 전통적인 미덕으로 남아 있다.

다른 북캅카스 민족들이 그렇듯이, 카바르딘 사회에서 손님 접대와 의리는 매우 중요하다. 예로부터 카바르딘인은 손님을 '신이 보낸 사절'이라고 믿었기 때문에 그에 마땅한 대접을 해야 한다고 생각했다. 카바르딘인은 손님이 편하게 머물 수 있는 별채를 만들어 준비한다. 친한 친구뿐만 아니라, 하룻밤 머물 곳을 찾는 나그네도 이들의 손님이 될 수 있다. 카바르딘 속담에는 '손님이 많이 오는 가정에는 아이가 굶을 일이 없다'라는 말이 있을 정도로, 손님을 잘 대접하면 그 복이 다시 되돌아온다고 믿었다.

갓 태어난 아이는 다른 가족에게

아탈리체스트보는 카바르딘인을 포함한 캅카스 민족의 오래된 전통 중

| 1900년 카바르딘 가족

하나이다. 어느 가정에서 아이가 태어나면, 그 가족은 다른 가족에게 아이를 일정 기간 맡긴다. 다른 가족이 그 아이를 얼마간 양육하고 난 후, 다시 원래 부모에게 보낸다.

　이 풍습은 고대 시절부터 존재해왔던 것으로, 주로 귀족층 자제(남자아이)의 경우 적용됐다. 많은 학자는 아탈리체스트보가 아버지를 뜻하는 아탈리크에서 유래했다고 본다. 고대 시기에는 이웃 종족에게 자신의 아이를 넘겨 그 아이가 다른 종족의 언어와 관습 등을 익히도록 하여, 이러한 교육이 종족 간 갈등이 생길 때 유용하게 쓰일 수 있도록 했다.

　19세기 초에 쓰인 체르케스카야(카바르딘인을 포함한 아디게 왕국) 여행기에서는 이 풍습이 때때로 부모 동의 없이 강제적으로 이뤄지기도 했다고 서술하고 있다. 부모에게 알리지 않고 갓 태어난 아이를 몰래 데려간 후, 다음 날 부모에게 통보하는 식으로도 이뤄졌다는 것이다. 이 풍습은 러시아가 캅카스 지역을 지배하면서 폐지됐다.

아디게인으로의 통합 문제

앞서 보았듯이, 카바르딘인은 상위 그룹인 아디게인, 또는 체르케스인 등 여러 이름으로 불렸다. 최근 북캅카스 사회에서는 아디게인, 카바르딘인, 샵수그인, 체르케스인을 모두 아디게인으로 통합해야 한다는 움직임이 일어나고 있다. 본래 아디게인이라는 한 민족이었는데, 러시아가 북캅카스를 지배한 후 거대한 한 민족의 저항을 우려하여 오늘날처럼 여러 민족으로 의도적

| 아디게인, 체르케스인, 카바르딘인의 주요 거주지 분포

으로 분리했다는 것이다. 이는 결과적으로 여러 개의 소수민족과 다른 언어를 낳았고, 오늘날 이들뿐만 아니라, 이들의 언어도 사용자가 줄어들면서 소멸 위기에 놓여 있다.

그러나 이들 사이에서는 이와 같은 의견에 반대하거나 인정하지 않는 사람도 많아, 카바르딘인을 포함한 캅카스의 다른 소수민족들이 아디게 민족으로 통합될지는 지켜봐야 할 것이다.

발카르인
근면하고 우직한 산사람들

김혜진

명칭 Balkars(영어), Балкарцы(러시아어)
인구 러시아 내 112,924명, 카바르디노-발카리야 공화국 내 108,577명
위치 카바르디노-발카리야 공화국(북캅카스의 남서부)
언어 러시아어, 카라차이-발카르어
문화적 특징 공화국을 함께 이루는 카바르딘인과 전통 의식주 문화를 공유하고 있으며,
이슬람과 토속신앙에서 유래한 축제를 즐긴다.

스타브로폴주

카라차예보-
체르케스카야
공화국

카바르디노-발카리야 공화국

날치크

조지아

북오세티야
공화국

* 초록색 부분이 발카르인의 주요 거주지

| 체레크-발카르스키 협곡(자료: 위키미디어 ⓒ Marie Čcheidzeová)

'산에 사는 사람'으로 불렸던 발카르인

발카르인은 카바르딘인과 함께 러시아 북캅카스에 있는 카바르디노-발카리야 공화국의 주민이다. 발카르인은 북캅카스의 토착 종족들과 튀르크계, 페르시아계 종족이 섞이는 과정에서 형성됐다. 발카르인은 오래전부터 카바르딘인을 비롯하여 오세트인, 조지아인 등 이웃 민족과 교류하며 친인척 또는 맹우 관계를 맺어왔다.

4세기 아르메니아 사료에서 발카르인이 처음 등장했으며, 14~18세기 조지아 사료에서는 '바시안'이라는 이름으로 언급됐다. 오세트인은 이들을 '아시' 또는 '아시아그', 카바르딘인은 '키우시히헤'라고 불렀는데, 모두 '산에 사는 사람'이라는 뜻이었다.

러시아에서는 17세기 초반에 발카르인이 알려지기 시작했다. 당시 러시아인은 이들을 처음 만났던 말카르 협곡을 따라 '말카르'라고 불렀다. 여기서 발카르라는 민족 이름이 정착되었다는 의견이 많다.

유럽의 대표적인 산악 민족

발카르인은 유럽에서도 가장 높은 산에 사는 민족 중 하나이다. 유럽의 최고봉이라 불리는 엘브루스산에서도 가장 높은 지점이 발카르인의 주요 거주지 중 하나인 엘브루스키 지역에 있다. 이들은 이 지역을 비롯하여, 말카, 박산, 체겜, 체레크-발카르스키강과 그 지류가 흐르는 산악 지역에 주로 거주해왔다.

발카르인과 함께 공화국을 이루는 카바르딘인이 주로 도시에 살면서 기업인, 일반 회사 직원, 공무원 등으로 일하고 있다면, 발카르인 중에는 시골에 살며 전통적인 경제활동인 수공업이나 농업에 종사하는 사람이 많다. 일부는 고산지대를 벗어나 도시 부근으로 떠나기도 했는데, 이들 대부분은 카바르딘인과 결혼했다.

오늘날에도 발카르인 대부분은 자신의 고향에 정착해 살고 있으며, 일부는 1944년 스탈린 정부에 의해 강제로 이주했던 카자흐스탄과 키르기스스탄에 거주하고 있다. 나머지는 터키와 유럽 국가에 살고 있다.

| 체겜강의 모습(자료: 위키미디어)

러시아 구성원으로서의 발카르인

13세기 몽골 타타르가 캅카스 지역으로 침입하면서 발카르인이 살던 도시들은 복구할 수 없을 정도로 심하게 파괴됐다. 발카르인은 캅카스 중부의 협곡 지대로 밀려났다. 이곳에서 다섯 개의 발카르인 공동체(말카르, 체겜, 홀람스키, 베젠기옙스키, 박산)가 형성됐다.

17세기 초반 러시아가 발카르인 거주지의 은광 개발에 관심을 가지면서 귀족층을 중심으로 러시아인과 발카르인 사이의 교류가 증가했다. 18세기부터 러시아는 캅카스 지역을 노렸으며, 1817~1864년 캅카스 전쟁을 끝으로 러시아의 지배 야욕에 거세게 저항해왔던 대부분의 캅카스 민족들이 러시아에 굴복하게 되었다. 발카르인이 러시아 공민이 된 것은 1827년이다. 역사적 기록에 따르면, 발카르인 사절단이 인근의 스타브로폴에서 러시아 측과 만나, 발카르인의 전통과 종교(이슬람), 사회구조 등을 유지하는 조건으로 러시아 공민이 되기로 했다.

이후 이들은 러시아군에 소속되어 터키 전쟁(1877~1878년), 러일 전쟁(1904~1905년), 제1차 세계대전, 사회주의 혁명 등에 참여했다. 귀족 출신의 발카르인은 모스크바를 비롯한 여러 러시아 도시에서 고등교육을 받았으며, 이들은 발카르 민족 지식인층을 형성하게 됐다.

사회주의 혁명 후 1922년 발카르인과 카바르딘인 지역에는 카바르디노-발카리야 자치주가 구성됐으며, 이는 1936년에 공화국으로 바뀌었다. 발카르인이 많이 사는 지역, 예를 들면 체렉츠키, 체겜스키, 홀람-베젠기옙스키, 엘브루스키 지역은 개별적인 군으로 편성됐다.

신분 구조가 뚜렷했던 발카르 사회

발카르인 사회에서는 엄격한 상하 수직적인 신분 구조와 그에 따른 봉건주의가 오랫동안 자리하고 있었다. 제일 높은 신분은 '타우비'로, '산의 왕'이라는 뜻이다. 다섯 개의 발카르 공동체마다 타우비에 속하는 여러 가문이 존재했다. 타우비 가문은 여러 가지 특권을 지녔다. 타우비 가문의 사람이 범죄를 저지를 경우, 그에 대한 처벌은 다른 계층에 비해 약하거나 면제됐다.

타우비 가문과 그 아래 계층이 결혼하여 생긴 자식과 그 가족을 '찬카'라고 했다. 찬카 다

| 발카르 귀족층의 모습

음은 '우즈데니'로, 귀족층이지만 타우비에 소속되었다. 이들은 자신의 영토를 소유한 영주지만, 타우비 가문에 세금을 내고 타우비 군대에 복무해야 하는 의무를 지고 있었다.

하층 계층으로는 '카락키시'가 있다. 카락키시는 '검은 사람들'이라는 뜻으로, 타우비 가문에 세금과 부역의 의무가 있었다. 다음 계층은 '아자트'로, 자유 농민이지만 타우비 가문의 땅을 경작하기 때문에 완전히 자유로운 신분은 아니라고 할 수 있다. 그 아래에는 '차가르'가 있다. 이들은 타우비 가문의 노비로, 토지 배당이나 다른 문제에 있어서 제한적인 권리만 갖고 있다.

가장 낮은 계급은 카자크 또는 카사그와 카라우아시다. 카자크 또는 카사그는 '태생을 모르는', '갈 곳 없는'이라는 뜻이며, 카라우아시는 '검은 머리'라

| 19세기 체겜 지역의 귀족층 여성

는 뜻으로, 이 계층은 아무 권리가 없는 노예라고 할 수 있다.

각 계층 간의 교류는 가장 높은 타우비의 결정에 따라 엄격히 제한되어 있었다. 타우비 가문에서 결혼이나 장례 등을 준비한다면, 그 아래 계급인 우즈데니, 카락키시 등은 거기에 드는 비용을 내야 할 뿐만 아니라, 선물을 바치고 기타 필요한 일을 수행해야 했다.

이웃 민족 간의 갈등이나 전쟁, 또는 법적인 문제는 각 계층이 참여하는 툐레에서 논의하여 결정했다. 각 마을이나 공동체마다 저마다의 툐레를 가지고 있었으며, 타우비 가문의 사람이 그 장을 맡았다. 큰 규모의 툐레는 타우비 가문에서도 가장 영향력 있는 사람이 주도했다.

유형의 역사

스탈린 시기 많은 소수민족이 소비에트 정부의 결정에 따라 고향을 떠나 중앙아시아나 시베리아로 이주해야 했다. 발카르인 역시 이와 같은 비극적인 운명에 처하게 됐다. 1944년 제2차 세계대전 당시 발카르인은 나치 독일군과 협력했다는 누명을 쓰고 카자흐스탄과 키르기스스탄으로 이주해야 했으며, 이 지역에서 흩어져 살아야 했다. 이 시기 발카르인은 지정된 지역 밖으로의 이동이나 거주가 금지됐고 교육도 제대로 받을 수 없었다.

스탈린 사후인 1957년이 돼서야 이들은 복권되었으며, 13년간의 추방을 끝내고 고향으로 돌아올 수 있었다.

우직하고 근면한 사람들

주변 민족들은 발카르인을 근면하고 우직하며 잇속을 챙기지 않은 정직한 사람들로 평가한다. 반면, 이들의 제일 가까운 이웃 민족인 카바르딘인은 수완이 좋고 계산도 빠르다고 알려져 있다.

발카르인은 전통적으로 양, 소, 염소, 말 등을 방목하며 키웠고, 18세기 말부터는 돼지도 기르기 시작했다. 동물로부터 얻은 젖으로는 치즈를 만들고, 양털로는 스카프나 양말, 숄 등을 짰다. 발카르 사회에서는 펠트, 나사 천 직조, 가죽 가공, 제염, 유황 및 연 채굴, 화약과 탄환 제조 등이 발달했다. 발카르인은 이렇게 만든 수공업품과 음식을 시장이나 다른 지역으로 가져가 팔았다. 1980년대는 우크라이나까지 나가 자기가 만든 수공업품을 파는 발카르인이 많았다.

이들은 산악 지형에 맞게 계단식 경지를 만들어 보리, 밀, 귀리 등도 경작했다. 양봉과 사냥 역시 이들의 삶에서 중요한 의미를 가졌다.

계단식으로 형성된 발카르 마을

카바르디노-발카리야 공화국에는 발카르인이 주로 모여 사는 수백여 개의 시골 마을이 있다. 씨족끼리 모여 한 마을을 구성했으며 발카르인 대부분이 고향 땅에 모여 살기 때문에 마을 주민 대부분이 친척이라고 할 수 있다.

| 발카르 마을의 모습(자료: 위키미디어 ⓒ Muslimbek07)

　　발카르 마을은 지역마다 다른 모습을 지닌다. 가장 인구가 많은 말카르, 홀람, 베젠기 지역에는 산 경사에 따라 계단식으로 형성된 마을이 많다. 계단식으로 집들이 위치했기 때문에 좁은 통로가 거리를 대신했다. 반면, 체겜과 박산 지역은 이보다 더 여유롭게 집들이 배치되었다. 이들은 자기 재질의 수도관을 만들고 도랑을 파서 멀리서부터 물을 끌어다 썼다.

　　발카르 마을은 소박한 주택과 고대 건축물이 어우러져 있다. 외세의 침입에 대비해 많은 발카르 마을이 망루와 요새를 만들어놓았다. 발카르 마을에서는 공동묘지도 쉽게 볼 수 있다. 흙으로 만들어진 평민들의 묘와 함께 잘 다듬어진 큰 돌로 만든 귀족의 능도 볼 수 있다.

　　산악 지역에 사는 사람들은 보통 돌로 단층집을 만들어 살았다. 체겜이나 박산 지역에서는 흙으로 지붕을 덮은 통나무집을 많이 볼 수 있다. 평원에 사는 일부 발카르인은 통나무집에 마당이 딸려
있고, 가축우리, 창고가 있는 러시아식 가옥에
살았다. 20세기 들어 나무 바닥과 천장이 있는
이층집이 널리 퍼지기 시작했다.

발카르 가옥 내부는 남녀 공간이 엄격하게
구분되어 있다. 발카르인은 다른 캅카스 민족
처럼 손님 접대를 중요시했기 때문에, 손님방
은 별도로 마련해뒀다. 손님방에는 손님이 묵
을 동안 필요한 모든 것을 갖춰놓았다. 잘 사
는 발카르인의 가옥은 손님방을 포함하여 세
개 정도의 방으로 구성되어 있었다.

| 19세기 발카르 가족의 모습

금은색의 장식이 화려한 발카르 의상

발카르인의 전통 의상은 다른 북캅카스 민족의 옷과 유사하다. 사회주의
혁명 전까지 발카르 의상은 연령별, 그리고 계층별로 달랐다. 타우비나 부농
들은 고급 천으로 옷을 만들었으나, 농민들은 집에서 펠트 천이나 값싼 천으
로 옷을 지어 입었다.

발카르 남성 의복으로는 몸에 붙는 형태의 셔츠와 폭이 넓은 바지, 양털로
만든 셔츠, 솜을 누빈 겉옷인 베시메트, 무릎까지 내려오는 긴 외투인 체크멘,
얇은 가죽 허리띠, 허리띠에 장신구처럼 매다는 무기, 양 모피 외투, 펠트 천
으로 만든 망토 형태의 외투 부르카, 원통 모양의 양털 모자 파파하, 여름용
펠트 모자, 방한용 두건, 가죽 신발, 펠트 천으로 만든 장화 부르키, 고급 염소

| 1936년 발카르 남성들

가죽으로 만든 신발, 굽이 없고 무릎 위까지 올라오는 장화인 노고비치 등으로 구성된다. 발카르 남성 신발 중 독특한 것은 무두질하지 않은 가죽으로 만든 신발로, 폭이 좁은 가죽 여러 개를 엮어서 신발창을 만들어 산을 오갈 때 미끄럽지 않게 했다.

발카르 여성의복은 일자 모양의 블라우스, 폭이 넓은 긴 바지, 짧은 외투, 길고 폭이 넓은 원피스, 허리띠, 양 모피로 만든 외투, 숄, 머릿수건, 다양한 장신구 등으로 이뤄진다. 의복의 색상은 나이에 따라 다르다. 미혼 여성의 경우 화려하고 밝은 색의 블라우스를 입고, 중년 여성은 단색의 블라우스를, 노년 여성은 어두운 색깔의 옷을 입는다.

축제나 명절 때 입는 원피스는 금색이나 은색의 가는 끈과 레이스 등으로 장식된다. 이 원피스는 보통 비단으로 만드는데, 부유한 여성은 벨벳이나 공단 등 더 비싼 원단으로 만들었다. 발카르 여성의 축제 의상에서 독특한 것은 높은 원기둥 모양에 은색 레이스나 끈으로 화려하게 장식한 모자이다. 이웃 민족인 카바르딘 여성도 이와 비슷한 모자를 축제나 명절에 쓴다. 발카르 여성은 이 모자를 쓰고, 그 위에 다시 실크 스카프를 두른다.

육류 요리와 유제품이 발달한 전통 음식

발카르인의 주식은 고기, 유제품, 채소이다. 삶거나 구운 고기, 생고기를 볕에 말려 만든 햄, 고기 기름, 간, 쌀을 넣은 소시지, 우유를 발효해서 만든 다양한 음료, 그리고 여러 가지 치즈가 발카르 전통 음식의 주를 이룬다.

육류 요리는 타우비나 부농층에서 자주 먹었고, 평민은 주로 명절이나 축제에만 먹었다. 발카르인은 고기 중에서도 양고기를 주로 먹었고, 이를 삶거나 굽거나 쪄서 먹었다. 집에서 키운 가금류나 사냥으로 잡은 새고기도 즐겨 먹었다.

발카르인이 좋아하는 대표적인 육류 음식은 다른 캅카스 민족들도 즐겨 먹는 꼬치구이 샤슬릭이다. 발카르인은 신선한 양고기뿐만 아니라, 양고기 내장으로도 샤슬릭을 만든다. 내장으로 만든 샤슬릭은 잘바우르라고 한다. 샤슬릭용 고기는 고기 육즙으로 만든 특별 소스에 몇 시간 재워뒀다가 꼬치에 끼워 굽는다.

발카르인은 볕에 말리거나, 훈제하여 고기를 오래 보관하는데, 이외에도 독특한 방식으로 저장용 고기를 만든다. 고기를 잘 데치고 뼈를 발라내어 소금과 기름을 충분히 바르고 마늘, 양파, 고추 등으로 양념한 후, 가죽 부대에 넣고 양 기름을 부은 후 가죽 부대를 잘 묶어 두면 오랫동안 저장할 수 있다.

발카르인은 직접 기른 가축에서 얻은 젖으로 다양한 것을 만들어낸다. 치즈, 우유, 버터를 비롯하여 우유를 발효시킨 음료인 아이란과 케피르, 발효한 우유 크림인 스메타나와 카이마크 등을 즐겨 먹는다.

특히 아이란은 다른 튀르크계 민족들도 자주 마시는 음료이면서, 발카르인이 가장 좋아하는 전통 음식 중 하나라 할 수 있다. 발카르인이 아이란을 만드는 법은 다음과 같다. 신선한 우유를 솥에서 끓이거나 은근히 데운 후, 솥째 식힌 다음 천을 덮어 몇 시간 둔다. 이렇게 발효된 우유를 가죽 부대에 옮겨 부은 후 흔들어 섞는다. 최근에는 가죽 부대가 아닌, 나무통에 넣기도 한

케피르(왼쪽)(자료: 위키미디어 ⓒ Quijote), 카이마크(오른쪽)(자료: 위키미디어 ⓒ E4024)

다. 발카르인은 차가워진 아이란에 물을 섞어 마신다.

치즈는 우유 외에도 말젖, 양젖으로도 만들었다. 발카르 치즈 중에는 불에 은근히 끓여 건조한 독특한 치즈도 있다. 유제품으로 만든 발카르 전통 음식으로는 치즈에 밀가루를 넣어 만든 묽은 죽인 묘레제, 끓는 스메타나에 밀가루를 넣어 만든 키오야잡하 등이 있다.

밀가루, 또는 보릿가루나 옥수수 가루로는 얇고 넓적한 레표시카를 만들어 먹는다. 간을 하지 않아 심심한 맛의 레표시카는 다른 요리에 곁들인다. 그리고 다양한 속을 넣은 파이도 만들어 먹는데, 이 중 가장 인기 있는 것은 치즈를 넣은 '히친'으로, 버터나 스메타나를 듬뿍 발라 먹는다.

농사 주기에 따른 전통 축제

발카르인은 이슬람을 믿었지만, 이슬람 수용 전의 토속신앙도 오랫동안 남아 있었다. 옛 발카르인은 가장 높은 신인 테이리, 비옥한 땅을 관장하는 춥

피, 비바람의 신 엘리, 천둥번개의 신 시블리 등 여러 신을 모셨으며, 농사하고 가축을 기르는 주기에 맞춰 축제를 즐기고 제례를 올렸다.

대표적인 농업 축제로는, 처음 들판으로 나가는 날 즐기는 사반토이를 들수 있다. 다른 튀르크계 민족들도 사반토이 또는 사반투이라는 축제를 즐긴다. 풀베기 시기가 다가오면 모든 마을 사람들이 나서서 준비한다. 마을 사람들은 풀 베는 사람들을 위해 양 떼 중 가장 앞에 있는 한 살짜리 새끼 양을 잡고 가벼운 도수의 술과 아이란을 준비한다. 풀 베는 사람들은 가장 경험이 많은 사람 뒤로 한 줄로 서서 동시에 풀을 벤다. 발카르 청년들은 여기에 참여함으로써 전통적인 풀 베는 기술을 익힐 수 있다.

발카르 마을에서 양털 깎는 날도 중요하다. 양털은 이들의 옷과 양탄자 등을 만드는 중요한 재료이기 때문이다. 마을 여성들은 발카르 전통 파이인 히친을 구워 깨끗한 짚 위에 놓고 양털 깎는 사람들에게 가져가 대접한다.

계절의 변화와 관련된 축제도 있다. 춘분이 되면 골루라는 축제를 즐긴다. 이날에는 아시라 지르나Aшыра жырна 또는 아시라 교제Aшыра гёже라는 특별한 음식을 만들어 먹는다. 이 음식은 잡곡에 양파와 고추, 마늘, 그리고 아이란, 스메타나 등을 넣어 끓인 죽이다.

하지가 되면 엘렉크 크이스Элек кьыз라는 의식을 치른다. 잘 사는 집안의 장녀가 엘렉크 크이스가 된다. 아름답게 치장한 엘렉크 크이스는 가루를 내리는 체를 들고 하늘 쪽으로 쭉 뻗은 후 동갑내기 소녀들과 함께 동네를 돌아다닌다. 이때 엘렉크 크이스를 맡은 소녀는 체를 계속 좌우로 흔들며, 다른 소녀들과 함께 풍년을 기원하는 노래를 부른다.

고향으로 돌아온 지 60년을 맞이한 발카르인

    2017년은 발카르인에게 여러 가지로 의미 있는 해였다. 강제 유형 70년이 되는 해이자, 유형지였던 중앙아시아에서 본래 자신의 땅으로 돌아온 지 60년이 되는 해이기 때문이다. 2017년 3월 카바르디노-발카리야 공화국 수도 날치크를 비롯하여 발카르인이 대거 거주하고 있는 지역에서는 이 비극적인 날과 이로 인해 사망한 이들을 기리는 행사가 다수 진행됐다. 1957년 3월 28일 소련 상원회의 결정으로 이들이 고향으로 돌아올 수 있었기 때문에, 카바르디노-발카리야 공화국에서는 이날을 '발카르 민족 부활의 날'로 정해 매년 기념하고 있다.

    60년 전 이들은 고향으로 돌아왔지만, 이들이 오래전에 일구고 가꿨던 토

| '발카르 민족 부활의 날' 기념 공연(자료: Национальный акцент http://nazaccent.ru/)

지는 되찾을 수 없었다. 1990년대 설립된 발카르인 단체들은 토지 문제를 비롯하여 경제적인 문제 해결을 위해 목소리를 높였지만, 여전히 미해결 상태이다. 여러 발카르 단체가 언어 복원과 문화 전승을 위해 노력하고 있지만, 여러 현안에 대한 시각은 각기 다르다. 한 발카르 원로의 말처럼, 귀향 60주년을 계기로 발카르인들이 단합과 단결을 도모하고 새로운 미래로 나아가길 바란다.

카라차이인
유럽의 최고봉 엘브루스의 산악인

박미령

명칭 Karachays(영어), Карачаевцы, Карачай(러시아어)
인구 러시아 내 218,403명, 카라차예보-체르케스카야 공화국 내 194,324명
위치 카라차예보-체르케스카야 공화국(또는 카라차예보-체르케시야, 북캅카스의 남서부)
언어 러시아어, 카라차이-발카르어
문화적 특징 이슬람교를 믿으며 주로 산에서 목축을 하고 고집스럽게 전통을 지킨다.

　　카라차이 민족은 캅카스에 사는 튀르크계 유목 민족이다. 카라차이인의 거주지는 테베르다강 상류 산악지대이다. 이 강의 이름은 카라차이어로 '편안한 곳, 신의 선물'이란 의미를 지닌다.

　　아름다운 산과 강의 일부처럼 자연인으로 살아온 카라차이 민족을 가리켜 러시아인들은 흔히 자유, 용기, 근면함을 떠올린다. 러시아의 대문호 레프 톨스토이도 "카라차이인은 엘브루스산 기슭에 살면서 중용을 지키는 민족이며 정직하고 아름다우며 용감한 것이 특징이다"라고 했다. 만년설을 자랑하며 위용을 떨치는 엘브루스산은 자유를 갈망하며 굴하지 않고 성실하게 자신의 삶을 꿋꿋하게 이어갔던 카라차이인의 기질과 닮았다.

　　카라차이 민족은 매우 독립적이며 자유를 추구한다. 그러면서도 그들은 역사적으로 형성된 생활방식과 전통을 고집스럽게 지켜나간다. 산악지대에 사는 고립된 생활방식은 여러 세기 동안 산악인의 독특한 민족 기질을 형성하는 원인이 되었다.

카라차이 민족은 씨족과 가문 중심으로 공동체를 이루며 살았고 노인과 여성을 존중했다. 노인에 대한 절대적인 복종은 여러 세기에 걸쳐 전해진 법칙이며 특히 부모를 모욕하는 것은 참을 수 없는 행위로 여겨졌다. 이에 관해서는 유명한 일화가 있다. 소련의 정치가이며 캅카스 지역을 통제하고 억압하는 데 앞장섰던 수슬로프와 카라차이인과의 일화는 카라차이인의 힘겨운 역사와 연관된다. 수슬로프가 카라차이인 결혼식에 참석했다가 카라차이인 노인을 모욕했다. 그 일로 수슬로프는 심한 응징을 당했고, 그는 보복으로 카라차이인을 억압하게 되었는데, 그 후 카라차이인은 다시 자유를 얻기까지 힘겨운 세월을 보내야 했다. 카라차이인은 결코 자신의 손님을 모욕하지 않는다. 그러나 손님이 자신들이 공경하는 어른을 모욕하는 일은 참지 않는다.

지킬 것을 지키고 불의에 맞서 싸울 줄 아는 용기를 가진 카라차이인의 기질은 설사 그것 때문에 힘겨운 세월을 보낼지언정 그들에게서는 지켜야 할 전통인 것이다. 이 민족의 순수하면서 자유롭고 존경과 전통을 지키려는 태도는 현대인들에게 자신을 돌아보게 한다.

캅카스에는 유럽에서 가장 높은 산인 엘브루스산이 있다. 엘브루스라는 이름은 페르시아어로 '눈 덮인 산'이라는 의미이다. 이 산의 높이는 5642m로, 휴화산이다. 러시아의 카바르디노-발카리야 공화국과 카라차예보-체르케스카야 공화국 사이에 있다.

이 산은 그리스 신화에도 등

프로메테우스가 독수리에게 간을 먹히는 벌을 받던 산, 엘브루스
(자료: 위키미디어 ⓒ Александр Сорель)

장하는 유명한 산이다. 제우스의 명을 어기고 인간에게 불을 가져다준 벌로 프로메테우스는 이 산에서 독수리에게 간을 쪼아 먹혀 죽었다가 다음 날 다시 살아나 간을 계속 쪼아 먹히는 영원한 형벌을 받게 된다.

이 산기슭에 삶의 터전을 마련하여 이 산과 더불어 삶을 지켜 왔던 카라차이 민족은 자신이 숭배해온 이 산을 민족의 자존심으로 여긴다. 카라차이인은 이 산을 테이리-타우라고 부른다. 카라차이인의 선조들은 유일신 테이리(텡그리)를 숭배했다. 그들은 이 산 정상에 테이리 신이 앉아서 자신들을 보살펴준다고 생각했다.

카라차이 민족과 카라차이호수는 연관이 있을까?

흔히 카라차이를 검색하면 호수와 연관된 검색어가 먼저 눈에 띈다. '죽음의 호수'라고 불리는 카라차이호수(우랄산맥 인근의 첼랴빈스크주에 위치)는 인간의 욕심이 만들어낸 괴물이 되어버렸다. 이 호수는 원래 인간의 손이 닿지 않은 경관이 수려한 자연의 선물이었다. 소련 시대에 방사능 폐기물을 버리기 시작하면서 죽음의 호수가 되어버렸다. 여기서 나오는 치명적인 방사능을 막기 위해 호수의 대부분은 콘크리트로 메워져 아름답던 옛 모습을 잃었다.

카라차이 민족과 이름이 같은 카라차이호수는 무슨 연관이 있을까? 사실상 직접적인 연관은 없다. 카라차이는 튀르크어를 쓰는 민족들에게 잘 알려진 고유명사이다. 이 말의 의미는 튀르크어로 '검은 강'이다. 카라차이라는 이름을 가진 민족과 호수는 모두 역사적으로 기구한 운명을 지녔다. 자연과 더불어 순박하게 살아가던 민족과 자연의 선물이었던 호수는 과학과 기술을 앞세운 현대 문명의 탐욕에 의해서 고통 받았다. 그들의 운명을 보니 동시대인으로서 무한한 책임과 부끄러움이 앞선다.

카라차이 민족은 어디서 왔을까

카라차이 민족은 캅카스 고대 민족 중의 하나이다. 그만큼 역사가 오래된 토착 민족인 것이다. 카라차이 민족은 발카르 민족과 같은 문화와 언어를 공유하고 있다. 거의 같은 민족이라고 해도 과언이 아닐 정도로 연관이 깊지만, 지금은 나뉘어 있다.

카라차이 민족의 기원은 정확하지 않다. 대략 13~14세기에 카라차이 민족이 형성되었다고 보는데, 카라차이 민족은 북캅카스에 사는 튀르크 계열의 민족이며 원래 거주했던 캅카스 토착 민족과 이곳으로 이주해온 알란족, 킵차크족, 불가르족과의 결합으로 형성된 민족으로 알려져 있다. 현 카라차이의 지역에 알라니야 왕국의 수도가 있었다는 사실도 이를 뒷받침한다. 이처럼 카라차이 역사와 문화의 뿌리는 대부분 튀르크 민족들과 연관되어 있다.

투쟁과 타협, 그리고 추방과 귀향

킵차크족은 기원전 11세기에 캅카스로 와서 생활하다가 이 지역의 토착 주민들과 결합했다. 이후 14세기 말에 이란계 유목 민족인 알란족이 이곳 캅카스로 이주해 지금의 카라차이 민족이 거주하는 지역에 알라니야라는 왕국을 세웠다. 그러나 티무르 한과 전투를 벌이게 되고 알라니야 왕국은 붕괴했다. 이로 인해 많은 사람이 죽었고 남은 사람들은 산으로 뿔뿔이 흩어졌다. 티무르 한의 습격은 캅카스 토착민들에게 이슬람의 존재를 알리는 역할을 했

으며 카라차이 민족이 이슬람을
믿는 계기가 되었다.

| 19세기 카라차이 장로회 모습

1828년에 카라차이 민족의
운명에 결정적인 사건이 터지게
된다. 이전부터 러시아 제국은
캅카스에 사는 민족들을 제압하
기 위해 꾸준히 침략해왔다. 이
에 대한 캅카스 민족들의 저항도
만만치 않았다. 1828년 10월 20
일에 예르몰로프 장군의 지휘 아래 러시아 군과 카라차이 민족과의 전투가
벌어졌고 이 전투로 163명의 사람이 죽거나 다쳤다. 예르몰로프 장군은 잔
인하게 캅카스 민족들을 제압해나갔으며 마을들을 초토화했다. 카라차이
마을의 대량 학살을 막기 위해 카라차이 장로들은 러시아 지도자들을 만났
고 러시아 제국에 카라차이가 편입하겠다는 조약을 체결했다.

합병 후에 카라차이의 내부 자치권은 원래대로 유지되었다. 이웃의 무
슬림 민족들과의 상호 왕래도 관습과 이슬람법을 지키며 계속 이어졌다. 그
럼에도 불구하고 카라차이의 자존심 강한 주민들이 이러한 상황을 반긴 것
은 아니었으며 북캅카스 민족 독립을 위해 전투에 참여했다. 1831년에서
1860년까지 캅카스 민족들은 반러시아 유혈 투쟁을 결의하고 강한 저항을
했다. 거기에 카라차이 민족도 합류했다. 하지만 1861~1880년 사이에 러시
아 제국군이 보복할 것이 두려워 반러 항쟁을 했던 카라차이인은 터키로 이
주했다.

카라차이 민족은 또 한 차례 시련을 겪게 된다. 소련에서 실시한 1939년

| 캅카스 전쟁 중 마을을 두고 떠나는 산악 캅카스 민족들(Pyotr Nikolayevich Gruzinsky)

인구조사에서 카라차이인은 7만 5763명이었으며 그중에서 7만 301명이 카라차이 자치구에서 살았다.

1942년 8월부터 1943년 1월 말까지 카라차이 자치구는 나치 독일의 점령하에 있었다. 카라차이인이 이때 나치 독일군을 도와 첩자로 활동했다는 혐의를 받고 1943년 11월에 소련 정부에 의해 중앙아시아, 카자흐스탄과 키르기스스탄으로 강제 이주 당했다. 이주당한 주민은 8만 명에 이른다. 이주민 대부분은 아이, 여성, 노인이었고 남성 대부분은 나치 독일과 싸우는 데 동원되었다. 강제 이주당한 지 14년이 흐른 후인 1957년(흐루쇼프 시대)에 카라차이인 일부는 고향으로 돌아올 수 있었다.

자기 언어를 가진 민족

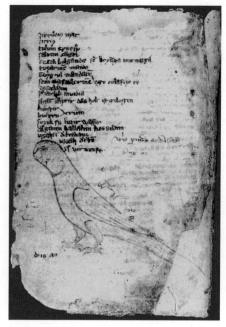

| 쿠마니쿠스 사본

카라차이인은 카라차이-발카르 언어를 사용했다. 카라차이인은 튀르크어를 사용하는 킵차크 민족 그룹에서 나온 소수민족이다. 14세기 『쿠마니쿠스 사본』의 언어는 카라차이-발카르어에 가장 가깝다. 이 문서는 중세에 만들어진 것으로 쿠만족이 가톨릭 선교사들을 돕기 위해 쓰여졌다고 알려져 있다.

카라차이인은 1937년부터 키릴 문자를 사용하고 있지만, 혁명 전에 러시아 국경 너머로 이주한 카라차이인은 오늘날까지 라틴 문자를 사용한다. 원래 카라차이 언어는 라틴 문자로 되어 있었지만, 소련에 의해서 키릴 문자를 사용하게 된 것이다.

요새의 역할을 해왔던 전통 가옥

집 구조는 기후 및 역사 발전 과정과 밀접한 연관이 있으며 이웃과의 관계, 민족 기원, 문화의 특성을 반영한다. 유럽의 동쪽이며 아시아의 서쪽에 있는 캅카스는 이 두 지역을 침략하기 위해서 거쳐야 하는 요충지로 외부의 침략이 잦았다. 그런 이유로 카라차이 촌락의 집들은 서로 아주 가깝게 늘어서 있어서 위급한 상황이 닥치면 빠르게 동원할 수 있도록 세워졌다.

|카라차이-체르케스카야의 마을 모습(자료: 위키미디어 ⓒ Nina Zhavoronkova)

　집의 형태는 직사각형이며 주변 산에 많이 자라는 소나무로 통나무집을 지었다. 지붕은 폭우가 흘러내릴 수 있도록 경사지게 했으며 지붕에 두꺼운 흙과 잔디를 올렸다. 난방을 위해서 벽 안에 난로를 놓았고 넓은 굴뚝을 만들어 연기를 뽑아냈다. 굴뚝은 지붕 높이 솟아올라 있으며 찰흙으로 만들었다. 카라차이의 내부 공간은 두 부분으로 나뉜다. 문에서 멀리 떨어진 화덕 뒤는 집안의 가장이나 어른, 그리고 남자들과 남자 손님이 머물 수 있는 공간이다. 문과 가까운 곳에 여자와 아이들이 머무르는 공간이 있다. 여기서 집안일을 하며 부엌세간을 보관한다.

　카라차이 민족은 여러 민족의 침략을 받아왔기 때문에 방어 목적으로 크리티예 아르바지라는 공간을 두었다. 크리티예 아르바지는 지붕이 있는 안마당이란 의미로 두꺼운 통나무로 흙 지붕을 받친 형태이다. 바깥에 마당이 있는 구조와 달리 폐쇄된 마당인 아르바지는 높이가 4~5m 정도 되며 창문이 없고 공기가 드나드는 창은 지붕에 있다. 아르바지 안에 건초, 장작, 모피, 모피 코트와 다른 재산을 보관한다. 방은 이 지붕이 있는 안마당을 사이에 두고 배치되며 각 방에서 이 마당으로 통하는 문이 있다. 이 안마당은 습격을 당할 경우 요새의 역할을 하는데, 가족구성원들은 외부 침략을 방어하기 위해서 이 안마당에 모인다. 지붕이 있는 안마당은 카라차이의 독특한 주택 구조이며 목재로 만든 성의 역할을 하는 것이다. 가족 축제와 손님 접대도 여기서 이루어진다.

아름다움을 손으로 빚은 전통 의상

카라차이인은 목축을 하고 양을 키웠기 때문에 모피와 양털을 이용해 천을 직접 만들었다. 이 천으로 만든 카라차이 민족 전통 의상은 북캅카스 다른 민족들의 의상과 유사하다. 남성 의상은 웃옷, 바지, 베시메트, 체르케스카, 양이나 다른 동물의 모피로 만든 코트, 부르카와 바실리크로 이루어져 있다. 가는 허리띠에는 단검이나 칼, 부싯돌 등을 달고 다니는데, 이 물건들은 목축을 하며 돌아다니는 산악인에게 필수품들이다. 여름에는 펠트 모자를 쓰고, 겨울에는 양가죽 모자 파파하를 쓰고 다닌다. 날씨가 궂을 때는 두건을 썼다.

다른 캅카스 민족처럼 카라차이 민족 의상의 기본은 일상복인 베시메트이다. 이 옷은 집에서도, 일할 때도 입고 다녔다. 체르케스카는 휴일이나 축제에 입는 옷이었으며 일상에서 입는 옷은 아니다. 이 옷은 천연 염색한 양털로 집에서 만들었다. 색깔을 주로 검은색, 하얀색, 흰색, 갈색이다. 그중 하얀색 체르케스카는 최고의 정장이다. 체르케스카의 길이는 유행에 따라 변했다. 허리띠는 남자에게는 필수품이다. 가는 허리띠에는 금속 버클을 달고 다양한 형태의 장식물을 달았다.

산악인, 특히 여러 달 동안 산을 돌아다녀야 하는 목축업자들에게 필요한 옷은 모피 코트 톤이다. 이 옷은 겨울용 가죽 코트로, 겉모양은 체르케스카와 유사하다. 말을 타는 유목민에게 반드시 필요한 옷은 부르카이다. 부르카는 말을 타는 사람의 온몸을 감싸고 말도 덮어주며 눈비, 바람과 햇살로부터 보호해주는 역할을 한다. 카라차이 민족의 남성 의상은 매우 튼튼하다는 것이 특징이다. 전통 의상을 차려입은 카라차이 남성은 균형이 잘 잡힌 당당한 모습이며 캅카스 산악인들의 전형적인 모습을 보여준다.

여성 의상은 형태와 나이에 따라 다르다. 가슴을 세로로 절단한 면이나 실크로 만든 웃옷 위에 드레스를 입고 허리에는 넓은 은색 허리띠를 두른다. 실크와 면으로 만든 겉옷 캅탈을 입는다. 이 옷은 남자의 체르케스카의 재단법과 같다.

여성의 머리 장식, 특히 처녀의 축제 머리 장식은 모자이다. 그 위에 커다란 수건을 덧쓰기도 한다. 일상적으로 입는 웃옷은 눈에 띄지 않은 색이다. 카라차이 여성이 선호하는 색은 짙은 색이지만, 붉은색, 노란색, 파란색과 하얀색도 가끔 사용한다. 셔츠 아래에는 콘체크라는 바지를 입는다.

목축을 통해 얻는 전통 음식

카라차이 전통 음식의 특징은 그들의 경제 형태와 관련 있다. 카라차이인은 음식의 재료를 기르는 가축에게서 얻었다. 가장 널리 먹는 음식은 양고기

카라차이 양(왼쪽)(자료: 위키미디어 ⓒ Mechenyj), 디저트로 먹는 할바(가운데),
전통 음식인 발효 우유 아이란(오른쪽)(자료: 위키미디어 ⓒ Mavigogun)

다. 특히 카라차이산 양고기는 맛있다고 널리 알려져 있다.

기본 음식은 고기 유제품과 각종 채소이다. 전통적인 음식은 끓이고 볶은
고기이며 날고기와 지방으로 만든 말린 순대 같은 햄, 발효 우유 아이란, 다양
한 치즈가 있다.

전분으로 만든 단 과자 기르지니와 다양한 소를 넣어 먹는 호떡 히치니,
고기 수프 쇼르파가 있다. 후식으로 먹는 음식 중 할바는 진미로 꼽힌다. 할
바는 으깬 깨나 아몬드 따위를 시럽으로 굳힌 과자로 터키나 인도에서도 볼
수 있다. 또한, 히치니는 우리의 호떡과 흡사한데, 들어가는 소가 다르다. 히
치니는 반죽에 감자나 고기 등 흡사 만두에 넣는 것과 유사한 소를 넣어 반죽
해 구운 것이다.

전통 음료로는 우유로 만든 발효 우유, 캅카스 철쭉으로 만든 차 키아라
타이 등이 있다. 명절에는 보리, 귀리, 옥수수로 만든 알코올 음료인 부자와
맥주 등을 마신다.

자연인 카라차이인의 오늘과 미래

카라차예보-체르케스카야 공화국의 주민 구성을 볼 때 카라차이인이 인구의 절반가량을 차지한다. 공화국의 정치적, 경제적 상황에 따라 카라차이인은 변화하면서 현대적 삶의 공식에 맞춰 살아가고 있다. 그렇지만 많은 카라차이인이 지금도 선조들이 고집스럽게 지켜왔던 목축이나 농업에 종사하면서 엘브루스산 기슭에 전통을 지키며 모여 산다.

물론 젊은 사람들은 좀 더 풍족한 현대적 삶을 누리려고 고향을 떠나 도시로 흩어지고 있다. 그러나 가족을 소중히 여기고 여성을 존중하며, 근면하고 용감한, 그리고 중용을 지킬 줄 아는 민족의 기질은 젊은이들이 어디에 가도 자신감을 잃지 않고 행복한 삶을 누릴 수 있게 하는 힘의 원천이 되고 있다.

| 수도 체르케스크의 오늘날 모습(자료: 위키미디어 ⓒ Menders)

아바르인
북캅카스의 반항아

박미령

명칭 Avari(영어), Аварцы(러시아어)
인구 러시아 내 912,090명, 다게스탄 공화국 내 850,011명
위치 다게스탄 공화국(북캅카스의 동부, 카스피해 연안)
언어 러시아어, 아바르어
문화적 특징 산의 지형을 활용하여 집을 지어서 하나의 요새를 형성하는 독특한 가옥
문화를 가지고 있다.

| 톨스토이의 소설 『하지 무라트』의 삽화(E. Lanser)

러시아 문호 레프 톨스토이의 후기 작품 중 아바르인에 관련한 세계적인 소설이 있다는 사실은 잘 알려지지 않았다. 그 소설 제목은 『하지 무라트』(1896~1904)이다. 소설 제목은 들어봤을 법하지만 이 소설의 주인공이 아바르인이라는 사실은 전공자들조차 잘 알지 못한다.

하지 무라트(1816~1852년)는 실존인물이다. 그는 아바르인이며 19세기 러시아 제국과 캅카스 민족들이 전쟁을 벌일 당시 러시아 제국의 저항 세력이었던 이맘 샤밀의 부하이자 용맹한 군인이었다. 톨스토이의 작품에서 하지 무라트는 에너지와 생명력을 지니고 소박하면서 진실한 캅카스 민족의 위엄 있는 수장인 동시에 가족에게는 한없이 자상한 가장으로 숨 쉬고 있다. 아바르인은 기독교 국가를 위협하는 이슬람교도의 야만적인 폭력자가 아닌, 민족을 사랑하고 군인으로서도 용맹한 한 인간이라는 사실을 톨스토이는 그의 뛰어난 필치로 분명하게 보여주고 있다.

톨스토이는 러시아 제국이 잔인하게 캅카스 민족들을 죽이는 행위에 동의하거나 묵과했던 작가가 아니다. 그가 이 작품을 쓰게 된 계기도 러시아 제국의 잔인함에 대한 일말의 양심의 표현이었다.

드라마 〈모래시계〉의 주제가 「백학」

1995년에 방송된 드라마 〈모래시계〉는 '국민 드라마', '귀가 시계'라고 불릴 정도로 인기를 끌었던 작품이다. 드라마의 인기와 함께 여기에 사용된 OST도 인기를 끌었다. 그중 가장 인기를 끌었던 노래 「백학」은

| 라술 감자토프를 기념하는 우표

서정적이고 애잔한 음으로 한국인의 사랑을 받았다. 이 노래의 가사는 원래 아바르인인 라술 감자토프(1923~2003년)의 시이다. 이 시는 제2차 세계대전 당시 전사한 군인을 애도하는 노래로 1970년대부터 1990년대까지의 한국의 슬픈 현대사를 다룬 드라마의 정서와 잘 맞았다.

나는 가끔 피로 물든 전장에서
돌아오지 않는 군인들이
언젠가 이 땅에 잠든 것이 아니라
백학으로 변해버린 것 같은 생각이 든다. (「백학」의 일부)

판노니아의 아바르 VS. 캅카스의 아바르

아바르인은 캅카스 원주민 중의 하나이다. 역사적으로 다게스탄 산악 지역, 조지아 동부, 아제르바이잔 북부에 거주했으며 현재 가장 많은 수가 다게스탄에 살고 있다.

'아바르'의 어원은 분명하지 않다. 대부분의 학자는 지금의 명칭이 고대

아바르족의 명칭에서 나왔으며 고대 아바르족이 지금 다게스탄에 살고 있는 아바르인에게 커다란 영향을 끼쳤다고 확신한다. 고대 아바르족은 판노니아 (현재의 헝가리 서부와 오스트리아 동부 일부 및 유고슬라비아 북부 일부에 해당하는 곳) 아바르족이라고도 불렸다. 동쪽으로 이동했던 아바르족은 6세기에 슬라브족을 정복하고 동로마 제국을 위협했으며 판노니아에 살던 게르만족을 물리치고 판노니아를 차지했다.

일부 학자들은 이 아바르족을 '판노니아의 아바르'라고 하며, 캅카스의 아바르인과 구분한다. 서로의 연관성을 찾기가 힘들 정도로 두 언어가 다르다는 것이다. 그러나 일부 러시아 학자들은 판노니아의 아바르가 중앙아시아에 도착할 시기에 캅카스 아바르 역시 존재했다는 것을 근거로 이들은 서로 연관이 있으며 영향을 받았으리라 추측한다. 또 다른 학자들은 캅카스 아바르족은 이미 오래전부터 이 지역에 존재한 것으로 보았다.

'아바르'라는 이름의 의미

아바르라는 명칭은 쿠미크인(다게스탄의 또 다른 민족)이 부여했다는 설이 있다. 그러나 이 명칭은 판노니아 아바르족의 명칭에서 왔다는 주장도 있으며 아바르 지역의 고대 국가 중 하나인 사리르의 통치자 안두니크가 1485년 자신의 유언에서 자신을 '에미르 빌라이아트 아바르' Эмир вилайата Авар 라고 명명한 것에서 민족명이 나왔다는 이야기도 있다. 튀르크어로 아바르, 아바랄 이라는 말은 불안한, 불안하게 하는, 용맹한이라는 의미이다. 아바르인 자신도 자신들을 다양하게 불렀다. 그중에서 그들이 공통으로 자신을 지칭하는 명칭은 마아룰랄이었다. 이는 산악인 또는 기마인이라는 의미이다.

| 아바르 한들의 문장(왼쪽), 아바르 왕국의 문장(오른쪽)

늑대를 숭배하는 아바르인

아바르인은 늑대를 숭배했으며 귀족의 문장이나 국가 상징에 늑대를 그려 넣었다. 전통적으로 아바르인과 다게스탄의 일부 민족들이 늑대를 용맹함과 남자다움의 상징으로 여겼다. 아바르인은 늑대를 '신의 파수꾼'이라고 불렀다. 아바르인은 늑대가 자신의 용기로 먹이를 얻는다고 생각했다. 이들은 늑대의 힘, 용기, 용맹함을 존경하는 민족은 늑대의 육신을 취함으로써 신비한 능력을 얻을 수 있다고 여겼다. 이들은 늑대의 심장을 소년에게 먹였는데, 이는 소년이 늑대처럼 강하고 용맹한 남성이 되기를 바라는 마음에서 비롯된 것이다. 이들에게 늑대와 비유되는 말을 듣는 것은 대단한 찬사이다.

캅카스 아바르인의 역사

캅카스 아바르인이 거주한 지역은 사리르라고 불렸다. 이 영토에 대해 최초로 언급된 시기는 6세기였다. 사리르는 기독교 왕국이다. 이 왕국은 6~11

옛 아바르 지역에서 나온 돌에 새겨진
만자 모양과 십자가 형태

고대 아바르인의 십자가

세기까지 존재했으며 10~11세기에 최전성기를 누리며 북동캅카스 지역에
정치적 영향력을 끼쳤다.

사리르는 알란, 하자르와 국경을 마주했다. 하자르족(7~10세기에 걸쳐 카스피
해 북쪽에 거주했던 튀르크계 민족)이 7세기에 칼리프 제국에 맞서 전쟁을 벌이는
동안 아바르인은 하자르족에 협력했다. 이를 통해 아바르인은 이 지역에서
패권을 유지하려고 했다. 수라카트 1세 재위 시절에 사리르의 영토는 세마히
(현 아제르바이잔의 도시)에서 카바르다(카바르딘인 영토)까지 확장됐다. 수라카트
1세(729~730년)는 강력한 전제정치를 펼쳤던 인물로 알려져 있다. 안두니크가
그 뒤를 이었으며 선대의 왕들처럼 영토 확장에 노력했다.

사리르 왕국은 힘이 약해진 하자르인에 맞서며 조지아와 알라니야 왕국
등 이웃 기독교 국가에 대해 친교 정책을 펼쳤다. 그러나 12세기 초에 사리르
왕국은 이 지역에 형성된 또 다른 왕국인 아바르 왕국에 의해서 정복되었고
이슬람교가 정착하기 시작했다. 몽골 침략은 아바르 지역에 거의 영향을 주

지 않았다. 오히려 아바르 한들은 캅차크한국과 협약을 맺으며 세력을 확장해나갔다. 15세기에 캅차크한국은 멸망하고 튀르크계인 쿠미크인이 이 지역에서 세력을 잡았다. 아바르인은 쿠미크인에 대항하지 못하고 병합되었다. 이 시기에 이슬람교가 아바르인 사이에 확고히 뿌리를 내린다. 아바르인은 13세기 초까지 기독교도였지만 15세기에 수니파 이슬람이 자리를 잡으면서 16세기부터 아랍 문자를 근간으로 한 문자도 만들어냈다.

이후 다게스탄 지역에 메흐툴린 왕국이 생겨났다. 이 국가는 17세기에서 19세기까지 존재했으며 왕국의 창립자인 카라-메흐티의 이름을 따서 만들어졌다. 16세기에 페르시아와 오스만튀르크가 캅카스 전체를 점령하고 영토를 나눠가졌다. 16세기 중엽까지 지금의 조지아 동부, 다게스탄, 아제르바이잔, 아르메니아를 사산조 페르시아가 차지했고, 조지아 서부와 압하지야는 오스만튀르크가 점령했다. 18세기까지 아바르 지역은 페르시아의 지배를 받고 있었는데, 1741년에 메흐툴린 왕국의 아흐마트 한이 다른 산악 민족의 도움을 받아 페르시아 군사령관을 무찔렀다.

러시아는 16세기부터 아바르인과 관계를 맺기 시작했으며 1803년에 아바르 왕국이 러시아의 구성원으로 편입되었다. 그러나 러시아 제국의 타민족에 대한 탄압과 오랫동안 지속된 캅카스 전쟁은 캅카스 민족들을 분열시켰다. 러시아 제국에 맞서 싸우는 캅카스 민족의 중심에는 이맘 샤밀이 있었다. 샤밀은 아바르인이었으며, 1797년에 김라 마을에서 태어났다. 아바르 지역은 샤밀이 러시아에 저항해

| 캅카스 민족들의 지도자였던 이맘 샤밀

| 포로로 잡힌 이맘 샤밀(T. Gorshelt, 1863년)

서 싸우는 거점 기지가 되었다. 약 25년 동안 샤밀은 자신의 부관들과 함께 러시아 제국에 대항해 싸움을 벌였다. 1859년 8월에 러시아 군대는 높은 산에 있는 구닙 마을을 점령해서 이맘을 포로로 잡았다. 캅카스 전쟁이 시작될 무렵 다게스탄에는 약 20만 명의 아바르인이 살고 있었는데, 캅카스 전쟁이 끝난 무렵 아바르인은 절반도 채 남지 않을 정도로 캅카스 전쟁은 아바르인에게 큰 상처를 남겼다. 이후 혁명이 일어나고 소비에트 체제가 들어서면서 1921년에 다게스탄 자치공화국이 형성되었다.

산을 거스르지 않은 가옥 형태

전통적인 아바르인의 집은 돌집으로 평평한 흙 지붕에 3층 건물, 또는 각층에 입구가 따로 있는 탑 모양의 4, 5층 건물이다. 집 중앙에는 기둥이 있는데, 화려하게 조각되어 있다.

| 아바르인 마을(자료: 위키미디어 ⓒ Alfred Schaerli)

대부분의 아바르 마을은 산의 경사면에 있다. 집들은 서로서로 붙어 있고 종종 한 집의 지붕은 다른 집의 마당이 되었다. 이런 형태는 쓸 만한 땅이 부족한 가파른 지형 조건에서 비롯되었다. 그뿐 아니라, 적의 습격으로 마을을 보호하는 데도 적합하다. 마을 외곽에 있는 집은 경비 초소의 역할을 하고 있어서 성벽처럼 지어졌으며 그 건축물의 내부로 들어가기는 매우 어렵다.

아바르 농민의 일상적인 집은 사각형으로 된 평평한 지붕의 구조물이다. 집의 아래층에는 살림살이를 둔다. 헛간, 건초 광, 창고가 아래층에 위치한다. 겨울이 되면 아래층에서 지낸다. 보통 방 세 칸이 있는 위층에는 밖으로

나 있는 돌계단이 있다. 위층의 각 방에는 난간으로 나가는 출구가 있고 난간에서 아래 집의 지붕으로 나갈 수도 있다. 난간의 시붕은 몇 개의 기둥으로 유지된다.

위층의 방 세 개 중에 가운데 방은 복도의 역할을 하여, 가운데 방에서 문을 열고 나가면 두 개의 양 옆방으로 들어가게 된다. 두 개의 옆 방 중 하나는 거실 역할을 한다. 여기서 집안의 여러 행사가 치러지며 손님을 위한 침실로도 쓰인다. 또 다른 방은 부엌이다.

계층과 출신 마을을 알 수 있는 아바르 여성 의상

아바르 남성의 전통 의상은 다양하지 않고 이웃 캅카스 민족들과 공통점을 보인다. 기본적으로 긴 튜닉 형태의 셔츠, 통이 좁고 끈으로 묶는 바지, 양털로 만든 파파하, 가죽신으로 구성되어 있다. 겉옷은 캅카스에서 잘 알려진 체르케스카와 이와 재단이 비슷한 베시메트를 입는다. 남성이 꼭 갖춰야 할 필수품은 단검이었다. 겨울에는 일상적으로 모피 코트를 입었으며 펠트 부츠를 신었고 양털 양말을 신었다. 비가 올 경우 어깨에 부르카를 걸쳤다.

아바르 여성 의상은 아주 다양했다. 옷은 본질적으로 민족적 특색을 비롯한 다양한 요소를 드러낸다. 드레스와 머릿수건, 형태와 색

| 아바르 남성

아바르 축제 의상을 입은 여성(왼쪽)(Halil Beg Mussayassul, 1939년), 축제를 즐기는 아바르 여성들(가운데), (Halil Beg Mussayassu, 1935년), 아바르 여성의 전통 결혼 의상(ⓒ 김선래)

상, 털 코트의 모양, 신발과 장식, 머리 장식에 따라 그 여성이 어떤 계층인지, 어떤 마을 출신인지를 알 수 있다. 미혼 여성은 노란색, 초록색 계통의 드레스를 입었고 약 3m 길이의 붉은 허리띠를 했다. 나이 든 기혼 여성은 단색이나 어두운 계열 색상의 옷을 즐겨 입었다.

과거에는 가슴 절개가 없는 셔츠와 어두운 색상의 양털실로 만든 바지를 입었다. 때때로 셔츠와 바지는 하나로 연결되어 상하가 맞붙은 작업복과 흡사한 모양이었다. 비슷한 옷을 양털로 짜서 속옷으로 입었다.

머리 장식은 여러 형태가 있다. 초호타(머리카락을 모아서 넣는 부인용 머리쓰개)를 비롯한 다양한 머리쓰개가 있다. 머리쓰개는 비단, 금줄, 구슬, 은으로 만든 체인, 망사로 장식한다. 초호타 장식은 아주 오랜 전통을 가지고 있다. 관사놀이 장식은 특히 관심을 받았다. 귀걸이나 큰 동전 같은 것을 관자놀이 부분에 달았다.

고기가 주 재료인 전통 음식

전통적으로 아바르인은 고기를 많이 먹는데, 특히 양고기와 소고기를 즐겨 먹는다. 고기로 수프를 끓이고 밀가루 음식을 위한 소를 만들며 꼬치구이를 만든다. 가장 유명한 음식으로 체체비치나야 추르파(콩과 고기를 넣어 만든 수프), 괭이밥으로 만든 추르파, 고기 수프인 판크-추르파 등이 있다.

아바르 힌칼(자료: Национальный акцент http://nazaccent.ru/)

아바르 음식의 중요한 재료는 육포다. 냉장고가 없던 시절에 육포는 오랜 기간 음식을 보관하는 데 적합했다. 육포로 많은 음식을 만들 수 있는데, 강낭콩 수프에도 넣어 먹는다. 채소는 식탁에 잘 오르지 않지만, 기본적으로 파와 토마토, 감자, 가지, 마늘, 식초, 겨자, 다양한 허브가 쓰였다.

다른 지역의 일반 힌칼(자료: 위키미디어 ⓒ ААЙошкар-Ола)

밀가루 음식으로는 발효시키지 않은 납작한 반죽에다가 다양한 소를 넣은 추두가 있으며 손님을 접대할 때 내놓는 특별한 음식인 힌칼이 있다. 발음상으로 보면 조지아의 힌칼과 비슷하지만 전혀 다른 음식이다. 아바르 힌칼을 만드는 것은 아주 복잡하며 숙련된 솜씨를 필요로 한다. 힌칼의 전통적인 양념은 마늘, 허브, 후추, 커민을 넣은 스메타나이며 때때로 토마토소스도 이용된다. 힌칼은 진한 고깃국, 향료를 섞은 토마토, 발효시킨 가지와 소금에 절인 음식과 곁들여 먹는다. 또 다른 음식으로는 만두와 비슷한 쿠르제가 있다.

아바르인의 현재 상황

아바르인의 교육 수준은 낮지 않지만, 고등교육을 받은 이들이 도시로 빠져나가는 비율이 급격히 늘어나고 있으며, 그에 따라 실업자도 늘어가고 있다. 이런 상황은 어디에도 마찬가지이다. 젊은 사람은 변하는 세상에 순응하면서 살아간다. 산악지대에 살던 아바르인도 평지로 옮겨 농사를 지으며 살아가고 있다.

그런데도 아바르인은 전통을 존중하고 선조들의 방식을 고수하려고 노력한다. 그들은 용맹한 전사의 후예로서 러시아에 쉽게 동화되려고 하지 않으며 될 수 있으면 같은 민족끼리 결혼하려고 한다. 이는 러시아 내에 살면서 아바르라는 민족의 정체성을 잃지 않으려는 노력의 일환이라고 할 수 있다.

다르긴인
캅카스의 장인

김은희

명칭 Dargins, Dargwa(영어), Даргинцы(러시아어)
인구 러시아 내 589,396명, 다게스탄 공화국 내 490,384명
위치 다게스탄 공화국의 중부 산악지대와 고산지대에 거주
언어 러시아어, 다르긴어
문화적 특징 주요 종교인 이슬람이 전통 신앙과 결합되어 있으며, 경로사상, 가부장제
등의 전통이 유지되고 있다.

스타브로폴주
칼미크 공화국
체첸 공화국
마하치칼라 •
다게스탄 공화국
카스피해
조지아
아제르바이잔

'다이르칸', '다르간', '다르칸', '아쿠신' 등 여러 이름으로 불렸던 다르긴인은 러시아연방 다게스탄 공화국을 구성하는 여러 민족 가운데 아바르인 다음으로 그 수가 많다.

인구는 2010년 기준 58만 9396명이며, 그중 49만 384명이 다게스탄에 거주하고 있다. 이들은 주로 다게스탄 중부의 고산지대에 거주하고 있다. 다게스칸 공화국의 다하다예프, 세르고칼린스크, 아쿠신, 카이타그 등의 지역 주민의 90% 이상이 다르긴인이다. 이외 스타브로폴주에 4만 9302명, 로스토프주에 8304명, 칼미크 공화국에 7590명, 모스크바에 3255명 등이 살고 있다

캅카스 백인종의 흔적이 가장 많이 남아 있는 다르긴인

다르긴인은 캅카스의 다른 민족들에 비해 머리카락 색이 옅다. 교통과 통신의 발달로 여타 민족들과의 인종적 결합이 늘어난 20세기의 전반적인 흐름을 감안하면, 다르긴인의 옅은 머리칼은 이들의 특징을 나타내는 민족적 지표가 된다. 시간을 좀 더 거슬러 올라가면, 다르긴인의 머리칼은 금발이었다. 14세기 후반~15세기 초, 한 아랍인 지리학자는 고대 다르긴인의 외모에 대해 "큰 키에, 금빛 머리칼, 그리고 눈매는 날카롭다"라고 묘사했다.

다르긴인은 인류학적으로 캅카스계(系) 백인종에 속한다. 백인종을 나타내는 영어단어 코카시언Caucasian이 캅카스의 영어 표기인 코카서스Caucasus에서 나왔다는 것은 우연이 아니다. 캅카스계 백인종의 시원에 대해서는 두 개의 가설이 존재한다. 토착설과 이주설이다. 캅카스 민족들의 특징들을 고려할 때 백인이 캅카스 지역에 존재할 수 있는 이유는 유럽 백인종의 이주밖에 없다는 것이 이주설의 기본 근거이다. 그러나 이 주장은 어떤 집단이, 왜,

다게스탄의 남부 도시이자, 러시아의 가장 남쪽 도시인 데르벤트(왼쪽)(ⓒ 김선래)
데르벤트 시내를 둘러싸고 있는 성벽(오른쪽)(ⓒ 김선래)

 나린-칼라 요새(ⓒ 김선래)

어느 시기에 이주해 왔는지에 대한 명확한 근거를 제시하지 못한다. 토착설은 접근이 어려운 고산지대라는 조건 속에서 이들이 고립되었을 것이라는 것을 기본 가설로 한다. 다르긴인의 유전자 분석 결과는 토착설에 설득력을 부여한다. 그들의 유전자에는 신석기 시대나 후기 구석기 시대로 거슬러 올라가는 고대인의 인류학적 특징들이 보존되어 있었던 것이다.

'대지의 중심' - 다르긴인들이 사는 곳

다르긴이란 말은 두 가지 어원을 갖는다. 하나는 내부, 내면, 중심을 뜻하는 다르고, 또는 다르그바에서 유래했다는 설명이다. 다른 하나는 정의로운, 평평한, 똑바른 등을 뜻하는 튀르크어 두그리에서 파생된 것이라는 입장이다. 두 가지 설명을 결합하여 다르긴인의 민족적 특징을 정의해보면 다음과 같다.

먼저, 다르긴인은 자기중심성이 강한 민족이다. 다르긴인의 선조는 자신의 거주지를 다게스탄의 내부, 즉 핵심이라고 생각했다. 그들의 의식에는 자신들이 사는 곳이 곧 '다르긴 대지의 중심'이라는 관념에 뿌리를 내리고 있다. 둘째, 다르긴인의 또 다른 특징으로 자기중심성과 강하게 잇닿아 있는 배타성을 들 수 있다. 셋째, 역시 자기중심성과 연계된 정의로움, 올바름이다. 이를 종합할 때, 다르긴인은 자신이 살아가는 공간을 정의로운 중심으로 파악하는 자긍심 강한 민족이라 할 수 있다.

다게스탄과 함께 한 다르긴인의 역사

하위징아가 『중세의 가을』에서 언급했던 모험과 열정의 시기인 15세기에 들어서서 다르긴인에 대한 첫 번째 역사적 서술이 나타난다. 물론, 다르긴인은 이미 그 이전부터 지금의 다게스탄 땅에서 살고 있었다.

14세기에 다르긴인은 이슬람교를 수용했다. 그러나 1813년 페르시아-러시아 조약 체결의 결과 다게스탄은 러시아 제국에 편입된다. 영적으로는 러시아 정교가 아니라 이슬람을 추종하지만, 정치적·물리적 여건은 러시아 정교를 믿는 러시아의 지배를 받게 되었다. 이러한 상황은 갈등으로 표출될 수밖에 없었다.

그러나 다르긴인의 독립 전쟁은 다게스탄 고산지대의 다른 민족인 체첸인과 비교했을 때 그리 투쟁적이지는 않았다. 다르긴인들은 1921년 소련 다게스탄 자치공화국에 편입된 이래 오늘날까지 다게스탄에 소속되어 있다.

다르긴인의 역사처럼 복잡한 다르긴어

다르긴어는 그들이 걸어온 역사적 질곡처럼 복잡하다. 북캅카스어족의 나흐-다게스탄계에 속하는 다르긴어에는 아쿠신, 우라힌, 추다하르, 시르힌, 하이다크, 무아린, 굽덴, 메케긴, 카다르, 치라크, 메겝, 쿠바친 등 여러 방언들이 있다. 아쿠신 지역에서 쓰는 언어가 다르긴 표준어의 기본이 된다.

구술성에 바탕을 두었던 다르긴어는 15세기에 들어서서 아랍 문자를 이용하기 시작했다. 그러나 아랍 문자는 다르긴어의 소리를 모두 표기하기에는 한계가 많아 1928년 라틴 문자를 기반으로 하는 다르긴 알파벳이 사용되었

А а	Б б	В в	Г г	Гъ гъ	Гь гь	ГӀ гӀ	Д д
Е е	Ё ё	Ж ж	З з	И и	Й й	К к	Къ къ
Кь кь	КӀ кӀ	Л л	М м	Н н	О о	П п	ПӀ пӀ
Р р	С с	Т т	ТӀ тӀ	У у	Ф ф	Х х	Хъ хъ
Хь хь	ХӀ хӀ	Ц ц	ЦӀ цӀ	Ч ч	ЧӀ чӀ	Ш ш	Щ щ
Ъ ъ	Ы ы	Ь ь	Э э	Ю ю	Я я		

| 다르긴 알파벳(자료: 위키미디어)

다. 하지만 이 역시도 그리 오래 가지 못했다.

사회주의 혁명 후 이 지역에 대한 중앙권력의 통제력이 강화되던 1930년 대 후반 다르긴어는 러시아의 키릴 문자를 수용하여 문자표기를 정립하게 된다. 1960년대에는 키릴 문자에 문자 ЦӀ цӀ이 첨가되는 등 다르긴 문자는 조금씩 변하였다. 현재 다르긴 문자는 총 46자이다.

다양한 음식으로 균형 잡힌 다르긴인의 식단

캅카스의 고산지대가 다르긴인의 거주 공간이다. 캅카스의 산악 지형은 다르긴인에게 농경과 목축만을 허용했다. 비옥한 평야가 아니라 가파른 산등성이를 타고 재배할 수 있는 농작물은 그 종류가 한정될 뿐만 아니라 양도 충분하지 않다. 주요 농작물은 산악 지형에 유리한 밀, 옥수수, 메밀 등으로 국한된다. 강낭콩을 비롯한 밭작물과 쌀, 약간의 채소 등도 재배했다.

곡식의 양이 적은 상태에서 먹거리를 확보할 수 있는 방법은 적은 양을 크고 많게 부풀리는 것이다. 밀가루로 부침, 즉 전병을 만들고, 고기를 전병에 넣는 방식이 발달했다. 여기다 유제품을 곁들인다. 이처럼 밀가루, 고기, 유제품을 기본으로 삼고 여기에 채소, 과일, 열매 등을 보충하는 것이 다르긴인의 기본 식단이다. 이렇게 탄생한 다르긴의 전통 음식이 고기, 치즈, 트보로크(유제품의 일종), 야채 등으로 속을 넣은 밀전병 '추두'이다.

추두를 만드는 방법은 여러 가지이다. 추두가 주식이다 보니 집집마다 만드는 방법이 다르다. 그래서 추두를 만들 때는 속이 보이게 만들 수도 있고, 반만 보이게 만들 수도 있다. 만드는 방법이야 상황마다 달라질 수 있지만, 그 양은 적을 수밖에 없다. 그래서 다른 캅카스 민족들처럼 다르긴인도 음식을 충분히 섭취하지 않는다. 그러나 손님이 찾아올 경우에는 충분히 음식을 대접하는 것이 원칙이다.

추두와 더불어 다르긴인이 즐겨먹는 음식이 '힌칼'이다. '힌칼'은 우리나

| 다르긴인의 꽃빵 '힌칼'(자료: Национальный акцент http://nazaccent.ru/)

라에서 중국 요리에 곁들여 먹는 '꽃빵'과 비슷하다. 이스트로 부풀린 반죽을 겹겹이 말아 빵을 만든다. 이 빵을 고기 요리에 곁들여 내놓거나 잘게 부순 견과류를 뿌려 먹는다. 적은 양을 부풀리고, 부족한 영양분을 채워주는 것, 힌칼은 다르긴인의 또 다른 생존 방법이자 삶의 지혜가 스며든 대표적 음식이다.

다르긴인은 쌀, 밀, 강낭콩, 옥수수, 메밀 등을 넣은 우유죽을 즐겨 먹는다. 특히 집안에 아이가 태어나면 산모는 우유죽을 끓여서 친척들과 이웃들에게 대접한다. 이때 죽에 넣는 건더기는 홀수여야 한다. 쌀, 메밀, 옥수수, 밀, 수수 등의 곡물뿐만 아니라 우유, 소금, 물, 설탕 등을 모두 합쳐 홀수로 죽을 끓여야만 한다. 죽은 비타민과 미네랄이 풍부해 아이의 젖니가 났을 때도 끓여서 친지와 이웃에게 나눠준다.

이웃 민족과 유사한 다르긴인의 전통 의상

다르긴인의 전통 의상은 셔츠, 바지, 베시메트(무릎까지 오는 겉옷), 체르케스카(깃 없는 겉옷), 부르카, 외투, 가죽이나 펠트 부츠 등이 한 세트를 이룬다. 그런 점에서 캅카스 북쪽 지역에 거주하는 다른 민족들의 전통 의상과 별반 차이는 없다. 다른 민족들도 그렇지만, 다르긴 남성의 전통 의상에서 중요한 것은 단도이다. '킨잘'이라 불리는 길고 넓은 단도는 남성이라면 반드시 구비하고 있어야 한다.

다르긴 여성은 앞트임이 없는 반면 허리가 트인 원피스, 실내용 윗옷, 좁거나 넓은 바지를 입고, 가죽이나 펠트로 만든 신발을 신었다. 머리에는 추흐타를 썼다.

| 다르긴 여성의 전통 의상(왼쪽)(ⓒ 김선래), 다게스탄에 사는 민족들의 여성 전통 의상(오른쪽)(ⓒ 김선래)

캅카스의 장인, 다르긴인

다르긴인이 즐겨 만드는 대표적 민속 공예품은 칼이다. 앞서 지적했듯이, 남성이라면 반드시 단도를 소지하고 있어야 한다. 그만큼 수요가 많다는 의미이다. 자연스럽게 칼 공예는 다르긴인들의 전통 공예로 확고하게 자리 잡았다.

단도를 만들기 위해서는 섬세한 손기술이 요구된다. 이를 바탕으로 다르긴인들은 공예품 분야에서 캅카스 지역을 대표한다. 가죽, 동물의 털, 금속, 나무, 돌 등을 소재로 하여 뛰어난 공예품을 생산해내고 있으며, 목재 가구나 장식품 분야에서도 솜씨를 발휘하고 있다.

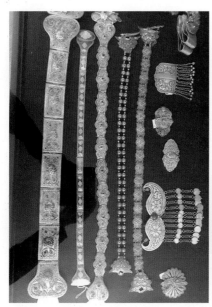

다르긴 장인들이 만든 다양한 장신구와 칼(왼쪽 ⓒ 김선래, 오른쪽 자료: Национальный акцент http://nazaccent.ru/)

가축우리와 창고가 함께 있는 다층 건물

다르긴 마을은 밀집된 계단식 형태를 띤다. 한정된 주거 공간을 활용하려는 노력의 산물이다. 다르긴인의 집은 지붕이 평평한 다층 건물이다. 100~350가구가 모여 한 마을을 이루는 것(우라리, 테베크-마히 지역 등)이 보통이며, 700가구 이상인 큰 마을(추다하르, 호잘-마히, 아쿠샤, 우라히, 쿠바치 지역 등)이나, 10~100여 가구로 구성된 작은 마을들(우르가니, 나치, 두아카르 지역 등)도 있다. 주로 화강암이나 사암 등을 건축 재료로 사용한다. 최근에는 벽돌을 이용하기도 한다.

집은 복층 구조를 하고 있다. 흔히 아래층은 마구간, 가축우리, 건초 창고,

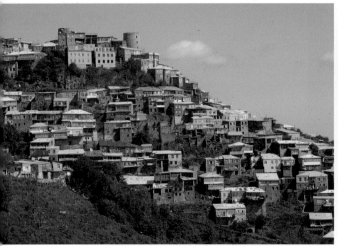

다게스탄 다하다옙스크군 쿠바치 지역의 도시 형태 마을(왼쪽)(자료: 위키미디어 ⓒ Fred Schaerli)
다게스탄 레바신스키 지역의 마을(오른쪽)(자료: 위키미디어 ⓒ AGENT-007)

장작 창고, 농기구 보관창고 등이 있고 위층에는 방들이 자리한다. 가축우리를 집밖에 따로 두기도 한다. 지대가 낮은 곳에 위치한 다르긴 마을에서는 방들을 하나로 연결하기 위해 직선으로 배치한다.

보통 남자들의 일과 관련된 물건이나 도구, 무기 등은 집의 입구 쪽에 둔다. 그 반대편에는 주방 도구나 저장 식품 등을 놓는다. 집 안에서 쓰는 물건 대부분은 벽에 말뚝을 박아 그 위에 걸어둔다. 윗옷은 천장에 매어놓은 긴 장대에 걸쳐 두고, 식기류는 선반에, 침구류는 구석에 놓는다.

요람에서 무덤까지: 다르긴인의 삶

아이가 태어나서 7일째가 되면 처음으로 '시리'라고 불리는 요람에 눕힌다. 부모는 이 날을 기념하는 잔치를 연다. 아이를 위한, 또는 아이가 받는 첫 번째 잔칫날인 셈이다. 아이가 미숙아로 태어나더라도 3개월 이내에는 아이를 요람에 눕혔다. 그 이후에는 요람에 아이를 길들이기가 쉽지 않다고 생각했기 때문이다. 요람에 아이 눕히기는 보통 금요일 정오를 택하는데, 건강한 아이를 많이 낳은 여인이나 시어머니가 아이를 요람에 눕힌다. 이때 아이가 잘 자라고 산딸기 열매를 아이의 요람 밑에 넣어주기도 했다. '빈 요람은 절대로 흔들지 않는다'는 금기가 있다. 그렇게 하면 자손이 없을 거라는 믿음 때문이다. 아이는 보통 첫 6개월을 계속 요람에 누워 지낸다. 하루에 3~4번, 10~15분 정도씩만 요람에서 아이를 꺼냈다. 아이를 포대기에 단단히 싼 후 팔다리와 머리가 움직이지 못하도록 꼭 묶어서 요람에 두었다.

다르긴인은 내족혼을 선호한다. 청혼과 결혼 예물 교환, 날짜 잡기, 신부 집 방문, 신랑 집으로 출발, 시집에서 머물기 등으로 결혼이 진행된다. 청혼이나 결혼은 어렸을 때, 심지어 태어나자마자 정해지기도 하는데, 이때 남자 측에서 증표로 물건을 준다.

다르긴인은 요즘에도 전통 장례식을 고집한다. 3일째, 7일째, 40일째, 1년 후에 고인의 영혼을 대접하는 사다키아라고 불리는 추도식을 행한다. 이슬람 종교 축일에도 빼먹지 않고 고인을 추도하는 의식을 행한다.

고인에 대한 추도는 마을 전체에서는 3일간, 친척들은 40일 동안 한다. 이 기간 동안 남자들은 면도를 하지 않고 잔치 행사에 참석하지 않는다. 여자 친척들은 40일 동안 어두운 색 옷을 입고 머리를 자르거나 빗지 않는다.

노인과 남성이 대우받는 다르긴인 사회

다르긴인이 가장 듣기 싫어하는 욕설 중 하나는 "아무 짝에도 쓸모없는 늙

은이"이다. 늙는다는 것과 쓸모없음을 동일선상에 놓아서는 안 된다는 것, 나아가 늙는다는 것은 존경의 대상이 된다는 것, 바로 이것이 다르긴 사회를 대변하는 가장 핵심적 특징 중 하나이다. 어른이나 노인에 대한 불경은 다르긴 전통 사회에서는 용납될 수 없다. 다르긴인에게 나이가 든다는 것은 일상에서 우선권을 부여받는다는 것을 의미한다. 어른이 먼저 이야기하고 어른 앞에서 젊은이는 일어서 있어야 하며 담배를 피워서도 술을 마셔서도 안 된다. 어른에게 먼저 음식을 드리고 술을 따라드리며, 모든 일에 조언을 구한다.

20세기 초까지도 다르긴 문화에는 여자의 일(추수, 음식 준비, 바느질, 집안일 등)과 남자의 일(파종, 경작, 양치기 등)이 엄격히 구분되어 있었다. 다르긴 여성은 마을의 일에 관여할 수 없었고 마을의 잔치에도 참여할 수 없었으며 남자들과 대화를 하거나 심지어 남들 앞에서는 남편과도 대화를 나누어서는 안 되었다. 독자적으로 재산을 소유하거나 처분할 수도 없었다. 지참금만이 유일한 여성의 소유물이었다.

가정이나 사회에서 여성의 지위는 열악했다. 예를 들어 집 안에서 남자들이 먹기 전에는 먼저 먹을 수 없었고 남편이 오기 전에 먼저 잠자리에 들 수 없었다. 아이들의 양육은 전적으로 여자의 몫이었고 아버지는 양육에 전혀 관여하지 않았다. 아버지는 다른 사람 앞에서나 집안사람들이나 친척들 앞에서도 아이가 울더라도 달래주거나 안아주지 않는 것이 관례였다. 그러나 자식이 성장하면 전적으로 아버지가 자녀들의 운명을 결정했고, 어머니는 어떠한 권리도 가질 수 없었다. 예를 들어 자녀의 결혼은 자녀의 의사에 상관없이 아버지가 결정했다. 이때 최우선 고려 사항은 사회적 지위와 지참금이었다. 부유한 남성은 두세 명의 아내를 두었으며, 두 번째, 세 번째 아내는 첫 번째 아내에 비해 그 권리가 더 미약했다.

다르긴인의 속담 중에 '소란스러운 개울은 바다까지 닿지 못한다'라는 말이 있다. 다르긴인은 이 속담처럼 조용히 전통을 지키며 살아가고 있다. 그러나 그런 다르긴인의 삶도 글로벌화되고 있는 세계 변화를 거스를 수 없을 것으로 보인다. 변화에 취약할 수밖에 없는 노인들은 지위가 약화될 것이며, 여성의 권익을 보장하라는 사회적 목소리 역시 커질 것이다. 더구나 다양한 인종들이 이합집산 하는 세계화의 흐름을 고려한다면, 다르긴인의 금발을 점점 더 보기 어려워질 것이다.

참고문헌

1부 우랄산맥 서쪽의 민족들

카렐인

Шабаев, Ю.П., Жеребцов, И.Л., Алексендер, Дж. "Национальное развитие и этнополитика в восточнофинских республиках России." *Мир России*, № 4(1997).

Прибальтийско-финские народы России. Отв. ред. Е.И. Клементев, Н.В. Шылгина. М.: Наука, 2003.

Финно-угорские народы России. Проблемы и культуры. *Нестор*, № 10(2007).

카렐리야 공화국 공식 사이트 http://www.gov.karelia.ru/

http://nazaccent.ru/geo/karel/

http://www.finnougoria.ru/community/folk/6/detail.php?IBLOCK_ID=46&SECTION_ID=344&ELEMENT_ID=2213

http://www.finnougoria.ru/community/folk/6/detail.php?IBLOCK_ID=46&SECTION_ID=344&ELEMENT_ID=2214

http://www.finnougoria.ru/community/folk/6/detail.php?IBLOCK_ID=46&SECTION_ID=344&ELEMENT_ID=2215

http://www.finnougoria.ru/photo/House.jpg

https://en.wikipedia.org/wiki/Karelia#/media/File:Kizhi_church_1.jpg

코미인

Конаков, Н.Д., Котов, О.В. *Этноареальные группы Коми. Формирование и современное этнокультурное состояние*. М., 1991.

Козьмин, В.А. *Оленеводческая культура народов Западной Сибири*. СПб.: Издательство С-Петербургского университета, 2003.

Силантьев, А. "Оленеводство. Значение его. Распространение оленей. Самоедское оленеводство. Остяцкое оленеводство. Оленеводство ижемских зырян." *Ежегодник Тобольского губернского музея*, Вып. 8(1897).

김혜진.『광활한 원시림 속 부상하는 산업기지, 코미공화국』. 서울: 한국외국어대 출판부, 2013.

타타르인

Закиев, М.З. *История татарского народа. Этнические корни, формирование и развитие*. М.: Инсан, 2008.

Суслова, С.В. "Этнокультурное районирование татар Поволжья и Урала по данным народного костюма." *Расы и Народы*, № 29(2003).

Уразманова, Р.К. "Обряд сорэн у народов Среднего Поволжья и Приуралья(конец XIX - начало XX века." *Расы и Народы*, № 29(2003).

타타르스탄 공화국 공식 사이트 http://tatarstan.ru/

바시키르인

Руденко, С.И. *Башкиры: Историко-этнографические очерки*. М.-Л., 1955.

Гарипова, С.Х. *Опыт языкового строительства в республике Башкортостан*. Уфа: Гилем. 2006.

Султанмуратов, И.З. *Социально-демографическое развитие этноса: на примере башкир*. Уфа: Гилем. 2009.

Панорама Башкортостана, № 5(37)(2012).

Панорама Башкортостана, № 2(46)(2014).

https://ru.wikipedia.org/wiki/%D0%91%D0%B0%D1%88%D0%BA%D0%B8%D1%8 0%D1%8B#/media/File:Allan,_David_-_Bashkirs_-_1814.jpg

https://en.wikipedia.org/wiki/Bashkirs#/media/File:Allan,_David_-_Bashkirs_-_1814.jpg

추바시인

Егоров, В.Г. "К вопросу о происхождении чуваш и их языка." *Записки Чувашкого НИИЯЛИ при СМ ЧувАССР*, Вып. 7(1953).

Иванов, В.П. *Этническая география чувашского народа: Историческая динамика численности и региональные особенности расселения.* Чебоксары, 2005.

Иванов, В.П., Николаев, В.В., Димитриев, В.Д. *Чуваши: этническая история и традиционная культура.* М.: ДИК, 2000.

Кондравтьев, М.Г., Матвеев, Г.Б. "Чуваши Симбирско-Саратовского Предволжья." *Расы и Народы*, № 29(2003).

Ягафова, Е.А. "Формирование этнотерриториальных групп чувашей в XVII-XIX веках(историко-культурный аспект)." *Расы и Народы*, № 29(2003).

http://gov.cap.ru/home/258/2011/nikolaeva/albom2/svarni/pages/image/imagepage35.html

우드무르트인

Загребин, А.Е. "Модернизцаия в удмуртской деревне: этнокультурный аспект (1880-1920-е годы)." *Расы и Народы*, № 29(2003).

Удмуртская Республика: историко-этнографические очерки. Отв. ред. А.Е. Загребин. Ижевск: УИИЯЛ УрО РАН, 2012.

Достояние республики: каталог коллекций Национального музея Удмуртской Республики им. Кузебая Герда. Отв. ред. Р.Ф. Мартынова. Ижевск: Удмуртский издательский дом, 2015.

http://www.finnougoria.ru/community/folk/19/detail.php?IBLOCK_ID=46&SECTION_ID=357&ELEMENT_ID=2728

https://vk.com/rizhii_fest

마리인

Традиции и инновации. Современное культурное наследие восточных марийцев. Ред. Ильдико Лехтинен, Т. Молотова. Йошкар-Ола, 2017.

Молотов, Т.Л. "Концепция "картины мира" у марийцев." *Расы и Народы*, № 29(2003).

Никольский, Н.В. *Черемисы-Марийцы. Собр. соч. Т. 4.* Чебоксары: Чуваш. кн. изд-во, 2009.

Степанова И. *Кусото. Святая роща.* Йошкар-Ола, 2012.

Чемышев, Э.В. "Языческие религиозные движения и организации марийцев в 1990-." *Расы и Народы*, № 29(2003).

Марийцы. Историко-этнографические очерки. Йошкар-Ола: МарНИИЯЛИ, 2013.

모르드바인

Беляева, Н.Ф. "Народные традиции мордвы в общественном и семейном быту." *Расы и Народы*, № 29(2003).

Федянович, Т.П. *Морода. Этнографический альбом.* М.: Наука, 2011.

Федянович, Т.П. "Обычаи и обряды: их место и роль в жизни этноса(по материалам народов Урало-Поволжья." *Расы и Народы*, № 29(2003).

http://www.finnougoria.ru/community/folk/13/detail.php?IBLOCK_ID=46&SECTION_ID=351&ELEMENT_ID=2353

공동 참고문헌

Народы Поволжья и Приуралья. Народы и культуры. Гл. ред. Н. Мошкин, Т. Федянович, Л. Христолюбова. М.: Наука, 2000.

Народы Поволжья и Приуралья. Историко-этнографические очерки. Отв. ред. Р.Г. Кузеев. М., 1985.

Народы России. Атлас культур и религий. Отв. ред. А.В. Журавский, О.Е. Казьмина. М., 2008.

Finogur http://www.finugor.ru

Финно-угорские культурный центр РФ http://www.finnougoria.ru/

2부 우랄산맥 동쪽의 민족들

부랴트인

일리야 N. 마다손. 『바이칼의 게세르 신화』. 양민종 역. 서울:솔출판사, 2008.

김은희. "부랴트족." 『북아시아설화집』. 제1권. 경기: 이담북스, 2015.

Волков, С.Н. *Вокруг Байкала: Мини-энциклопедия: Путеводитель.* Иркутск, 2001.

Рязановский, В.А. *Монгольское право(преимущественно обычное). Исторический очерк.* Харбин: Типогр. Н.Е. Чинарева, 1931.

Хороших, П.П. *По пещерам Прибайкалья.* Иркутск: Иркутское книжное издательство, 1955.

https://ru.wikipedia.org/wiki/Буряты#/media/File:Забайкальские_буряты.jpg

https://ru.wikipedia.org/wiki/Ольхон#/media/File:Olkhonsky_District_Shamanka_Rock
.jpg

https://ru.wikipedia.org/wiki/Ольхон#/media/File:Shaman_Rock_on_Olkhon_island.jpg

https://ru.wikipedia.org/wiki/Юрта#/media/File:Бурятские_юрты_в_степи..JPG

https://ru.wikipedia.org/wiki/Буряты#/media/File:Yourte_bouriate.jpeg

https://ru.wikipedia.org/wiki/Буряты#/media/File:Selenginskie_buryaty.jpg

https://ru.wikipedia.org/wiki/Позы#/media/File:Буузы.JPG

https://en.wikipedia.org/wiki/Lake_Baikal#/media/File:Omul_Fish.jpg

https://ru.wikipedia.org/wiki/Алкогольные_напитки_из_молока#/media/File:Tarasu
n.jpg

https://ru.wikipedia.org/wiki/Бурятия#/media/File:Monument_"Hospitable_Buryatia"_0
8.jpg

http://www.ayaganga.ru/artistsampilov.htm

https://ru.wikipedia.org/wiki/Ольхон#/media/File:Khagdaev1.JPG

https://ru.wikipedia.org/wiki/Буддизм_в_Бурятии#/media/File:Иволгинский_дацан_-_
Зеленая_Тара.jpg

https://ru.wikipedia.org/wiki/Гэсэр#/media/File:Geser.JPG

https://ru.wikipedia.org/wiki/Буддизм_в_Бурятии#/media/File:В_Иволгинском_дацан

e.jpg

https://en.wikipedia.org/wiki/Buryatia#/media/File:Dmitry_Medvedev_in_Buryatia_Au
　　gust_2009-1.jpg

https://en.wikipedia.org/wiki/Buryats#/media/File:Buryat_wrestling_01.jpg

야쿠트인

Серошевский, В.Л. *Якуты. Опыт этнографического исследования.* РОССПЭН,
　　1993.

강덕수.『야쿠트어』. 서울:한국외대 출판부, 2011.

세로셉스키, 바츠라프.『야쿠트인: 구비전승과 신앙』. 김민수 역. 서울: 지식을만드는지식,
　　2012.

한국·사하친선협회 http://www.korea-sakha.com

https://ru.wikipedia.org/wiki/Оймякон#/media/File:Yakutia_notext.svg

https://commons.wikimedia.org/wiki/File:Oymyakon_forests.jpg

https://commons.wikimedia.org/wiki/File:Sakha_family.jpg)

https://en.wikipedia.org/wiki/Yakuts#/media/File:Sakha_beauty.jpg

https://ru.wikipedia.org/wiki/Строганина#/media/File:Dish_Stroganina_.jpg

https://ru.wikipedia.org/wiki/Ураса#/media/File:Ypaca.jpg

https://ru.wikipedia.org/wiki/Ураса#/media/File:Ypaca_изнутри.jpg

https://en.wikipedia.org/wiki/Sakha_Republic#/media/File:Udachnaya_pipe.JPG

하카스인

Бутонаев, В.Я. "Происхождение Хакасов по данным этнонимики." *Историческая
　　этнография: традиции и современность*. Л.: Ленинградский университет,
　　1983.

https://ru.wikipedia.org/wiki/Хакасы#/media/File:MinusinskTatars.jpg

https://r-19.ru/upload/iblock/0db//боргоякова.jpg

https://r-19.ru/news/turizm/47987/

https://ru.wikipedia.org/wiki/Хакасы#/media/File:MinusinskTatars.jpg

https://ru.wikipedia.org/wiki/Хакасия#/media/File:Хакасы.JPG

https://ru.wikipedia.org/wiki/Хакасская_одежда#/media/File:Секпен.JPG

https://ru.wikipedia.org/wiki/Хакасская_одежда#/media/File:Сваха_фрагмент.jpg

https://ru.wikipedia.org/wiki/Хакасская_одежда#/media/File:Зимняя_одежда.JPG

https://r-19.ru/news/turizm/43761/

https://commons.wikimedia.org/wiki/File:Чалама.jpg

https://r-19.ru/news/kultura/62179/

알타이인

서길수. 『아시아의 진주 알타이』. 서울: 학연문화사, 2009.

http://www.edinay-russia.narod.ru/ALTAYCY.htm

http://geographyofrussia.com/altajcy/

https://ru.wikipedia.org/wiki/Алтайцы#/media/File:Altais.jpg

https://ru.wikipedia.org/wiki//Алтайская_письменность#/media/File:Altai_latin_alpha
    bet_ (1929-1938).GIF

https://ru.wikipedia.org/wiki/Республика_Алтай#/media/File:Berg_Belucha.jpg

http://nazaccent.ru/content/21627-altajcy-tradicii-i-obychai-naroda.html

투바인

김태옥. "투바 마법동화에 나타난 투바인들의 삶에 대한 고찰." 『러시아학』. 제10호. 충북:
    러시아알타이지역연구소, 2014.

Броше, П.К. *Тува*. М.: Авангард, 2003.

Вайнштейна, С.И. *История Тувы*. Т.1. Новосибирск: Наука, 2001.

Прокофьева, Е.Д. *Процесс национальной консолидации тувинцев*. СПб., 2011.

Шапиро, С. *Тува люди горы традиции*. СПб.: Формика, 2004.

https://ru.wikipedia.org/wiki/Тыва#/media/File:Азий_Диптиҥ_Төвү-2014.jpg

https://ru.wikipedia.org/wiki/Аржан#/media/File:Долина_Царей.jpg

https://ru.wikipedia.org/wiki/Тыва#/media/File:Город_Кызыл_с_Хем-Белдири.jpg

https://ru.wikipedia.org/wiki/Догээ#/media/File:Догээ.jpg

https://en.wikipedia.org/wiki/Tuvans#/media/File:Tuvan_wrestlers_2.jpg

https://en.wikipedia.org/wiki/Tuvans#/media/File:Мөгелер_биле_Даҥгыналар2._201

6.jpg

https://ru.wikipedia.org/wiki/Тувинцы#/media/File:Тувинский_суп_с_лапшой_"Далга
н-үскен".jpg

https://en.wikipedia.org/wiki/Tuvans#/media/File:Tuvans.jpg

3부 캅카스 북부의 민족들

체첸인

이상룡. "심미의 관념화: 톨스토이의 『하지 무라트』." 『슬라브연구』, 제27권, 제4호. 용인:
　　한국외국어대학교 러시아연구소, 2011.

장병옥. 『중앙아시아 분쟁과 이슬람』. 서울: 한국학술정보, 2012.

Jaimoukha, Amjad. *The Chechens: A Handbook*. London: Routledge, 2005.

https://en.wikipedia.org/wiki/Chechens#/media/File:Саадулла_Оспанов.jpg

https://ru.wikipedia.org/wiki/Чеченцы#/media/File:Народы_Кавказа_Чеченец.JPG

https://ru.wikipedia.org/wiki/Чеченская_письменность#/media/File:Chechen_alphabet
　　-1925.png

https://commons.wikimedia.org/wiki/File:Evstafiev-chechnya-palace-gunman.jpg?usela
　　ng=ru

https://en.wikipedia.org/wiki/Chechens#/media/File:Chechense._Match._a_wedding_m
　　atch._George_Kennan._1870-1886.jpg

https://ru.wikipedia.org/wiki/Жижиг-галнаш#/media/File:Жижиг-галнаш_(файл_1).jpg

인구시인

Павлова, О.С. *Ингушеский этнос в современном этапе. Черты социально-
　　психологического портрета*. М.: Форум, 2012.

Тишков, В.А. *Ингуши*. М.: Наука, 2003.

https://www.rbth.com/multimedia/people/2016/11/17/the-ingush-russias-people-of-the-t
　　owers_648559

https://etokavkaz.ru/spec/prikazano_deportirovat

https://commons.wikimedia.org/wiki/File:Ночной_Магас.jpg

https://commons.wikimedia.org/wiki/File:Caucasus_Mountains_Ingushetia.jpg

https://commons.wikimedia.org/wiki/File:P.B._Fort_de_Nazaran._Floriant_Gille._Lettre
s_sur_le_Caucase_et_la_Crimée._1859._P.206.jpg

https://ru.wikipedia.org/wiki/Ингушетия#/media/File:Memorial-Nazran.jpg

https://commons.wikimedia.org/wiki/File:Egikhal.jpg

https://upload.wikimedia.org/wikipedia/commons/thumb/7/70/Ингушская_боевая_баш
ня_в_разрезе.jpg/220px-Ингушская_боевая_башня_в_разрезе.jpg

https://upload.wikimedia.org/wikipedia/commons/2/24/Kurhars.jpg

https://upload.wikimedia.org/wikipedia/commons/4/43/Ingush_national_women%27s_c
ostumes_4.jpg

http://www.ingushetia.ru/news/019974/

오세트인

헤로도토스. 『헤로도토스 역사』. 박현태 역. 서울:동서문화사, 1977.

Газета «Терские ведомости», № 20(1901).

История Северной Осетии: XX век. М.: Наука, 2003.

Малашенко, А.В. *Исламские ориентиры Северного Кавказа*. М., 2001.

Осетия в русской литературе. Орджоникидзе: Ир, 1963.

Осетинские обычаи. Владикавказ, 1999.

Хайретдинов, Д.З. *Ислам в Осетии. Информационный материал Исламского
конгресса России*. М., 1997.

http://arhitektura-nauka.ru

http://ossetians.com/rus

https://ru.wikipedia.org/wiki/Зеленчукские_храмы#/media/File:Храм_Архыз_1.jpg

https://commons.wikimedia.org/wiki/File:Beslan_kollazh.jpg

https://commons.wikimedia.org/wiki/File:Krest_v_zale_shkoly_Beslana.JPG

https://ru.wikipedia.org/wiki/Вооружённый_конфликт_в_Южной_Осетии_(2008)#/m
edia/File: Georgian_demontration_in_Berlin_2008.jpg

https://ru.wikipedia.org/wiki/Portrait_of_Alexander_Pushkin_(Orest_Kiprensky,_1827).

PNG

https://ru.wikipedia.org/wiki/Хетагуров,_Коста_Леванович#/media/File:Kosta_XETAG
URОV.jpg

https://ru.wikipedia.org/wiki/Осетины#/media/File:Сестры_Дударовы._Одеты_в_тра
диционный_осетинский_костюм._Северная_Осетия._Осетинки._Фотограф
_Д.А._Никитин._1881_г..jpg

https://ru.wikipedia.org/wiki/Осетины#/media/File:Ramonov_vano_ossetin_northern_c
aucasia_dress_18_century.jpg

https://ru.wikipedia.org/wiki/Осетины#/media/File:Ossetian_girl_1883.jpg

https://ru.wikipedia.org/wiki/Осетинская_кухня#/media/File:Fydzhin_cut.jpg

https://ru.wikipedia.org/wiki/Осетинская_кухня#/media/File:Ossetian_pirogi_are_put_in
_the_center_of_festive_table.jpg

https://ru.wikipedia.org/wiki/Осетинская_кухня#/media/File:Bagani.png

http://osinform.org/42244-kartiny-napisannye-kosta-hetagurovym.html

https://ru.wikipedia.org/wiki/Осетины#/media/File:Osetia_woman_working.jpg

https://ru.wikipedia.org/wiki/Осетины#/media/File:In_Dargavs_North_Ossetia.jpg

https://ru.wikipedia.org/wiki/Северная_Осетия#/media/File:Alagir_Canyon.jpg

칼미크인

Бембеев, Валентин. *Ойраты. Ойрат-калмыки. Калмыки: история, культура, расселение, общественный строй до образования Калмыцкого ханства в Поволжье и Предкавказье.* Джангар, 2004.

Басхаев, Н., Дякиева, Р.Б. *Ойрат-калмыки: XII-XIX вв.: история и культура калмыц. народа с древнейших времен до нач. XIX в.* Калмыцкое книжное издательство, 2007.

Guchinova, Elza-Bair. *The Kalmyks*. Routledge, 2006.

https://en.wikipedia.org/wiki/Kalmyks#/media/File:Домбристы_в_национальных_кал
мыцких_костюмах.jpg

https://ru.wikipedia.org/wiki/Калмыкия#/media/File:Kalmyk_and_kuban_tatar2.jpg

https://en.wikipedia.org/wiki/Kalmyks#/media/File:Kalmyk_exodus_(Geoffroy,_1845)

.JPG

https://ru.wikipedia.org/wiki/Калмыцкая_кухня#/media/File:Калмыцкая-кухня.jpg

https://ru.wikipedia.org/wiki/Калмыки#/media/File:Kalmyks1862.jpg

https://en.wikipedia.org/wiki/Kalmykia#/media/File:Во_время_репетиции_сводного_
оркестра_домбристов_в_Элисте,_14.06.2015.jpg

https://ru.wikipedia.org/wiki/Калмыкия#/media/File:Kalmyk_Encampment.jpg

https://ru.wikipedia.org/wiki/Омбадыков,_Эрдни_Басанович#/media/File:Kalmyk_la
ma.jpg

https://ru.wikipedia.org/wiki/Буддизм_в_Калмыкии#/media/File:Калмыцкая_молельн
я.jpg

https://en.wikipedia.org/wiki/Kalmyks#/media/File:Torghut_Temple_Tent.jpg

https://ru.wikipedia.org/wiki/Золотая_обитель_Будды_Шакьямуни#/media/File:Golde
n_Temple_Elista.jpg

https://ru.wikipedia.org/wiki/Сити-Чесс#/media/File:Citychess.jpg

https://ru.wikipedia.org/wiki/Элиста#/media/File:Shaxmaty2.jpg

아디게인

Бетрозов, Руслан. *Этническая история адыгов с древнейших времен до XVI века.*
Нальчик: Эльбрус, 1996.

http://www.economyinsight.co.kr/news/articleView.html?idxno=2216

http://adygi.ru/index.php?newsid=11475

http://www.aheku.net/page.php?id=1775

http://knu.znate.ru/docs/index-401185.html

http://lib.convdocs.org/docs/index-47821.html?page=21

http://adhist.kbsu.ru/program.html

https://ru.wikipedia.org/wiki/Адыги#/media/File:Ossetian_dancer_Alexander_Dzusov
.jpg

https://ru.wikipedia.org/wiki/Сочи#/media/File:Sochi_Marine_passenger_terminal_P50
10102_2175.jpg

https://commons.wikimedia.org/wiki/File:Alexei-jermolov.jpg

https://commons.wikimedia.org/wiki/File:Roubaud._Scene_from_Caucasian_war.jpg

https://commons.wikimedia.org/wiki/File:Мухаджиры.jpg

https://ru.wikipedia.org/wiki/Адыги#/media/File:Reyhaniya.jpg

https://ru.wikipedia.org/wiki/Сакля#/media/File:Dagestan._Aul_Shamilia_(Gimry)._190
5-1915.jpg

https://ru.wikipedia.org/wiki/Адыги#/media/File:Tipsa.JPG

https://ru.wikipedia.org/wiki/Хычин#/media/File:Hichin.JPG

https://ru.wikipedia.org/wiki/Адыги#/media/File:Çerkez_sürgününün_anılması_6.jpg

카바르딘인

Кабардинцы. Этноатлас Красноярского края. Гл. ред. Р. Г. Рафиков. Красноярск,
2008.

Энциклопедия "Народы России". Гл. ред. В.А. Тишков. М.: Большая Российская
Энциклопедия, 1994.

https://etokavkaz.ru/nacionalnosti/kabardincy/obychai_i_tradicii

https://upload.wikimedia.org/wikipedia/commons/f/f5/Микешин_Кабардинец_1876.jpg

https://ru.wikipedia.org/wiki/Мария_Темрюковна

https://ru.wikipedia.org/wiki/Центральная_мечеть_Нальчика#/media/File:Central_mo
sque_in_Nalchik._Rear_entry.jpg

https://ru.wikipedia.org/wiki/Кабардинская_лошадь#/media/File:1982_CPA_5268.jpg

https://ru.wikipedia.org/wiki/Кабардинцы#/media/File:Народы_Кавказа_Кабардинцы
.JPG

https://ru.wikipedia.org/wiki/Кабардинцы#/media/File:Kabardins-postcard.jpg

발카르인

Лапин, В.В. *Кавказ и Россия: прошлое и настоящее. История, обычаи, религия.*
СПб., 2006.

Каракетов, М.Д., Сабанчиев, М.А. *Карачаевцы, Балкарцы.* М., 2014.

Этнология. Гл. ред. Е.В. Миськовой, Н.Л. Мехедова, В.В. Пименова. М., 2006.

http://www.turantoday.com/2011/06/nikolai-huseinov-balkarskie-tradicii.html

http://lib7.com/kavkaz/1092-deda-balkarcu.html

https://geographyofrussia.com/balkarcy/

https://onkavkaz.com/news/1575-73-goda-deportacii-i-60-let-vozrozhdenija-politichesk
oe-razvitie-balkarcev-zhdet-perezagruzki.html

https://ru.wikipedia.org/wiki/Черек_Балкарский#/media/File:Cherek_2011_(1).jpg

https://ru.wikipedia.org/wiki/Чегем_(река)#/media/File:Chegem_River_1.JPG

https://ru.wikipedia.org/wiki/Балкарцы#/media/File:Б._Жанхотов_и_Т._Айдаболов.jpg

https://ru.wikipedia.org/wiki/Балкарцы#/media/File:Chegem_princess.jpg

https://commons.wikimedia.org/wiki/File:Нейтрино.jpg

https://ru.wikipedia.org/wiki/Балкарцы#/media/File:Islail_Orusbiy_em_uydegisi.jpg

https://en.wikipedia.org/wiki/Kabardino-Balkaria#/media/File:1936_год._Жабоев_М._
из_селения_Нижний_Хулам_за_игрой_в_"Сыбызгы",_на_празднике_в_чес
ть_15_-летия_Кабардино-Балкарии.jpg

https://ru.wikipedia.org/wiki/Кефир#/media/File:Kefir_in_a_glass.JPG

https://ru.wikipedia.org/wiki/Каймак#/media/File:Kaymak_in_Turkey.jpg

http://media.nazaccent.ru/storage/blog/images/2016/03/rsl3e0.jpg

카라차이인

Текеев, К.М. *Карачаевцы и балкарцы: традиционная система жизнеобеспечения*.
http://www. balkaria.info/library/t/tekeev/tsj.htm

Akiner, Shirin. *Islamic Peoples of the Soviet Union: An Historical and Statistical
Handbook*. London: KPI, 1986.

Bennigsen, Alexandre, S. Enders Wimbush. *Muslims of the Soviet Empire: A Guide*.
Bloomington: Indiana University Press, 1986.

Borovkov, A. "Karachaevo-balkarskii iazyk(The Karachay-Balkar language)," *Lafeti-
cheskii Sbornik*, No.7(1932).

Lavrov, L.I. "Karachai i Balkariia do 30-x godov XIX veka(Karachay and Balkaria up to
the 1830s)," *Kavkazskii Etnograficheskii Sbornik*, No.4(1969).

Miziyev, I.M. *The History of the Karachai-Balkarian People: from the Ancient Times to
Joining Russia*. Nalchik: Mingi-Tau Publishing, 1994.

Tekeev, K.M. *Karachaevtsy i Balkartsy(The Karachays and Balkars)*. Moscow.

http://www.encyclopedia.com/topic/Karachays.aspx

http://kcr.narod.ru/

http://traditio-ru.org/wiki/Карачаевцы#.D0.98.D1.81.D1.82.D0.BE.D1.80.D0.B8.D1.8F

https://ru.wikipedia.org/wiki/Теберда_(река)#/media/File:2016-Teberda-river.jpg

https://en.wikipedia.org/wiki/Mount_Elbrus#/media/File:Elbrus_North_195.jpg

https://ru.wikipedia.org/wiki/Карачаевцы#/media/File:Karachay_patriarchs_in_the_19t
h_c.jpg

https://ru.wikipedia.org/wiki/Кавказская_война#/media/File:Pyotr_Nikolayevich_Gruzins
ky_-_The_mountaineers_leave_the_aul.jpg

https://upload.wikimedia.org/wikipedia/commons/thumb/9/9f/Codex_Cumanicus_58.jp
g/800px-Codex_Cumanicus_58.jpg

https://en.wikipedia.org/wiki/Karachay-Cherkessia#/media/File:Могучая_даль.jpg

https://ru.wikipedia.org/wiki/Карачаевская_овца#/media/File:Овцы_карачаевские.jpg

https://commons.wikimedia.org/wiki/File:PistHalva.jpg

https://commons.wikimedia.org/wiki/File:Fresh_ayran.jpg

https://ru.wikipedia.org/wiki/Черкесск#/media/File:The_city_of_Cherkessk.jpg

아바르인

Магомедов, М.Г. *История аварцев*. http://archive.is/iO99

Магомедов, М. Г. *История аварцев*. Дагенстанский гос. университет, 2005.

http://nazaccent.ru/content/8823-avarskaya-nacionalnaya-kulinariya.html

http://cpnc.ru/dagestan/ns/narodnie-tradizii-i-obichai/268-2012-07-23-15-09-04.html

http://bookz.ru/authors/madlena-gadjieva/avarci-_337/1-avarci-_337.html

https://ru.wikipedia.org/wiki/Хаджи-Мурат#/media/File:Хаджи-Мурат.JPG

https://commons.wikimedia.org/wiki/File:Stamp_of_Russia_2013_No_1709_Rasul_Ga
mzatov.jpg

https://ru.wikipedia.org/wiki/Аварцы

https://en.wikipedia.org/wiki/Avars_(Caucasus)

https://ru.wikipedia.org/wiki/Шамиль#/media/File:Shamil_by_Denier.jpg

https://ru.wikipedia.org/wiki/Шамиль#/media/File:Horschelt._Surrender_of_Shamil._1
  863.jpg

https://commons.wikimedia.org/wiki/File:Чох_3.JPG

https://ru.wikipedia.org/wiki/Джарский_аварец.jpg

https://en.wikipedia.org/wiki/Avars_(Caucasus)#/media/File:Avarian_Daghestan_Mussa
  yassul.jpg

https://en.wikipedia.org/wiki/Avars_(Caucasus)#/media/File:H_Mussayassul_Party.jpg

http://nazaccent.ru/content/8823-avarskaya-nacionalnaya-kulinariya.html

https://ru.wikipedia.org/wiki/Хинкал#/media/File:Чеченский_хинкал.JPG

다르긴인
호이징가. 『중세의 가을』. 최홍숙 역. 서울: 문학과 지성사, 1995.

Исмаилова, А.М. "Свадебные обряды народов Дагестана." *История и археология:
  материалы междунар. науч. конф.* СПб.: Реноме, 2012.

https://ru.wikipedia.org/wiki/Даргинцы#Язык

http://nazaccent.ru/content/23724-rukodelnyj-narod.html)

http://nazaccent.ru/content/23724-rukodelnyj-narod.html

http://nazaccent.ru/content/23724-rukodelnyj-narod.html

https://commons.wikimedia.org/wiki/File:Kubachi_1.jpg

https://en.wikipedia.org/wiki/Levashinsky_District#/media/File:Orada_Chugli.jpg

| 저자 소개 |

김 혜 진 _ 책임저자

한국외국어대학교 노어과를 졸업하고 모스크바 국립대학교 역사학부에서 석·박사학위를 받았다.
인하대학교 국제관계연구소에서 연구교수를 지냈으며, 현재 한국외국어대학교 러시아연구소 HK
연구교수로 재직 중이다. 주요 저서 및 논문으로는『민족의 모자이크, 유라시아』(책임편저),『러시
아의 민족 I: 북서부 & 볼가-우랄 편』,「러시아 극지 토착 소수민족의 소멸 위기에 대한 고찰」,「러
시아 북서 토착민족에 대한 석유기업의 사회적 책임」등이 있다. 러시아 내 다양한 민족들의 삶과
문화에 대해 연구하고 있다.

권 기 배

한국외국어대학교 노어과를 졸업하고 러시아 페테르부르크 국립대학교 인문학부에서 박사학위를
받았다. 경상대학교 인문학 연구소, 충북대학교 인문학 연구소 등에서 연구교수를 지냈다. 현재 중
앙대학교 외국학연구소 HK연구교수로 재직하고 있으며 러시아 문화 및 문화산업에 관해 연구하고
있다. 주요 논문으로는「러시아 만화산업 현황과 과제」,「러시아 문화정책의 현황과 과제: 영화정
책의 역사와 변화양상을 중심으로」,「러시아와 중국의 영화정책 상관성 연구」,「러시아시에 나타
난 칼미크인의 형상연구」,「현대 러시아 재외 문학의 흐름」,「모더니즘과 소설의 정의」등이 있다.

김 은 희

한국외국어대학교 노어과와 동 대학원을 졸업하고 모스크바 국립대학교에서 20세기 러시아문학
사를 연구, 알렉산드르 솔제니친으로 박사학위를 받았다. 청주대학교 학술연구교수로 재직 중이며
러시아 문화와 문학에 관한 글을 발표하고 있다. 번역서로는『현대 러시아문학과 포스트모더니즘』
제 1, 2권,『에스키모인 이야기』,『야쿠트인 이야기』,『부랴트인 이야기』,『유카기르인 이야기』,
『북아시아 설화집』,『겨울 떡갈나무』,『유리 나기빈 단편집』,『금발의 장모』등이 있으며, 저서로
는『그림으로 읽는 러시아』,『나는 현대 러시아 작가다』(공저),『내가 사랑한 세상의 모든 음식』
(공저),『민족의 모자이크, 유라시아』(공저) 등이 있다.

김 태 옥

충북대학교 노어노문학과를 졸업하고, 동 대학원에서 석사학위를 받았다. 서울대학교 노어노문학
과 박사과정을 수료하고, 모스크바 국립사범대학교에서 박사학위를 받았다. 현재 충북대학교 러
시아·알타이지역연구소 전임연구원으로 재직 중이다. 주요 저서와 논문으로는『알타이 민족의 축
제』(공저),「부랴트족 요흐르와 야쿠트족 오수오하이 원무(圓舞) 연구」,「투바 마법동화에 나타난
투바인들의 삶에 대한 고찰」등이 있다.

라 승 도

한국외국어대학교와 동 대학원 노어과를 졸업했고 미국 텍사스 주립대학교 슬라브어문학과에서
박사학위를 받았다. 현재 한국외국어대학교 러시아연구소 HK 연구교수로 재직하며 러시아 문학과
문화를 연구하고 있다. 저서로는『붉은 광장의 아이스링크: 문화로 보는 오늘의 러시아』(공저),『시
네마트료시카: 영화로 보는 오늘의 러시아』,『사바틴에서 푸시킨까지: 한국 속 러시아 문화 150
년』(공저),『포시에트에서 아르바트까지: 러시아 속 한국 문화 150년』(공저)이 있고 역서로는『러
시아 영화: 문화적 기억과 미학적 전통』이 있다.

박 미 령

한국외국어대학교 노어과와 동 대학원에서 러시아 문학을 전공했다. 현재 한국외국어대학교에서
강의를 하고 있으며, 북아시아 설화와 러시아 아동문학을 연구하고 있다. 주요 저서와 논문, 역서로
『북아시아 설화집 4』,『이텔멘인 이야기』,『오로치인 이야기』,『알류토르인 이야기』,『네네츠인
이야기』,「러시아 그림책의 탄생과 발전」,「극동지역설화에 나타난 여성상연구」 등이 있다.

변 군 혁

한국외국어대학교 노어과에서 언어학 전공으로 박사학위를 받았다. 한국외국어대학교와 연세대학
교 등에서 강의를 하였고, 러시아연방 내 사하공화국에서 한국어 교사로 근무하기도 하였다. 현재
한국외국어대학교 미네르바 교양대학 교수로 재직 중이다. 러시아어 음성학과 문화에 관심을 갖고
있으며,「러시아어 자음 탈락의 최적성 이론 분석」을 비롯한 다수의 논문을 발표하였다.

엄 순 천

연세대학교 중어중문학과를 졸업하고 러시아과학아카데미산하 러시아어연구소에서 박사학위를
받았다. 호남대, 동국대에서 연구교수를 지냈다. 현재 성공회대학교 외래교수로 재직 중이며 시베
리아 소수민족 언어 및 문화에 관심을 가지고 연구 중이다. 주요 저서로『잊혀져가는 흔적을 찾아
서: 퉁구스족(에벤키족) 씨족명 및 문화 연구』가 있으며, 주요 역서로『북아시아설화집 3: 나가이바
크족, 바시키르족, 쇼르족, 코미족, 텔레우트족』,『예벤키인 이야기』,『니브흐인 이야기』,『축치인
이야기』,『코랴크인 이야기』,『케레크인 이야기』 등이 있다.

한울아카데미 2149

한국외국어대학교 러시아연구소 HK 연구사업단 학술연구총서 31

민족의 모자이크, 러시아

ⓒ 김혜진 외, 2019

지은이 **김혜진(책임저자)·권기배·김은희·김태옥·라승도·박미령·변군혁·엄순천**
펴낸이 **김종수**
펴낸곳 **한울엠플러스(주)**
편집 **조수임**

초판 1쇄 인쇄 **2019년 3월 15일**
초판 1쇄 발행 **2019년 3월 29일**

주소 **10881 경기도 파주시 광인사길 153 한울시소빌딩 3층**
전화 **031-955-0655** | 팩스 **031-955-0656**
홈페이지 **www.hanulmplus.kr**
등록번호 **제406-2015-000143호**

Printed in Korea.
ISBN 978-89-460-7149-0 93900(양장)
        978-89-460-6630-4 93900(반양장)

* 책값은 겉표지에 표시되어 있습니다.
* 이 책은 강의를 위한 학생용 교재를 따로 준비했습니다.
  강의 교재로 사용하실 때는 본사로 연락해주시기 바랍니다.

1부 우랄산맥 서쪽의 민족들
1 카렐리야 공화국
2 코미 공화국
3 타타르스탄
4 바시코르토스탄
5 추바시 공화국
6 우드무르트 공화국
7 마리 엘 공화국
8 모르드바 공화국

2부 우랄산맥 동쪽의 민족들
9 부랴트 공화국
10 사하 공화국
11 하카스 공화국
12 알타이 공화국
13 투바 공화국

3부 캅카스 북부의 민족들
14 체첸 공화국
15 인구셰티야 공화국
16 북오세티야 공화국
17 칼미크 공화국
18 아디게야 공화국
19 카바르디노-발카리야 공화국
20 카라차예보-체르케스카야 공화국
21 다게스탄 공화국